PRINCIPIOS DEL ESTADO DE DERECHO.
APROXIMACIÓN HISTÓRICA

**Cuadernos de la Cátedra Mezerhane sobre
Democracia, Estado de Derecho y Derechos Humanos**

1. Allan R. Brewer-Carías, *Principios del Estado de derecho. Aproximación histórica,* 2015, 360 páginas.

ALLAN R. BREWER-CARÍAS
*Profesor emérito de la
Universidad Central de Venezuela*

PRINCIPIOS DEL ESTADO DE DERECHO
Aproximación histórica

***Cuadernos de la Cátedra Mezerhane sobre
Democracia, Estado de Derecho y
Derechos Humanos***

Miami Dade College, Florida

Fundación José Ortega y Gasset – Gregorio Marañón de España

Ediciones EJV International
Miami, 2016

© Allan R. Brewer-Carías, 2015
http://www.allanbrewercarias.com
Email: allan@brewercarias.com

Hecho el Depósito de Ley
ISBN Obra Independiente: 978-980-365-336-1
Depósito Legal: lf5402016340584

Editado por:
Editorial Jurídica Venezolana
Avda. Francisco Solano López, Torre Oasis, P.B., Local 4,
Sabana Grande, Apartado 17.598 – Caracas, 1015, Venezuela
Teléfono 762.25.53, 762.38.42. Fax. 763.5239
http://www.editorialjuridicavenezolana.com.ve
Email fejv@cantv.net

Impreso por: Lightning Source, an INGRAM Content company
para Editorial Jurídica Venezolana International Inc.
Panamá, República de Panamá.
Email: ejvinternational@gmail.com

Diagramación, composición y montaje
por: Francis Gil, en letra Times New Roman, 12
Interlineado 12, Mancha 16 x 10 cm., libro: 21.6 x 14 cm.

ÍNDICE GENERAL

PRESENTACIÓN (Asdrúbal Aguiar) 11

INTRODUCCIÓN:
DEL ESTADO ABSOLUTO AL
ESTADO DE DERECHO
(Una pincelada histórica)

1. Sobre el Estado absoluto 18
2. Sobre la revolución inglesa: la imposición del Parlamento sobre el Monarca 22
3. Las Revoluciones norteamericana, francesa e hispanoamericana, y los principios del Estado de derecho que trastocaron al Estado Absoluto 24
4. El principio de la Constitución como ley suprema 25
5. La soberanía popular y la representación democrática 27
6. Las declaraciones de derechos fundamentales 28
7. La limitación del Poder Público y el principio de la separación de poderes 29
8. La democracia y los sistemas de gobierno 31
9. El rol del Poder Judicial 31
10. La descentralización política: El federalismo y el municipalismo 33

ÍNDICE GENERAL

I
LA IDEA DE LA CONSTITUCIÓN Y SU SUPREMACÍA

1. Orígenes históricos 38
2. La Constitución norteamericana (1787) 45
3. La Constitución francesa (1791) 56
4. La Constitución inglesa y la soberanía del Paramento: una disidencia 65
5. La idea de Constitución en la Revolución hispanoamericana: la Constitución Federal de los Estados de Venezuela (1811) 76
6. La Constitución y el derecho ciudadano a su supremacía 84

II
LA SOBERANÍA POPULAR, EL REPUBLICANISMO Y EL GOBIERNO DEMOCRÁTICO REPRESENTATIVO

1. El asambleísmo de las Colonias norteamericanas, la representatividad y la soberanía del pueblo 97
2. La Asamblea Nacional francesa, la idea de Nación y la soberanía del pueblo frente al Monarca 108
3. La idea de la representación popular al inicio del constitucionalismo en la América hispana 126
4. La democracia como régimen político y el derecho ciudadano a la democracia 134

III
LA SEPARACIÓN Y LIMITACIÓN DEL PODER COMO GARANTÍA DE LA LIBERTAD

1. Antecedentes teóricos 145
2. El efecto de las Revoluciones francesa y americana.. 155

ÍNDICE GENERAL

3. La separación de poderes en la Revolución hispanoamericana 165
4. La distribución del poder de Estado como garantía de libertad 167
5. La democracia y el derecho ciudadano a la separación de poderes 171
6. La separación de poderes y los sistemas de gobierno 173

IV
LA SUMISIÓN DEL ESTADO A LA LEY

1. La ley y el soberano: poderes constituyentes y poderes constituidos 182
2. La supremacía de la Ley en la concepción francesa.. 189
3. La ley y el ordenamiento jurídico............................... 191
4. El sistema jurídico jerarquizado o graduado y el ámbito del principio de legalidad 197
5. El principio de legalidad y el Ejecutivo 213
6. El principio de la legalidad y el Rule of Law............ 220

V
LA DECLARACIÓN DE LOS DERECHOS FUNDAMENTALES Y LIBERTADES CIUDADANAS

1. Fundamentos teóricos y antecedentes históricos 234
2. Las declaraciones americana y francesa, y su influencia en el constitucionalismo moderno.............. 245
3. La situación de los derechos fundamentales en el sistema constitucional británico................................. 2577
4. Las declaraciones de derechos fundamentales en la base de la Revolución hispanoamericana 26868
5. La constitucionalización y la internacionalización de las declaraciones de derechos fundamentales 2811

9

VI

EL CONTROL JURISDICCIONAL DE LA LEGALIDAD Y DE LA CONSTITUCIONALIDAD DE LAS ACTUACIONES DEL ESTADO

1. *El control judicial y la conformidad de los actos del Estado al principio de la legalidad* 28989
2. *Garantías judiciales de los derechos fundamentales.* 3011
3. *Garantías constitucionales de la Constitución* 303
4. *La supremacía constitucional y sus garantías* 3100
5. *El control jurisdiccional de la constitucionalidad y el fin del absolutismo parlamentario* 317
6. *La justicia constitucional y las limitaciones constitucionales a los órganos estatales* 3300
7. *La legitimidad del control jurisdiccional de la constitucionalidad y los sistemas de distribución del Poder Público* 335
8. *El juez constitucional y la protección de derechos fundamentales* 345
9. *El control de convencionalidad en materia de protección de los derechos fundamentales* 34848
10. *El juez constitucional como guardián de la Constitución, y el problema del control del guardián* 3544

PRESENTACIÓN

Bajo el título *Principios del Estado de Derecho* y con autoría del profesor Allan R. Brewer Carías, una de las cabezas más importantes del derecho público hispanoamericano, sale a la luz el primer *Cuaderno* de la colección que inaugura la serie de publicaciones que soportan las actividades docentes, de investigación y extensión de la *Cátedra sobre Democracia, Estado de Derecho y Derechos Humanos*.

Dicha *Cátedra*, nace de un acuerdo de cooperación suscrito entre el *Miami Dade College* y la Fundación José Ortega y Gasset – Gregorio Marañón de España, dentro del marco de su Programa *Goberna Las Américas – Miami*, y rinde homenaje a la zaga Mezerhane, apellido originario de Batroun; uno de cuyos miembros, Mashud A. Mezerhane Bessil, emigra de la tierra de sus padres hacia Venezuela y se establece en Achaguas, Estado Apure, al ser víctima, como católico maronita, de la persecución fundamentalista de comienzos del siglo XX en su patria de origen, Líbano; y cuyo hijo, Nelson J., luego y junto a su familia igualmente toma el camino del exilio hacia Estados Unidos de América, esta vez perseguido por una revolución totalitaria de estirpe marxista instalada en el país que acogiera a su progenitor apenas iniciado el siglo XXI. Ambos se dedican sucesivamente a la vida empresarial y dan su aporte, como parte de dos generaciones, a la modernización venezolana, con arraigado espíritu creador, reconocida responsabilidad social y en abierta adhesión al credo civil y democrático, a sus valores éticos y sus libertades.

La Escuela de Alta Política y Buen Gobierno (*Goberna Las Américas*), de la que hace parte la *Cátedra Mezerhane sobre Democracia, Estado de Derecho y Derechos Humanos*, busca constituirse en un espacio plural e independiente para compartir experiencias, aumentar conocimientos y desarrollar las capacidades de los gobiernos y administraciones públicas en las Américas, analizando experiencias, procesos de toma de decisiones y, sobre todo, como un lugar para pensar conjuntamente en el futuro dentro de un claro compromiso con los valores éticos fundantes de la democracia y sus finalidades, entre otras, el respeto y garantía de los derechos humanos, su realización mediante el Estado de Derecho, y la procura de la transformación social y económica para beneficio del colectivo.

La *Cátedra Mezerhane*, desde su perspectiva y como lo indica su título, haciendo parte de dicha Escuela de Alta Política y residente en el *Miami Dade College*, la institución universitaria más grande de los Estados Unidos, integra su sistema de formación académica y extensión y se funda sobre la idea de que en una sociedad democrática los derechos y libertades inherentes a la persona, sus garantías y el Estado de Derecho constituyen una tríada, cada uno de cuyos componentes se define, completa y adquiere sentido en función de los otros.

A la vez se organiza, progresivamente, según las disponibilidades materiales y académicas de dicha Escuela de Alta Política, insertándose en el Programa de Formación Continua *On Line* (con acceso progresivo a la titulación de Magister) y en los Programas Ejecutivos de Formación Presidencial (*Executive Program*), acreditados tanto por el Instituto Ortega y Gasset de España como por el mismo *Miami Dade College*; todo ello con vistas a las necesidades de formación que se adviertan en las Américas.

El esfuerzo académico y de investigación que anima a la Cátedra, dentro de su perspectiva de largo aliento, tiene muy presente un fenómeno de coyuntura que bien describe

PRESENTACIÓN

en uno de sus razonamientos judiciales el Juez y ex Presidente de la Corte Interamericana de Derechos Humanos, Sergio García Ramírez:

"Para favorecer sus excesos, las tiranías "clásicas" –permítaseme calificarlas así– que abrumaron a muchos países de nuestro hemisferio, invocaron motivos de seguridad nacional, soberanía, paz pública. Con ese razonamiento escribieron su capítulo en la historia. En aquellas invocaciones había un manifiesto componente ideológico; atrás operaban intereses poderosos. Otras formas de autoritarismo, más de esta hora, invocan la seguridad pública, la lucha contra la delincuencia, para imponer restricciones a los derechos y justificar el menoscabo de la libertad. Con un discurso sesgado, atribuyen la inseguridad a las garantías constitucionales y, en suma, al propio Estado de Derecho, a la democracia y a la libertad".

Se advierte en la actualidad –quizás como consecuencia o efecto del fenómeno de la globalización de las comunicaciones y su fuerte incidencia sobre el carácter impermeable tradicional de las fronteras políticas y jurídicas, sociales y culturales de cada Estado– una crisis de la democracia dentro de la misma democracia o que desborda sus límites, empujándolos más allá de la democracia. Surgen así, hoy, populismos electivos disolventes de toda forma de agregación social o institucionalidad política, afincados sobre las redes sociales y la propaganda de masas. Pero pueden implicar y de suyo ya lo implican, en un ángulo distinto, un desafío para la renovación necesaria que demandan la propia democracia, el Estado de Derecho y la protección de los derechos humanos, con vistas a las coordenadas distintas que muestra y reclama el siglo XXI.

¿El desafío contemporáneo de la democracia es acaso distinto del que la anima en el curso de su historia milenaria: cómo producir cambios sin violencia, aferrados a una cultura de paz, o qué acciones cabe realizar y sean representativas de la aspiración del *demos*; cómo controlar los abusos de quienes detentan el poder o se les puede capacitar para que produzcan las acciones del cambio sin violencia; cómo puede tener voz el *demos*, para legitimar acciones y a sus realizadores, o a través de qué proceso esa voz se organiza, debate correctamente, lo hace cabalmente informada, y logra conclusiones claras, constructivas y durables? Son asuntos, todos ellos, de importante y urgente consideración, a la luz de la evolución histórica o del cambio de paradigma de civilización que ocurre, mirando hacia las fuentes que aseguren otra vez la identidad de las sociedades contemporáneas, atiendan a las exigencias del inmediato presente – que interpela con sus demandas acuciantes y desbordantes de la capacidad de respuesta por las instituciones conocidas durante el siglo XX – y no subestimen las cosas nuevas que plantea el porvenir.

"No se trata tanto de una cuestión de forma, como de una cuestión de fondo", que apunta hacia la reinvención de la democracia; que deja de ser mera forma para la organización del poder y se transforma en forma de vida, en derecho humano integrador de todos los derechos, que han de ser garantizados, quizás, por inéditas categorías constitucionales – locales y globales – pendientes de su formulación dentro de un repensado Estado de Derecho.

El texto que aporta el profesor Brewer Carías – *Principios del Estado de Derecho: Aproximación histórica* - como apoyo de la *Cátedra Mezerhane* e inaugural de sus *Cuadernos*, no puede, en efecto, ser más pertinente. La sola definición que suministra del mismo Estado de Derecho el autor es base sólida y anclaje necesario para su revisión y análisis dentro de un marco –de coyuntura, repetimos– que apuesta por su negación contemporánea –son los casos de Venezuela, Ecuador, Bolivia, a manera de paradigmas– con fundamento en otra perspectiva, la del régimen de la mentira: que se sitúa a mitad de camino o es río entre dos fronteras, la de la ley y la de la ilegalidad dictato-

PRESENTACIÓN

rial, dando lugar a la simulación de la legalidad o al fraude legalmente organizado de la ilegalidad.

"El Estado de derecho (*état de droit, Rechtstaat; stato di diritto, rule of law*) como sistema de organización política de la sociedad contemporánea en el mundo occidental, antes bien es aquél regido por una Constitución, que como pacto político debe haber sido adoptado por el pueblo en ejercicio de su soberanía; en el cual sus representantes electos democráticamente mediante sufragio universal y secreto, gobiernan y ejercer el poder público sometidos a controles conforme al principio de la separación de poderes, y con sujeción plena a la Constitución y a las leyes, en un marco en el cual la primacía de la dignidad humana está garantizada, y los derechos del hombre están constitucionalmente declarados y protegidos, y en el cual los ciudadanos pueden exigir el control judicial de todos los actos del Estado", afirma Brewer Carías, para luego explicarnos cómo se llega a su conformación desde el Estado absolutista.

La idea de la Constitución y su supremacía, la del gobierno representativo fundado en la soberanía popular, la de la separación e independencia de poderes como garantía de la libertad, la de la sujeción del Estado y sus poderes al imperio de la ley y del control jurisdiccional de la constitucionalidad y legalidad de los actos de éstos, y sobre la finalidad de todo ello, como lo es el respeto y garantía de los derechos y las libertades fundamentales, vistos en retrospectiva, son los temas que este *Cuaderno* inaugural de la *Cátedra Mezerhane* se plantea. Es un aporte para cualquier reflexión al respecto o intento de reformulación con vistas al tiempo nuevo y sus distintas manifestaciones en curso.

No por azar la misma Corte Interamericana, en su jurisprudencia reiterada recuerda, por una parte y desde ayer, que "la ley en el Estado democrático no es simplemente un mandato de la autoridad revestido de ciertos y necesarios elementos formales. Implica un contenido y está dirigida a una finalidad... En una sociedad democrática el principio de legalidad está vinculado inseparablemente al de legitimidad... que se traduce en la elección popular de los órganos de creación jurídica, el respeto de la participación de las minorías y la ordenación al bien común"; y por la otra, recién se repite sobre "la obligación a cargo de los Estados de ofrecer, a todas las personas sometidas a su jurisdicción, un recurso judicial efectivo contra actos violatorios de sus derechos fundamentales... La existencia de esta garantía constituye uno de los pilares básicos... del propio Estado de Derecho en una sociedad democrática".

Al celebrar, pues, la edición de número primero de los *Cuadernos de la Cátedra Mezerhane sobre Democracia, Estado de Derecho y Derechos Humanos*, y al agradecer al profesor Allan R. Brewer Carías su valiosa contribución al desarrollo de la misma, prestigiándola además, estamos convencidos del acierto que significa el compromiso que la Escuela de Alta Política y Buen Gobierno y sus instituciones asociadas –el *Miami Dade College* y la Fundación José Ortega y Gasset– Gregorio Marañon– asumen para el fortalecimiento de la democracia y las libertades en la América de habla hispana.

Prof. Dr. Asdrúbal Aguiar
Director de la Cátedra.

INTRODUCCIÓN:
DEL ESTADO ABSOLUTO
AL ESTADO DE DERECHO
(Una pincelada histórica)

El Estado de derecho (*état de droit, Rechtstaat; stato di diritto, rule of law*) como sistema de organización política de la sociedad contemporánea en el mundo occidental, es aquél regido por una Constitución, que como pacto político debe haber sido adoptado por el pueblo en ejercicio de su soberanía; en el cual sus representantes electos democráticamente mediante sufragio universal y secreto, gobiernan y ejercen el poder público sometidos a controles conforme al principio de la separación de poderes, y con sujeción plena a la Constitución y a las leyes, en un marco en el cual la primacía de la dignidad humana está garantizada, y los derechos del hombre están constitucionalmente declarados y protegidos, y en el cual los ciudadanos pueden exigir el control judicial de todos los actos del Estado.

Ese modelo del Estado de derecho que en el mundo contemporáneo incluso está formalmente definido en la mayoría de las Constituciones de los países occidentales sancionadas durante el siglo XX, tiene sus raíces en los principios del constitucionalismo moderno que surgieron de la Revolución de independencia de los Estados Unidos de América (1776), de la Revolución Francesa (1789), y de la Revolución Hispanoamérica (1810),[1] ésta última iniciada en las antiguas provincias de la Capitanía General de Venezuela.

En esa forma, en la historia política y en el marco del Estado moderno que surgió al terminar la primera mitad de este milenio, la forma del Estado de derecho sustituyó a la del Estado absoluto, que había sido producto de la consolidación del poder de los Monarcas frente a la anterior disgregación del régimen feudal.

1. Sobre el Estado absoluto

Ese Estado absoluto, en efecto, se había estructurado en Europa apenas comenzó la disolución del régimen feudal como resultado, entre otros factores, del proceso de centralización de poder que dio origen á las monarquías europeas; proceso que condujo paulatinamente a que el poder político se concentrara en un soberano, como una entidad política superior, en contraste con el poder territorial disperso de los barones o señores feudales que debían sujeción al Monarca. De este modo, el Estado moderno surgió como un Estado absoluto, un concepto en el cual la idea de la concentración de poder se unió a la de la soberanía absoluta y perpetua del Monarca, que constituía un poder supremo, en relación a las personas.

---

1 Véase Allan R. Brewer-Carías, *Reflexiones sobre la Revolución americana (1776) y la Revolución francesa (1789) y sus aportes al constitucionalismo moderno*, (Cuadernos de la Cátedra Allan R. Brewer-Carías, de Derecho Administrativo, Universidad Católica Andrés Bello, N° 1, Editorial Jurídica Venezolana, Caracas 1992. Una segunda edición ampliada fue publicada con el título: *Reflexiones sobre la Revolución Americana (1776), la Revolución Francesa (1789) y la Revolución Hispanoamericana (1810-1830) y sus aportes al constitucionalismo moderno*, Serie de Derecho Administrativo N° 2, Universidad Externado de Colombia, Bogotá 2008.

Por ello, Bodino, en su *Six Books of a Commonwealth* publicado en 1576, traducido al inglés en 1606, se refirió a la soberanía como la condición para la existencia de un Estado (un *Commonwealth*), señalando que:

> "El *Commonwealth* puede definirse como el Gobierno correctamente ordenado por un poder soberano de una serie de familias, y de aquellas cosas que son de su preocupación común.
>
> La soberanía que se denomina en latín, *majestas* es ese poder absoluto y perpetuo ejercido sobre una comunidad..."[2]

Ese Estado moderno, representado en la monarquía absoluta y soberana, fue el que Hobbes denominó el *Leviathan* (1651), como la personificación unitaria de una multitud de hombres. Según sus propias palabras:

> "Una multitud de hombres se convierte en una persona cuando son representados por un hombre o por una persona; lo que debe realizarse con el consentimiento de cada uno de la multitud, en particular. Porque es la unidad del representante, y no la unidad de los representados lo que hace a la persona una. Y es el representante el que asume la persona y una sola persona; no pudiendo la unidad en una multitud, ser entendida de otra manera."[3]

---

[2] Véase J. Bodin, *The six Books of a Commonwealth*, Londres, 1606 (ed. de Kenneth Douglas Mc Rae) Cambridge, Mass. 1962, Libro I. Cap. VIII, p. 84. *Cfr.* la cita en P. Allott, "The Courts and Parliament: Who's whom?", *Cambridge Law Journal*, N° 38 (1), 1979. p. 104. Este autor cita la traducción de Tooley (1960), Caps. I y VIII del Libro I.

[3] Véase T. Hobbes, *Leviathan*, (ed. John Plamenatz), Londres 1962. Cap. XVI, p. 171. *Cfr.* M. M. Goldsmith, *Hobbes' Science of Politics*, NY. 1966, p. 138.

Ese *Leviathan*, sin lugar a dudas, fue la primera forma del Estado moderno.[4]

Durante los siglos XVI al XVIII, este Estado moderno se identificó con las monarquías absolutas del continente europeo, en las que todo el poder se concentraba en una persona, "el Rey" o Monarca, quien lo ejercía sin ningún tipo de restricción ni control. Además, la soberanía era un atributo personal del Monarca, y por consiguiente, por su origen divino, totalmente exenta de control en su ejercicio[5]. El Monarca sólo tenía un deber, el de garantizar el orden público y la felicidad de sus súbditos en interés del Estado, para lo cual podía acudir, sin límites, a la "razón de Estado"[6] para justificar sus decisiones, estando exento de toda responsabilidad, pues por esencia, no podía equivocarse.

Tan arraigado estaba este principio, que en un sistema como el británico, la situación sólo cambió en 1947, cuando después de sancionarse el *Crown Proceeding Act*, fue que resultó posible exigir judicialmente responsabilidad a la Corona[7]. Sin embargo, a pesar de ello y contrariamente a la situación de los sistemas continentales europeos, la experiencia británica fue muy particular, en el sentido que el absolutismo no llegó a desarrollarse totalmente en la historia política inglesa, salvo durante un breve período, bajo el *Commonwealth* (1633), e incluso, en ese momento, se ha considerado que fue moderado.[8]

---

4   Véase A. Passerin D'Entrèves, *The Notion of the State. An Introduction to Political Theory*, Oxford 1967, p. 11.
5   *Idem.*, pp. 44 y 202.
6   *Idem.*, p. 44.
7   Véase J. A. Jolowicz, "Torts", *International Encyclopedia of Comparative Law*, Vol. XI. Cap. 13 (Procedural Questions), pp. 13-41; H. W. R. Wade, *Administrative Law*, Oxford 1971, p. 17.
8   Véase I. Jennings, *The Law and the Constitution*, Londres 1972, p. 46. Como lo dijo el mismo autor: "Ningún rey de Inglaterra ha

En efecto, en Inglaterra, desde el inicio del Siglo XIII, la autoridad del Rey había comenzado a ser limitada por sus barones, quedando evidenciada esta situación de confrontación en el texto de la *Carta Magna* de 1215, considerada como el origen de la Constitución británica.[9] Esta *Carta Magna*, como se sabe, no estaba destinada a regular supuestos "derechos" a las personas o ciudadanos comunes. En realidad, se trató de un registro escrito de promesas y concesiones hechas por un Rey reticente, buscando la paz, en el cual se procuraba, en una sociedad estamental, salvaguardar los derechos y prerrogativas de las diferentes clases sociales, según sus necesidades; es decir, regulaba en forma separada, los derechos y privilegios del clero, de los nobles, de los comerciantes y de los terratenientes.[10]

Sin embargo, a pesar de ello, la Carta Magna, con sus cláusulas limitativas al poder absoluto en beneficio de los barones, ha sido considerada en el constitucionalismo como el primer intento de expresar en "forma precisa y en términos jurídicos, algunas de las principales ideas del go-

---

sido nunca visto por sus contemporáneos como un monarca absoluto. Este concepto es desconocido en la ley inglesa". I. Jennings, *Magna Carta*, Londres 1965, p. 13. Recuérdese que el rey Carlos I en el juicio que le fue abierto en el Westminster Hall el 20 de enero de 1649, rechazó abogar en su favor, por no querer reconocer la jurisdicción del tribunal ni de tribunal alguno para juzgarlo. Por ello expresó: "El Rey no puede ser juzgado por ninguna jurisdicción superior en la tierra". Sin embargo, el 21 de enero de 1649 fue sentenciado a muerte. Ver, M. Ashley, *England in the seventeenth century*, Londres 1972, p. 80.

9   Véase W. Holdsworth, *A History of English Law*, Vol. II, Londres. Cuarta Ed. 1936, Reimpreso 1971, p. 209.

10 *Idem*, p. 211. En su elaboración participaron activamente los obispos, de manera que incluso los ejemplares manuscritos que se conservan de la carta Magna están en las catedrales de Lincoln y Salisbyry. Véase Teresa Webber, "Who wrote Magna Carta?", en The Fountain. Trinity College Cambridge, Issue 21, Autumn 2015, pp. 8-9.

bierno constitucional en Inglaterra, de manera que, incluso, la interpretación que de ella han hecho juristas, historiadores y políticos y, principalmente, los tribunales, ha llevado a considerarla como un instrumento que permite salvaguardar las libertades de las personas,"[11] aún cuando, en realidad, los *liberi homines* no estuvieran originalmente incluidos en sus cláusulas.

En todo caso, en el transcurso de la historia de Gran Bretaña, a pesar del pacto entre el Rey y los barones que contenía la *Carta Magna*, los reyes, para afianzar su poder como *primus inter partes*, tuvieron que continuar luchando contra los señores y propietarios de la tierra, y no siempre triunfaron. Sin embargo, cuando el poder de los barones ya había disminuido por la desaparición del régimen feudal, ya había surgido un Parlamento lo suficientemente fuerte como para limitar la autoridad real, tomar parte de ella, discutir sus límites e incluso, en algunas oportunidades, destronar al Rey, cuando sus ideas y acciones transcendieran los límites que el Parlamento considerara como razonables.[12]

2. Sobre la revolución inglesa: la imposición del Parlamento sobre el Monarca

En este contexto, la Revolución inglesa de 1642 no fue una revolución social como lo fue la Revolución francesa algo más de un siglo después, cuyo objetivo era destruir un sistema de gobierno absoluto y la sociedad estratificada en la cual se basaba. En realidad y, fundamentalmente, la Revolución inglesa fue una revolución política, secuela de una larga lucha política, desarrollada durante más de cuatro siglos, entre el Rey y el Parlamento.

---

11 Véase W. Holdsworth, *A History of English Law*, Vol. II, *cit.*, p. 211.
12 Véase I. Jennings, *The Law and the Constitution, cit.*, pp. 46-47.

El resultado de la Guerra Civil que estalló en Inglaterra en 1642, y que duró 18 años, en efecto, fue, por una parte, imposibilitar en el futuro el afianzamiento de monarquías personalizadas; y, por la otra, impedir que el Parlamento tratara de perpetuarse en el poder, desafiando a la opinión pública. Por ello, una vez restaurada la Monarquía después de la Revolución, tanto la posición del Rey como la del Parlamento habían quedado alteradas. Particularmente, después de la misma el Parlamento alcanzó una posición que nunca antes había tenido en el Estado moderno, en el sentido de que se transformó en una parte del Gobierno tan permanente como el mismo Rey, dejando de ser el cuerpo al que sólo se llamaba cuando el gobierno real quería ayuda, sancionando para ello las leyes necesarias.[13]

Por otra parte, si bien es cierto que como resultado de la Revolución la posición autoritaria del Parlamento se afianzó, ello también ocurrió con la posición de la Ley, que adquirió supremacía, entre otros aspectos, debido al creciente anhelo nacional de verla como verdaderamente suprema, particularmente después de la experiencia que había tenido la Nación bajo el Protectorado, período en el cual Cromwell se había visto obligado a violarla constantemente.

Esa es la razón por la cual Sir William Holdsworth, en su libro, *A History of English Law*, dijo que fue esta alteración en la relación entre el Rey, el Parlamento y los Tribunales y, en consecuencia, entre los poderes Ejecutivo, Legislativo y Judicial, lo que llevó a que comenzaran a asumir la posición jurídica que han tenido en el derecho moderno.[14] Ello, sin duda, fue facilitado por la sanción del *Instrument of Government* de 1653, texto que se ha considerado como la primera Constitución escrita en el mundo

---

13 Véase W. Holdsworth, *op. cit.*, Vol. VI, pp. 161-162.
14 *Idem*, p. 163.

moderno,[15] en el sentido de ley superior que el Parlamento no podía modificar.

Pero esa fue una experiencia corta, de manera que la evolución política en Inglaterra hasta la Restauración en 1689, condujo a la victoria final del Parlamento con respecto a los demás poderes del Estado, comenzando así a consolidar su propia soberanía.

Por ello, en virtud de esta supremacía parlamentaria, puede señalarse que un sistema estatal basado en el principio de la legalidad, en el sentido liberal del término, existía en Inglaterra antes de las Revoluciones americana y francesa por lo que fue precisamente un inglés, John Locke, teórico de la revolución inglesa, el que sentó las bases para la doctrina del Estado liberal, que tanto influenció en el derecho continental y en el surgimiento de la noción misma del moderno Estado de derecho.

3. Las Revoluciones norteamericana, francesa e hispanoamericana, y los principios del Estado de derecho que trastocaron al Estado Absoluto

El sistema de Monarquía absoluta, como forma del Estado, dominó la organización política de los Estados europeos desde el Renacimiento y el Descubrimiento hasta finales del siglo XVIII, cuando las Revoluciones norteamericana (1776) y francesa (1789). Esos acontecimientos fueron los que comenzaron a trastocar todos los principios que hasta entonces habían dominado el constitucionalismo monárquico, dando origen en contraste, al Estado de derecho, es decir, a una forma de organización política en la cual los órganos y autoridades del gobierno del Estado comenzaron a tener su origen en el ejercicio de la soberanía popular, y todos ellos, incluyendo el Monarca, no sólo

---

15 Véase P. Allot, *loc. cit.*, p. 97.

derivaban sus poderes de la Constitución y la ley, sino que también estaban limitados por ellas.

Esta concepción del Estado de derecho, fue también por la cual optaron los próceres civiles en la América hispana cuando formularon el proyecto político del Estado independiente, el cual fue plasmado por primera vez, tanto en la Constitución Federal de las Provincias de Venezuela de 1811 como en las Constituciones Provinciales que se dictaron en las diversas entidades políticas de la Unión en 1811 y de 1812, rechazando las fórmulas monárquicas, respondiendo a los nuevos principios fundamentales[16] que caracterizan al Estado de derecho, y que son los siguientes:

4. El principio de la Constitución como ley suprema

En *primer lugar*, la idea de la existencia de una Constitución como una carta política escrita, emanación de la soberanía popular, de carácter rígida y permanente, contentiva de normas de rango superior, inmutable en ciertos aspectos y que no sólo organiza al Estado, es decir, no sólo tiene una parte orgánica, sino que también tiene una parte dogmática donde se declaran los valores fundamentales de la sociedad y los derechos y garantías de los ciudadanos. Hasta finales del siglo XVIII y comienzos del Siglo XIX, esta idea de Constitución no existía, y las Constituciones, a

---

16 Véase Allan R. Brewer-Carías, *Reflexiones sobre la Revolución americana (1776) y la Revolución francesa (1789) y sus aportes al constitucionalismo moderno*, (Cuadernos de la Cátedra Allan R. Brewer-Carías, de Derecho Administrativo, Universidad Católica Andrés Bello, Nº 1, Editorial Jurídica Venezolana, Caracas 1992. Una segunda edición ampliada fue publicada con el título: *Reflexiones sobre la Revolución Americana (1776), la Revolución Francesa (1789) y la Revolución Hispanoamericana (1810-1830) y sus aportes al constitucionalismo moderno*, Serie de Derecho Administrativo Nº 2, Universidad Externado de Colombia, Bogotá 2008.

lo sumo, eran cartas otorgadas por los Monarcas a sus súbditos, porque el Monarca era el soberano. Solo cuando el pueblo comenzó a ser el soberano, cambió el sentido de las constituciones.

En esa forma, la primera Constitución del mundo moderno producto de la soberanía popular, fue la de los Estados Unidos de América de 1787, seguida de la de Francia de 1791. La tercera Constitución moderna, republicana, se adoptó en la América hispana, en Venezuela en 1811. La Constitución de Haití de 1804, en realidad fue una de carácter imperial, y posteriormente, en 1812, se dictó la Constitución de la Monarquía española.

La idea de la Constitución como norma suprema, por lo demás, ha conllevado siempre el desarrollo de otros principios que son también inherentes al mismo: por una parte, el establecimiento de un sistema jerárquico de los normas que conforman el ordenamiento jurídico ubicadas en diferentes niveles según su esfera de validez, establecidos normalmente en relación con la ley suprema, que es la Constitución; y por otra, el de la primacía de la legislación que regula todas las actividades del Estado, tanto la ejecutiva como la judicial, entendiéndose en este contexto por legislación, básicamente, la ley formal, es decir, las leyes sancionadas por las Cámaras Legislativas o parlamento. En el esquema del Estado absoluto, en cambio, no había Constitución en el sentido contemporáneo del término, que regulara y limitara la actividad del Soberano.

Además, la idea de la Constitución, como ley de leyes, ha impuesto en definitiva el principio de legalidad, que es otro de los principios globales que caracterizan al Estado de derecho, es decir, el de la subordinación de todos los órganos del Estado a la Constitución y a la ley, entendida ésta no sólo como un específico acto formal emanado del cuerpo representativo, sino englobando a todas las otras fuentes de ordenamiento jurídico. Esto implica, por consiguiente, que todos los órganos del Estado están sujetos a las leyes dictadas por sus propios órganos, y particularmente, las emanadas del órgano legislativo; y que por tanto, todos los actos de los órganos del Estado están sometidos a control.

5. La soberanía popular y la representación democrática

En *segundo lugar*, de las dos revoluciones del siglo XVIII, también surgió la idea política del nuevo papel que a partir de ese momento asumió el pueblo como soberano en el proceso de constitucionalización de la organización del Estado. Con esas Revoluciones, como se dijo, las constituciones comenzaron a ser producto de la soberanía popular, y dejaron de ser una mera emanación de un Monarca. Y así fue que en los Estados Unidos de América, las Asambleas coloniales asumieron la soberanía, y dictaron sus Constituciones a partir de 1776, y en Francia, la soberanía se trasladó del Monarca al pueblo y a la Nación; y a través de la idea de la soberanía del pueblo, surgieron todas las bases de la democracia y el republicanismo que también constituyeron otro de los grandes aportes de dichas Revoluciones.

Igualmente, en la América hispana, en Venezuela, la Junta Suprema constituida a partir del 19 de abril de 1810, entre los primeros actos constitucionales que adoptó siguiendo los pasos adoptados ese mismo año en España para la elección de los diputados a Cortes, fue la convocatoria a elecciones de diputados para un Congreso General con diputados representantes de las Provincias que conformaban la antigua Capitanía General de Venezuela. Esos diputados fueron los que en representación del pueblo, el 21 de diciembre de 1811 sancionaron la Constitución Federal de los Estados de Venezuela, luego de haber declarado solemnemente la independencia el 5 de julio, y antes, los Derechos del Pueblo el 1 de julio del mismo año.

6. *Las declaraciones de derechos fundamentales*

En *tercer lugar*, de los dos acontecimientos políticos de finales del siglo XVIII resultó el reconocimiento y declaración formal de la existencia de derechos naturales del hombre y de los ciudadanos, con rango constitucional, y por tanto, que debían ser respetados por el Estado. La libertad se constituyó, en esos derechos, como un freno al Estado y a sus poderes, produciéndose así el fin del Estado absoluto e irresponsable.

Por ello, las Constituciones de las Colonias norteamericanas al independizarse en 1776, estuvieron todas precedidas de amplias Declaraciones de Derechos, a las que siguieron primero, la Declaración de Derechos del Hombre y del Ciudadano de Francia de 1789, y el *Bill of Rights* contenido en las primeras Enmiendas a la Constitución de los Estados Unidos del mismo año.

La tercera de las declaraciones de derechos fundamentales en la historia del constitucionalismo moderno, se adoptó igualmente en la América hispana, y fue la "Declaración de Derechos del Pueblo" sancionada el 1º de julio de 1811 por el Congreso General de Venezuela, texto que meses después se recogió, ampliado, en el Capítulo VIII de la Constitución Federal de diciembre de 1811.

Este reconocimiento de los derechos y libertades fundamentales, es por tanto otro de los principios que identifica globalmente al Estado de Derecho, como una garantía formal contenida en los textos constitucionales, los cuales aseguran tanto su disfrute efectivo como los diversos medios de control judicial y político para garantizarlo.

En cambio, en el esquema del Estado absoluto, los ciudadanos no tenían derechos; sólo tenían deberes y entre ellos, el de sujeción al Monarca. Por ello, la idea misma de los derechos fundamentales constitucionalmente declarados, como se dijo, producto de las Revoluciones Americana y Francesa, es otra de las características del Estado de Derecho.

7. La limitación del Poder Público y el principio de la separación de poderes

En *cuarto lugar*, además, dentro de la misma línea de limitación al Poder Público para garantizar la libertad de los ciudadanos, las Revoluciones Francesa y Americana aportaron al constitucionalismo moderno la idea fundamental de la separación de poderes como garantía de libertad.

El principio se formuló, en primer lugar, con ocasión de la Revolución Americana en las Constituciones de las Colonias independientes a partir de 1776, y posteriormente en la estructura constitucional diseñada en la Constitución de los Estados Unidos de 1787, que se montó íntegramente sobre la base de la separación orgánica de poderes. El principio, por supuesto, se recogió aún con mayor fuerza en el sistema constitucional que resultó del proceso revolucionario francés, no sólo en la Declaración de Derechos del Hombre y del Ciudadano de 1789 sino en las Constituciones a partir de 1791, donde se le agregaron como elementos adicionales, el principio de la supremacía del Legislador resultado de la consideración de la ley como expresión de la voluntad general; y el de la prohibición a los jueces de interferir en cualquier forma en el ejercicio de las funciones legislativas y administrativas.

En el mundo hispanoamericano, la Constitución Federal venezolana de diciembre de 1811, fue también el tercer texto constitucional del mundo moderno, en establecer expresa y precisamente el principio de la separación de poderes, aun cuando más dentro de la línea del balance norteamericano que de la concepción extrema francesa.

De este principio constitucional del Estado de derecho, deriva el otro principio fundamental de que el Poder Público es y tiene que estar limitado; lo que tiene que estar garantizado por una parte, por un sistema de separación, división o distribución horizontal del mismo, al menos entre el Legislativo, Ejecutivo y Judicial, para garantizar las libertades y tratar de evitar posibles abusos de una rama del poder en relación a otro; por la otra, dentro de ello, por la consagración de la autonomía necesaria del Poder Judicial, incluso para controlar la sujeción de todos los órganos del Estado a la Constitución y ley; y por último, por el establecimiento de un sistema de distribución territorial del poder que es el que origina la descentralización política.

Todo ello contrasta con el esquema del Estado absoluto, en el cual el Monarca acumulaba todos los poderes: era el legislador, el gobernante, el administrador y era quien impartía justicia. Nada ni nadie controlaba al Soberano, ni sus poderes eran limitados, ni podían limitarse. El Monarca por ello no podía errar (*The King can do no wrong*; *Le roi ne peut mal faire*).

En el Estado de derecho en cambio, en el marco de la separación de poderes, predomina el principio del control entre los poderes, y en particular el control judicial que si bien se desarrolló inicialmente en relación con los actos del Poder Ejecutivo y de la Administración Pública, cuyos órganos deben actuar de conformidad con la ley, se extendió progresivamente respecto de todos los actos estatales. Por ello el control del poder también se implementó en relación con los actos del propio órgano legislativo y del gobierno, mediante la adopción de sistemas de control jurisdiccional de la constitucionalidad de las leyes y demás actos del Estado dictados en ejecución directa de la Constitución, como una protección contra el despotismo del Legislador y del gobierno.

Por otra parte, para controlar judicialmente la actividad de la Administración surgieron tribunales especializados integrados en la denominada jurisdicción contencioso-administrativa; y para ejercer el control de constitucionalidad del legislador y del gobierno surgió la jurisdicción constitucional, conformada por Tribunales Constitucionales o por las propias Cortes Supremas.

Ello en contraste con el esquema del Estado absoluto, conforme al cual el Monarca era Soberano e infalible, por lo que al nunca poder equivocarse ni causar mal, sus actos no estaban sometidos a control alguno. La ley que lo regía era su propia voluntad, por lo que no podía haber un cuerpo normativo superior que lo limitara, y conforme al cual pudieran controlarse sus decisiones.

8. La democracia y los sistemas de gobierno

En *quinto lugar*, de las Revoluciones norteamericana y francesa puede decirse que también resultó la concepción de la democracia como régimen político, y los sistemas de gobierno democráticos que dominan el mundo moderno, basada en la elección popular de los representantes por parte del pueblo soberano mediante el sufragio; y que ha dado origen a los sistemas de gobierno presidencial y parlamentario. El primero, el presidencialismo, producto de las Revolución Americana; y el segundo, el parlamentarismo, como sistema de gobierno que dominó en Europa después de la Revolución Francesa, y que se aplicó incluso en las Monarquías parlamentarias. Con ellos, la democracia representativa comenzó a formar así parte de las raíces del Estado de derecho.

En la América hispana, el presidencialismo como forma de gobierno se instauró por primera vez en Venezuela, a partir de 1811, inicialmente como un ejecutivo triunviral, y luego, a partir de 1819, unipersonal; sistema de gobierno que luego se siguió en todos los países latinoamericanos.

9. El rol del Poder Judicial

En *sexto lugar*, las Revoluciones norteamericana y francesa además, trastocaron la idea misma del Poder Judicial y su papel, pues la justicia dejaría de administrarla el Monarca y comenzaría a ser impartida por funcionarios independientes, en nombre de la Nación.

Además, con motivo de los aportes de la Revolución norteamericana, los jueces asumieron una función que es fundamental en el constitucionalismo moderno, que es la del control de la constitucionalidad de las leyes; es decir, la idea de que la Constitución, como norma suprema, tiene que tener algún control, como garantía de su supremacía, y ese control se atribuyó al Poder Judicial. De allí, incluso, el papel político que en los Estados Unidos de Norteamérica adquirió la Corte Suprema de Justicia.

En Francia, sin embargo, dada la desconfianza revolucionaria respecto de los jueces (*Parlements*), frente a la separación absoluta de poderes, sólo sería cien años después cuando se originaría la consolidación de la justicia administrativa, a cargo del Consejo de Estado, que aun cuando separada del Poder Judicial, comenzaría a controlar a la Administración; y casi doscientos años después cuando se comenzaría a consolidar el control de constitucionalidad de las leyes a cargo del Consejo Constitucional..

En la América hispana, fue en Venezuela, en la Constitución Federal de 1811, donde por primera vez se recogió toda la influencia en relación al papel del Poder Judicial, como fiel de la balanza entre los poderes del Estado, proveniente fundamentalmente de la experiencia norteamericana; particularmente por la inclusión en el texto mismo de la Constitución de su garantía objetiva, al declararse nulas y sin valor alguno las leyes que contrariasen las normas constitucionales; lo que posteriormente dio origen al desarrollo en todos los países latinoamericanos de sistemas amplios de control de constitucionalidad de las leyes, concentrados, difusos y mixtos.

10. La descentralización política: El federalismo y el municipalismo

En *séptimo lugar*, fue de los dos acontecimientos revolucionarios mencionados del siglo XVIII, de donde surgió una nueva organización territorial del Estado, antes desconocida. Así, frente a las Monarquías Absolutas organizadas con base en el centralismo, esas revoluciones dieron origen a nuevas formas de organización territorial que originaron, por una parte, el federalismo, particularmente derivado de la Revolución norteamericana con sus bases esenciales de gobierno local; y por la otra, el municipalismo, originado particularmente de la Revolución francesa.

En la América hispana, fue en la Constitución Federal Venezuela de 1811, donde por primera vez en la historia del mundo moderno se adoptó la forma federal en la organización del Estado conforme a la concepción norteamericana; y a la vez, fue el primer país del mundo, luego de las Revoluciones, en haber adoptado en 1812 la organización territorial municipal que legó la Revolución francesa.

**

Los anteriores principios o aportes que resultaron de la Revolución norteamericana y de la Revolución francesa significaron, por supuesto, un cambio radical en el constitucionalismo, producto de una transición que no fue lenta sino violenta, aun cuando desarrollada en circunstancias y situaciones distintas. De allí que, por supuesto, la contribución de las Revoluciones norteamericana y francesa al constitucionalismo, seguidas por su adopción a partir de la Revolución hispanoamericana, aun en las siete ideas básicas comunes antes mencionadas, haya tenido raíces y motivaciones diferentes.

En los Estados Unidos de Norte América se trató de la construcción de un Estado nuevo sobre la base de lo que habían sido antiguas colonias inglesas, situadas muy lejos de la Metrópoli y de su Parlamento soberano, las cuales durante más de un siglo se habían desarrollado independientes entre sí, por sus propios medios y gozando de cierta autonomía; tendencia que con sus obvias diferencias, se siguió en el proceso constitucional de América hispana. En el caso de Francia, en cambio, no se trató de la construcción de un nuevo Estado, sino de sustituir dentro del mismo Estado unitario y centralizado, un sistema político constitucional monárquico, propio de una Monarquía Absoluta, por un régimen totalmente distinto, de carácter representativo constitucional, incluso como Monarquía constitucional; tendencia que se siguió en España en la Constitución de Cádiz de 1812 y en el resto de los países europeos, incluso imponiéndose intermitentemente el republicanismo.

En contraste con la fórmula del Estado absoluto, la configuración constitucional de los Estados en el mundo moderno después de las Revoluciones norteamericana y francesa del siglo XVIII y de la Revolución hispanoamericana que se desarrolló a partir de 1811, se hizo conforme a los antes señalados principios del Estado de Derecho, que le sirven de fundamento y que han sido los que se han desarrollado durante los dos últimos siglos.

Al estudio de dichos principios, desde la perspectiva histórica de su consolidación, es que está destinado este libro, para lo cual lo hemos dividido en las siguientes seis partes en las cuales trataremos: la idea misma de una Constitución, como norma suprema (I); el sistema de gobierno democrático representativo (II); la limitación del poder del Estado, mediante su distribución, separación o división, como garantía de las libertades públicas (III); la subordinación del Estado al principio de la legalidad (IV); la declaración de derechos y libertades fundamentales de los ciudadanos en la Constitución (V); y la consolidación de un sistema de control judicial o jurisdiccional de la constitucionalidad de los actos estatales (VI).

I
LA IDEA DE LA CONSTITUCIÓN Y SU SUPREMACÍA

El primero de los principios del Estado de Derecho es la idea misma de Constitución, cuya consolidación y desarrollo, desde los inicios del siglo XIX, sin duda, está estrechamente vinculado al proceso de constitucionalización de todos los principios del Estado de derecho que hemos mencionado. Este proceso se ha caracterizado, dentro de cada ordenamiento jurídico, por el establecimiento de un conjunto de normas de rango superior que de manera general regulan las funciones fundamentales del Estado, sus distintos órganos y poderes y sus interrelaciones, el principio democrático representativo, así como los derechos y las libertades fundamentales de los ciudadanos.

En esta forma, la constitucionalización del Estado se inició hace algo más de doscientos años con la introducción, en la práctica política, de las Constituciones escritas concebidas como documentos formales expresión de la voluntad del pueblo, considerándose esta última como soberana con respecto a la organización política de la Nación. Como consecuencia de este proceso, en términos generales, la soberanía se despersonalizó, y los órganos del Estado, inclusive en su caso el Rey y el Parlamento, fueron convertidos, precisamente, en tales órganos del Estado, quedando la soberanía como un atributo que corresponde sólo al pueblo, representado por dichos órganos.

A lo largo de los últimos dos siglos, tras la aprobación de la primera Constitución escrita moderna, es decir, de la

Constitución de los Estados Unidos de América en 1787, en todo el mundo se difundió la práctica de la sanción de Constituciones escritas, de manera que hoy en día todos los países del mundo la tienen, salvo muy contadas excepciones como por ejemplo, el Reino Unido. Por supuesto, el hecho de que el Reino Unido y otros pocos países, como Israel y Nueva Zelandia, no tengan formalmente una Constitución escrita, no significa que en esos países no haya Constitución alguna.

Al contrario, estos países tienen una serie de normas, algunas escritas (leyes fundamentales) y otras no, que con el carácter de leyes básicas determinan, regulan y rigen su forma de gobierno y la distribución del Poder.[17] Por ello, la constitucionalización del Estado también sé ha producido en sistemas constitucionales sin Constitución escrita.

En todo caso, este proceso de constitucionalización del Estado de Derecho, reflejado en una Constitución, ha comprendido el sistema de garantías de las libertades y derechos fundamentales que se declaran en el texto; el sistema de separación y división de los poderes del Estado; la participación del pueblo en el Poder Legislativo mediante la representación popular; la sumisión del Estado al derecho, y lo más importante en el contexto de las Constituciones modernas, ha generado un sistema que responde a una decisión política de la sociedad, adoptada por el pueblo, como poder constituyente originario, expresada generalmente a través de una Asamblea Constituyente.

En especial, el principio de la separación de poderes, con su distinción entre órganos legislativos, órganos ejecutivos (gubernamentales y administrativos) y tribunales de justicia, fue considerado desde finales del Siglo XVIII, salvo en los antiguos países socialistas, como un elemento

---

17 Véase M. C. Wheare, *Modem Constitutions*, Oxford 1966, pp. 1-2.

necesario de cualquier Constitución, puesto que se lo considera, en sí mismo, como la garantía orgánica contra los abusos de poder por parte de los órganos del Estado. Basta con recordar, sobre ello, el contenido del artículo 16 de la Declaración francesa de los Derechos del Hombre y del Ciudadano de 1789, el cual establece:

> "Toda sociedad en la que no esté asegurada la garantía de los derechos, ni determinada la separación de los poderes, no tiene Constitución."[18]

Como se dijo, las primeras Constituciones escritas en la época moderna fueron las constituciones coloniales de los Estados independientes norteamericanos a partir de 1776, seguidas de la Constitución norteamericana de 1787, siendo los Estados Unidos el primer país del *common law* que reemplazó la soberanía parlamentaria por la supremacía de una Constitución adoptada por el pueblo contentiva de sus derechos fundamentales.[19] Ello se hizo, sin embargo, con base en las ideas de la existencia de una Ley fundamental y superior establecida como un contrato social, que tuvo sus orígenes en Inglaterra y además, sus antecedentes en el proceso mismo de colonización de Norteamérica.

En efecto, los antecedentes de la idea de la existencia de una Ley superior en la Constitución norteamericana[20] pueden ciertamente ubicarse en la doctrina medieval de la supremacía de la ley desarrollada en tratados sobre las leyes de Inglaterra, particularmente los de Bracton (1569) considerado como el más grande jurista inglés de la Edad Me

---

18 Véase W. Laqueur and B. Rubin. *The Human Rights Reader 1979*, p. 120.
19 Véase A. Lester, "Fundamental Rights: The United Kingdom Isolated", *Public Law*, 1984, p. 58.
20 Véase en general, E. Corwin, *"The Higher Law" background of American Constitutional Law*, New York 1955, pp. 37 ss.

dia, tal como sus postulados fueron interpretados principalmente por Sir Edward Coke.

Esa idea de la ley superior condujo progresivamente a la reacción contra la doctrina del derecho de los reyes, basada en el dogma del origen divino del derecho sobre la cual estaba construida la sociedad civil, y a la elaboración del principio conforme al cual la Ley está por encima tanto del rey como del pueblo, por igual.[21]

1. Orígenes históricos

Ahora bien, entre los instrumentos que constituyen el antecedente específico de las modernas Constituciones escritas, está específicamente el *Instrument of Government* (1653) emitido en Inglaterra por Cornwell, que ha sido considerando como la primera Constitución escrita de la historia constitucional.

Antes, sin embargo, bien podría indicarse también como antecedentes remotos de las Constituciones escritas, a las Cartas medievales, es decir, los pactos formales establecidos durante de la Edad Media entre un Príncipe y sus vasallos, o entre un Príncipe y la representación popular, la cual posteriormente fue considerada como la expresión de la voluntad del pueblo.

En la Edad Media, en efecto, estos acuerdos escritos, llamados Cartas, entre las cuales, la más famosa fue la *Carta Magna* de 1215, se establecían entre los príncipes y sus barones. Tales documentos no eran, sin embargo, Constituciones en el sentido moderno del término, aun cuando su naturaleza jurídica haya sido interpretada de distintas maneras. En algunos casos se las denominó leyes por el hecho de que eran dictadas por el rey y adoptaban la

---

21. Véase F. T. Plucknett, *A Concise History of the Common Law*, London 1956, p. 59.

forma de concesiones reales; como tales, también han sido consideradas como contratos de derecho público. Estos documentos existieron a todo lo largo de la historia británica, y sirvieron como factor de integración efectiva de la Nación, sea como marco ideológico de las relaciones entre las partes de la sociedad o como símbolo del partido parlamentario, y desde el Siglo XVIII, como símbolo del espíritu de la Constitución en su globalidad. Sin embargo, ninguna de las categorías propias del derecho constitucional moderno podrían aplicarse a las relaciones medievales que dichas Cartas contenían.

En cuanto a la *Carta Magna,* por ejemplo, en realidad, la misma fue el resultado de un movimiento de resistencia de los barones privilegiados ante la política de la Corona bajo el reino de John (Juan sin tierra) (1199-1216).[22] La misma fue una más de las numerosas Cartas acordadas entre el Príncipe y sus barones para asegurar la paz mediante el otorgamiento a éstos últimos determinados privilegios, a cambio de algunos compromisos que se solían establecer en los tiempos feudales.

La misma por tanto fue un *stabilimentum,* es decir, un acuerdo o un convenimiento entre el Rey y sus barones, que a pesar de que fue plasmada por escrito, no puede ser calificada como una Constitución. Además, su nombre de *Magna,* nada tiene relación con que por ello pudiera considerarse como teniendo un carácter superior o de ley fundamental en el sentido de las constituciones modernas. Se trataba en realidad de una denominación popular, con miras a distinguirla por ejemplo, de la *Carta Foresta* o *Charte of the Forest,* de 1217, relativa a los derechos de caza.[23]

---

22 Véase en general I. Jennings, *Magna Carta*, London 1967, p. 9.
23 Véase W. Holdsworth, *A History of English Law*, Vol. II, 1971. pp. 207, 219.

El nombre original de la Carta Magna fue el de *Cartam Libertais* o *Carta Baroum*; y fue siglos más tarde, durante la Gloriosa Revolución, y como consecuencia de las luchas entre el Parlamento y el absolutismo, cuando se le atribuyó el sentido moderno que tiene de ser el origen de las constituciones liberales. Pero, como lo señaló Carl Schmidt, sería un error histórico considerar, aunque fuera remotamente, que algo de esa Carta pudiera asemejarse a una Constitución moderna liberal o democrática.[24] No obstante, en tiempos medievales, fue considerada una parte inalterable, fundamental y perpetua[25] del orden jurídico sancionado, habiendo sido confirmada más de treinta veces, por sucesivos reyes, convirtiéndose en esta forma, en un importante elemento de la evolución del *common law*.[26]

Por ello, en el mismo contexto británico, en realidad el primer instrumento que puede considerare como antecedente de una Constitución escrita moderna, sin duda fue el *Instrument of Government* de 1653 que constituyó el resultado de la primera verdadera interrupción ocurrida en la historia constitucional inglesa y en su continuidad política.[27]

En efecto, la gran Guerra Civil que se inició, en 1642 y que dividió el país entre parlamentaristas y realistas, puede considerarse como el desenlace de una larga lucha que opuso el Parlamento al Rey. Esta guerra, con sus causas religiosas, económicas y políticas y con las múltiples acusaciones recíprocas que produjo de violación y subversión

---

24 Véase C. Schmidt, *Teoría de la Constitución*, ed. española, México 1961. pp. 52-53.
25 Véase Ch. H. McIlwain, *The High Court of Parliament and its Supremacy*, Yale 1910. pp. 64-65.
26 Véase W. Holdsworth, *op. cit.*, Vol. II, p. 219.
27 Véase M. O. Wheare, *Modem Constitutions*, Oxford 1966, p. 9. *Cf.* J. D. B. Mitchel, *Constitutional Law*, Edinburg 1968, p. 27.

de la ley fundamental,[28] condujo a la ejecución del rey Carlos I, a la destrucción de todo el sistema de gobierno central y a que el gobierno del país lo asumiera el denominado *Long Parliament* (1649-1660).

Carlos I fue juzgado y ejecutado en enero de 1649. Muy pronto, después, fue abolida tanto la monarquía como la Cámara de los Lores, e Inglaterra pasó a llamarse una Comunidad (*Commonwealth*) o un Estado Libre, bajo el mando del ejército y de Oliver Cromwell.[29] El Parlamento se allanó a las expectativas y exigencias del ejército, salvo cuando se trató de limitar sus propios poderes y su propia existencia.

Por ello, luego de largas y fútiles negociaciones, Cromwell terminó por disolver el Parlamento, por la fuerza, en 1653, y para sustituirlo invitó a un grupo de puritanos comprobados a que formasen una "Asamblea de Santos", la cual, al poco tiempo, tuvo que renunciar a sus poderes, devolviendo la autoridad a Cromwell. Fue cuando el Consejo de Oficiales del Ejército produjo una Constitución escrita para el gobierno, conocida como el *Instrument of Government* de 1653[30] la cual presentaba todas las características de una Constitución, tal como hoy la entendemos.

El *Instrument of Government* convirtió a Oliver Cromwell en *Lord Protector* de la Comunidad de Inglaterra, Escocia e Irlanda que él había reunido bajo un mismo gobierno; confiriéndole poderes ejecutivos que ejercía con la ayuda de un Consejo de Estado compuesto por civiles y militares, concebido como un órgano independiente tanto

---

28 Véase M. Ashley, *England in the Seventeenth Century*, London 1967, pp. 76, 79, 80 y 82.
29 *Cf.* W. Holdsworth, *op. cit.*, Vol. VI, p. 146; H. Ashley, *op. cit.*, pp. 91-92.
30 Véase W. Holdsworth, *op. cit.*, p. 146; M. Ashley. *op. cit.*, p. 1066.

del Protector como del Parlamento, el cual debería ser electo con representantes de Inglaterra, Escocia e Irlanda.[31] Cuando se reunió el Parlamento, no todos sus miembros aceptaron las "bases" del Gobierno del Protectorado y se rechazó la Constitución conforme a la cual se había conformado el propio Parlamento. Este fue finalmente disuelto, principalmente porque intentó privar a Cromwell del control que ejercía, el sólo, sobre el ejército.

Así, Cromwell se vio una vez más obligado a gobernar por la fuerza, mediante el ejército,[32] situación que se repitió en varias oportunidades hasta su muerte en 1658. Tal como lo expresó Sir Williams Holdsworth al referirse a Cromwell:

"Era el único hombre capaz de controlar el ejército, y por lo tanto, era el único en poder establecer un gobierno civil frente a los militares."[33]

Fue así como, poco tiempo después, un nuevo Parlamento entronizó al rey Carlos II de conformidad con la Declaración de Breda de 1660, la cual incluía cuatro principios o condiciones que le fueron impuestas o exigidas al Monarca: una amnistía general, la libertad de conciencia, la garantía de la propiedad y los pagos atrasados al ejército.[34] Esta Declaración no era, por supuesto, una Constitución como el *Instrument of Government*, ya que de hecho la restauración del Rey significó volver a la antigua forma de gobierno, para lo cual no se necesitaba ninguna Constitución. Tal como lo expresó K. C. Wheare:

---

31 Véase W. Holdsworth, *op. cit.*, pp. 154-155.
32 Véase W. Holdsworth, *op. cit.*, p. 147; M. Ashley, *op. cit.*, p. 102.
33 Véase W. Holdsworth, *op. cit.*, p. 148.
34 *Ibid.*, p. 165.

"Quienes hablan de un desarrollo ininterrumpido de la historia del gobierno inglés... tienen buena parte de la verdad de su lado. Hubo un corte y un intento por comenzar con un nuevo pie mediante una Constitución, pero el intento falló y fue restaurado el viejo orden."[35]

Como se señaló anteriormente, el *Instrument of Government* (1653) y sus modificaciones, principalmente mediante el *Humble Petition and Advise*,[36] ha sido unánimemente considerado como la primera Constitución escrita de la historia constitucional moderna, por el hecho de que su objetivo inmediato era restablecer una norma permanente e inviolable frente a las resoluciones de la mayoría cambiante del Parlamento. En todos los gobiernos, decía Cromwell, se requiere algo fundamental, algo así como una Gran Carta, permanente e invariable, o si se quiere, absolutamente invulnerable. Por ejemplo, uno de esos principios fundamentales, según Cromwell, era establecer que el Parlamento nunca podría declararse como un órgano permanente.[37]

Por lo tanto, históricamente puede afirmarse que la idea de Constitución nació de la necesidad de determinar, formalmente, la composición o las funciones fundamentales de los instrumentos de gobierno, generalmente como una señal de orden luego de un caos institucional creado por una gran revolución política o social, al liberarse una nación de un invasor extranjero, o al constituirse una nación a partir de la reunión de pequeñas unidades políticas. Siempre ha sido con ocasión de tales decisiones históricas o

---

35 Véase K. C. Wheare, *op. cit.*, p. 10.
36 Véase W. Holdsworth, *op. cit.*, p. 157.
37 Citado por C. Schmidt, *op. cit.*, p. 45.

políticas de reorganizar o crear un Estado, cuando las constituciones han cobrado vida.

Como lo indicó Jenning, esta necesidad surgió en Inglaterra, en 1653, cuando el Parlamento, tras haber creado un ejército para destruir al rey, se vio a sí mismo destruido por su propia creación.[38] En este sentido, el *Instrument of Government*, que hizo de Cromwell el *Lord Protector* y estableció una nueva legislatura, fue el primero y único ejemplo de una Constitución escrita en Inglaterra. Sólo estuvo en vigencia por pocos años y apenas sobrevivió al propio Cromwell.

Sin embargo, dicha Constitución anticipó muchos de los desarrollos constitucionales de los Siglos XIX y XX, por lo que Sir William Holdsworth afirmó que este *Instrument of Government* y sus modificaciones inmediatas:

> "Fueron el primer intento de los ciudadanos ingleses de elaborar una Constitución escrita, en el cual se plantearon, por primera vez, todos los problemas relacionados con su elaboración. De allí surgió la idea de una separación de poderes como garantía frente a la tiranía, tanto de un solo individuo como de una asamblea representativa; la idea de determinar algunos derechos fundamentales del ciudadano; y la idea de convertir estos derechos en permanentes, denegando validez a cualquier legislación que intentara atentar contra ellos."[39]

En todo caso, con esa sola excepción, Inglaterra nunca ha tenido una Constitución escrita, lo que no significa, insistimos, que no haya tenido ni tenga Constitución alguna.

---

38 Véase I. Jenninngs, *The Law and the Constitution*, London 1972, p. 7.
39 Véase W. Holdsworth, *op. cit.*, p. 157.

Las instituciones necesarias para el ejercicio de las varias funciones del Estado en el derecho constitucional moderno, han sido establecidas en el Reino Unido, siguiéndose un proceso permanente de invención, reforma y transformación, cumpliéndose con los requerimientos políticos mínimos para ello. De allí que Jennings haya señalado:

> "Si una Constitución consiste en instituciones y no en el documento que las describe, la Constitución británica no se ha escrito sino que se ha desarrollado, sin que exista documento."[40]

2. La Constitución norteamericana (1787)

Aparte del antecedente importante el *Instrument of Government* de Cromwell de 1653, la práctica moderna de las Constituciones escritas comenzó realmente en los Estados Unidos de América, cuando las colonias inglesas, separadas de Inglaterra, se declararon Estados independientes en 1776, y en Asambleas sancionaron sus propias Constituciones. El Congreso Continental de 1776 llegó incluso a invitar formalmente a todas las colonias de la Unión a elaborar su propia Constitución, como decisión política del pueblo.[41]

En efecto, el movimiento de las colonias americanas hacia la independencia de Inglaterra, había comenzado mucho antes de que la independencia fuera finalmente declarada en 1776, habiendo tenido su origen en el espíritu independentista desarrollado en las Asambleas coloniales. Estas habían crecido en poder e influencia durante la primera mitad del siglo XVIII, resolviendo muchos de los problemas coloniales de carácter local; habiendo sido ese

---

40 Véase I. Jennings, *op. cit.*, p. 8.
41 Véase A. C. McLaughlin A. *Constitutional History of the United States*, New York 1936, pp. 106-109.

espíritu asambleísta, sin duda, uno de los principales factores del proceso de independencia. Por ello, la *Declaration and Resolves of the First Continental Congress* del 14 de octubre de 1774, teniendo en cuenta que contrariamente a los derechos del pueblo, las Asambleas habían sido frecuentemente disueltas cuando habían intentado deliberar sobre quejas contra las autoridades de la Metrópoli, resolvió que "los habitantes de las colonias inglesas en Norte América, por las inmutables leyes de la naturaleza, los principios de la Constitución inglesa, y varias cartas y manifiestos", tenían sus propios derechos entre los cuales estaba:

> "el derecho a reunirse pacíficamente para considerar sus quejas y peticiones al Rey; y que todas las persecuciones y proclamaciones prohibitivas y, compromisos en tal sentido, son ilegales."[42]

El proceso de separación de las Colonias inglesas en América del Norte respecto de la Metrópoli inglesa, por tanto, ocurrió sobre la base de dos elementos: un proceso hacia la independencia de cada una de las colonias, a través de sus respectivos gobiernos representativos; y un proceso hacia la unión de las colonias, a través de "Congresos Continentales." Como lo señaló John Adams, uno de los principales protagonistas de dicho proceso: "La Revolución y la Unión se desarrollaron gradualmente desde 1770 hasta 1776."[43]

Así, la primera reunión conjunta de significado constitucional entre las Colonias fue el Congreso de Nueva York

---

42 Véase R. L. Perry (ed.) *Sources of our Liberties*, Documentary Origin of Individual Liberties in the United States Constitution and Bill of Rights, 1952, pp. 261, 287 y 288.

43 *Cit.* por M. García Pelayo. *Derecho Constitucional Comparado*, Madrid 1957, p. 325.

de 1765, que se reunió para demostrar el rechazo de las Colonias al *Stamp Act* que había sido aprobado por el Parlamento inglés el 22 de marzo de 1765, estableciendo impuestos de estampillas en todos los documentos legales, periódicos, publicaciones, sin que las Colonias hubiesen sido consultadas, conforme al principio de que "no podía haber imposición sin representación". El Congreso adoptó las *Resolutions of the Stamp Act Congress* el 19 de octubre de 1765, rechazando los impuestos;[44] los cuales finalmente fueron anulados por el Parlamento, y sustituidos por una serie de derechos aduaneros a los productos coloniales.

Ya, en 1774, resultaba claro que los problemas individuales de las Colonias, en realidad, eran problemas de todas ellas, y ello trajo como consecuencia la necesidad de una acción común, con el resultado de la propuesta de Virginia de la realización de un Congreso anual para discutir los intereses comunes de América. Cómo consecuencia, en 1774 se reunió en Filadelfia el Primer Congreso Continental con representantes de todas las Colonias, excepto Georgia.

El principal elemento político que se discutió en el Congreso fue la autoridad que las Colonias deberían conceder al Parlamento y sobre qué bases, sea que fueran las leyes de la naturaleza, la Constitución británica o las *Charters* americanas.[45] Se decidió que las leyes de la naturaleza (*law of nature*) y no sólo el *common law*, debían ser reconocidas como uno de los fundamentos de los derechos de las Colonias, declarándose en consecuencia, como un derecho de los habitantes de las Colonias inglesas en Norte América, en el mismo sentido que las resoluciones del *Stamp Act Congress:*

---

44 Véase R. L. Perry, *op. cit.*, p. 270.
45 Véase Ch. P Adams (ed.), *The works of John Adams*, Boston 1850, II, p. 376, citado por R. L. Perry, *op. cit.*, p. 275.

"Que el fundamento de la libertad inglesa y de todo gobierno libre, es el derecho del pueblo a participar en sus Consejos Legislativos; y en virtud de que los colonos ingleses no están representados, y desde el punto de vista local y de otras circunstancias, no pueden estar propiamente representados en el Parlamento Británico, ellos tienen el derecho a un poder libre y exclusivo de legislación en sus diversas legislaturas provinciales, donde sólo sus derechos de representación pueden ser preservados en todos los casos de imposición y de política interna, sujetos sólo a la negativa de su Soberano, en la forma y manera como hasta ahora ha sido usado y acostumbrado."[46]

En estas Resoluciones, aun cuando la lealtad al Rey se mantuvo, al Parlamento se le negó competencia para establecer impuestos en las Colonias.

Como consecuencia de este Congreso, la guerra económica fue declarada, junto con la suspensión de las exportaciones e importaciones, hacia y desde Inglaterra. Esa guerra económica además, rápidamente se convirtió en una de orden militar, y el Congreso se reunió de nuevo, en Filadelfia, adoptando la *Declaration of the causes and necessity of taking up arms* de 6 de julio de 1775, como una reacción contra el "enorme" e "ilimitado poder" del Parlamento de Gran Bretaña. La Revolución americana, como consecuencia, puede considerarse como una revolución contra la soberanía del Parlamento inglés.

Un año más tarde, el segundo Congreso Continental, en su sesión del 2 de julio de 1776, adoptó una proposición conforme a la cual las Colonias se declararon a sí mismas libres e independientes así:

---

46 Véase R. L. Perry (ed) *op. cit.*, p. 287.

"Que las Colonias unidas son, y por derecho, deben ser, Estados libres e independientes; que ellas están absueltas de toda obediencia a la Corona Británica, por lo que toda conexión política entre ellas y el Estado de Gran Bretaña, es y tiene que ser totalmente disuelta."[47]

El Congreso convino, además, en preparar una Declaración proclamando al mundo las razones de la separación de la metrópoli, y el 4 de julio de 1776, fue adoptada la Declaración de Independencia en formal ratificación del acto ya ejecutado.

Este documento, por supuesto, es de interés histórico universal pues a través del mismo apareció abiertamente en la historia constitucional, la legitimidad jurídico-política-racionalista del auto-gobierno. Para ello, en él ya no se recurrió al *common law*, ni a los derechos de los ingleses, sino exclusivamente a las leyes de la naturaleza y a Dios; en él ya no se recurrió al *Bill of Rights*, sino a verdades evidentes en sí mismas, como:

"Que todos los hombres son creados iguales; que son dotados por su creador de ciertos derechos inalienables; que entre éstos están la vida, la libertad y la búsqueda de la felicidad. Que para garantizar estos derechos se instituyen entre los hombres los gobiernos, que derivan sus poderes legítimos del consentimiento de los gobernados; que cuando quiera que una forma de gobierno se haga destructor de estos principios, el pueblo tiene el derecho de reformarla o aboliría e instituir un nuevo gobierno que se funde en dichos principios, y a organizar sus poderes en la forma que a su juicio ofrecerá las mayores probabilidades de alcanzar su seguridad y felicidad."[48]

---

47   *Idem*, p. 317.
48   *Idem*., p. 319.

Como consecuencia, todo lo que no estaba adaptado racionalmente a los objetivos establecidos derivados de los derechos inalienables del hombre, era injustificable e ilegítimo, debiendo estar organizado el Estado en la forma más adecuada para alcanzar dichos objetivos.

Aparte de la importancia de este documento para los Estados Unidos, es indudable su significación universal: su premisa básica, como un silogismo, está constituida por todos aquellos actos de la Corona que, de acuerdo a Locke, definían la tiranía, siendo obvia la conclusión del silogismo: al violar el pacto que lo unía a sus súbditos americanos, el Rey había perdido toda posibilidad de reclamar su lealtad, y consecuentemente, las Colonias se convirtieron en Estados independientes.[49]

Ahora bien, una vez que las Colonias adquirieron su independencia, debieron regular su propia organización política. Aún más, después de la proclamación de rebelión que el Rey hizo el 23 de agosto de 1775, el Congreso, justo antes de la Declaración de Independencia, requirió de las Colonias que formaran gobiernos separados para el ejercicio de toda autoridad. El Congreso, así, resolvió:

"Que se recomienda a las respectivas Asambleas y Convenciones de las Colonias Unidas, donde aún no se hubiere establecido un gobierno suficiente a las exigencias de sus asuntos, el adoptar dicho gobierno en tal forma, que en opinión de los representantes del pueblo, pueda conducir mejor a la felicidad y seguridad en particular de sus ciudadanos y en general de América."[50]

---

49 Es la teoría de la resistencia al poder desarrollada por Locke, con su secuela: El derecho a la insurrección. Véase los comentarios de J. Touchard, *Histoire des Idées Politiques*, París 1959, Tomo I, p. 376.

50 *Idem.*, p. 318. Véase A. C. McLaughlin *A Constitutional History of the United States*, New York, pp. 107-108.

De esta recomendación derivaron el *Bill of Rights* y la Constitución o Forma de Gobierno de Virginia, adoptados el 12 de junio de 1776, así como las otras Constituciones de los Estados sancionadas después de la Declaración de Independencia, hasta 1787. Estas Constituciones coloniales tuvieron la primera importancia, tanto en la historia constitucional en general, como en la historia de los mismos Estados Unidos, ya que, sin duda, representaron el triunfo del concepto normativo racional de Constitución, lo que se pudo apreciar en la propia Declaración de Independencia. Además, se trataba de Constituciones escritas, sistemáticas y codificadas, muchas de las cuales incorporaban a su texto una lista de derechos inherentes a la persona humana. Además de acuerdo a ello se estableció la parte orgánica de la Constitución, adoptándose, por supuesto, como principio fundamental, la separación de poderes, el cual también hizo su entrada, por primera vez en la historia constitucional, junto con el principio de la soberanía popular.

Por tanto, el concepto normativo racional de la Constitución, con la lista de derechos, la separación de los poderes, la soberanía de la ley, la distinción entre el poder constituyente y el poder constituido y la división de la Constitución en una parte dogmática y otra orgánica, tuvo su origen en América y en sus Constituciones coloniales. De Norteamérica se trasladó a Europa, reflejándose en la Declaración francesa de los Derechos del Hombre y el Ciudadano de 1789, y luego, al derecho constitucional moderno.

Por otra parte, debe señalarse que la idea de una Confederación o Unión de Colonias se formuló al mismo tiempo que la Declaración de Independencia, buscando así satisfacer las exigencias de la unión política que surgió, principalmente de la experiencia de la guerra. Por ello la adopción, por parte del Congreso, el 15 de noviembre de 1777, de los "Artículos de la Confederación", considerados como la Primera Constitución norteamericana.[51] En este texto se estableció una confederación y unión perpetua entre los Estados, con el objetivo de garantizar la "defensa común, la seguridad de sus libertades y su mutuo y general bienestar,"[52] dentro de un sistema en el cual, sin embargo, cada Estado conservaba "su soberanía, su libertad y su independencia,"[53] así como cualquier poder, jurisdicción y derecho no expresamente delegado por el Congreso a los Estados Unidos.

El resultado de ello fue que el único órgano de la Confederación era su Congreso, en el cual cada Estado tenía un voto. Por ello, la Confederación no gozaba de autoridad alguna para imponer tributaciones directas; dependía económicamente de las contribuciones de los Estados; no tenía órgano ejecutivo y sólo tenía una forma embrionaria de organización judicial. Sin embargo, a pesar de su debilidad, la Confederación durante 7 años logró llevar a cabo la guerra, hasta ganarla en 1783. Luego de la victoria, la precariedad de la Confederación puso en evidencia la necesidad del establecimiento de mayores poderes centrales o federales con miras a lograr la integración nacional, en lo que se configuró como una segunda revolución. Para ello se convocó una Convención Federal "con el único y expreso objetivo de revisar los artículos de la Confederación,"[54] que condujo a la adopción por el Congreso, en 1787, de la Constitución de los Estados Unidos, como resultado de una

---

51 Véase R. B. Morris, "Creating and Ratifying the Constitution", National Forum. *Towards the Bicentennial of the Constitution,* Fall, 1984, p. 9.
52 Véase A. C. McLaughlin, *op. cit.*, p. 131.
53 *Idem.*, p. 137; R. L. Perry (ed.), *op. cit.*, p. 399.
54 Véase R. L. Perry (ed.), *op. cit.*, p. 401.

serie de compromisos generales[55] a los cuales llegaron los actores políticos y sociales de las Colonias independientes.

Entre esos compromisos se destacaron los siguientes:

En *primer lugar*, el entendimiento entre los Federalistas y los Anti-federalistas, lo que condujo a conceder a la Confederación las competencias necesarias para su existencia, manteniendo la autonomía de los Estados federados. De este compromiso derivó la forma del Estado Federal[56] que apareció por vez primera en la historia constitucional, como una organización política de Estados basada en un sistema de descentralización política o distribución vertical del Poder. Este compromiso originó uno de los aportes más significativos de la Constitución norteamericana, al derecho constitucional moderno.

El *segundo* gran compromiso que se vio reflejado en la Constitución, luego de una larga y ardua confrontación, fue el que se produjo entre los pequeños y los grandes Estados de la Unión, en cuanto a su representación; es decir, entre un Congreso en el cual los Estados estarían representados en proporción a su población o un Congreso con un tipo confederal de representación. De ello resultó que la Cámara de Representantes se componía de un número de diputados proporcional a la población de cada Estado, mientras que el Senado comprendía dos representantes por Estado, independientemente de su tamaño, es decir, preservando la igualdad entre los Estados.[57]

El *tercer* compromiso, relacionado con el anterior, fue entre las Colonias del Norte y las del Sur, es decir, el en-

---

55 Véase M. García-Pelayo, *Derecho Constitucional Comparado*, Madrid 1957, pp. 336-337.

56 Véase R. B. Morris, *loc. cit.*, pp. 12-13; M. García-Pelayo, *op. cit.*, p. 336; A. C. McLaughlin, *op. cit.*, p. 163.

57 Véase M. García-Pelayo, *op. cit.*, p. 336; R. B. Morris, *loc. cit.*, p. 10; A. C. McLaughlin, *op. cit.*, p. 179.

tendimiento entre los Estados favorables o contrarios a la esclavitud. De acuerdo a este entendimiento la población de esclavos se calculó en tres quintas partes de la población total para determinar la población de cada Estado, tanto para la designación de representantes como para la determinación de los impuestos.

El delicado asunto de la esclavitud generó también un *cuarto* compromiso respecto a los derechos de importación y exportación, particularmente en cuanto a la importación de esclavos o a su abolición. La solución intermedia consistió en adoptar una cláusula que impedía el Congreso tomar decisión alguna para prohibir la importación de esclavos por un período de veinte años, es decir, hasta el año 1808.[58]

El *quinto* compromiso que estuvo en la base de la Constitución norteamericana fue el logrado entre la democracia y los intereses de las clases dominantes, con el fin de evitar todo despotismo a la hora de votar. Así fue como se establecieron limitaciones al ejercicio del derecho de votación, basados en la propiedad privada, y se crearon mecanismos de elección directa de representantes para la Cámara de Representantes, según lo determinase cada Estado; y una elección indirecta para el Senado.

El *último* entendimiento traducido en la Constitución fue el establecimiento de un sistema de separación de poderes en el nivel federal, es decir, un sistema de *check and balance*. Por ello, en la Constitución, además de un órgano legislativo (Congreso), se estableció una Presidencia fuerte ocupada por un Presidente electo cada cuatro años mediante un sistema de sufragio indirecto; así como una Corte Suprema compuesta por jueces electos de por vida, por los órganos más alejados de las masas, el Presidente y el Se-

---

58 Véase R. B. Morris, *loc. cit.*, p. 11; A. C. McLaughlin. *op. cit.*, p. 185.

nado, con el poder necesario para declarar la inconstitucionalidad de los actos contrarios a la Constitución dictados por los demás poderes. La separación de poderes y el control judicial de la constitucionalidad de los actos legislativos, fueron otro de los aportes significativos de la Constitución norteamericana al derecho constitucional moderno.

Además de estos compromisos de la Constitución de los Estados Unidos, hay dos aportes más de América al derecho constitucional que merecen ser indicados: en primer lugar, el constitucionalismo en sí mismo, en el sentido de incorporar todos estos compromisos, en cuanto a la forma de gobierno, en una Constitución escrita, considerada como ley fundamental; y, en segundo lugar, el republicanismo, basado en la representación política, como una ideología del pueblo en contra de la monarquía y las aristocracias hereditarias.[59]

Los norteamericanos del Siglo XVIII decidieron mediante una revolución, repudiar la autoridad real y en su lugar erigir una república. Por tanto, el republicanismo y establecer una república fue lo que buscó la revolución norteamericana, para lo cual la propia Constitución fue sancionada por "el pueblo" (*We the people*) quien a partir de entonces, en la historia constitucional, se convirtió en soberano.

En esta forma, la Constitución adoptada en 1787, fue concebida fundamentalmente, como un documento orgánico que regulaba la separación horizontal y vertical de los poderes de los distintos órganos del nuevo Estado, es decir, entre los poderes legislativo, ejecutivo y judicial, así como entre los Estados y los Estados Unidos de conformidad con el sistema federal.

---

59 Véase G. S. Wood, "The Intelectual Origins of the American Constitution", *National Forum, cit.*, Fall, 1984, p. 5.

Sin embargo, a pesar de los antecedentes coloniales y de las propuestas hechas en la Convención, la Constitución no incluyó una declaración de derechos o *Bill of Rights*, salvo el derecho a tener un gobierno representativo. Fueron los reclamos de los oponentes al nuevo sistema federal, conducidos por los anti-federalistas, los que durante el proceso de ratificación de la Constitución llevaron a la adopción de las diez primeras Enmiendas a la misma, el 15 de diciembre de 1791, las cuales configuraron la *Bill of Rights* norteamericana.[60]

3. La Constitución francesa (1791)

Después de la Revolución americana, el proceso de constitucionalización del Estado de Derecho fue continuado por la Revolución francesa de 1789, con la adopción de la tercera Constitución del mundo, la francesa de 3 de septiembre de 1791, siendo la segunda Constitución, la polaca, promulgada el 3 de mayo del mismo año 1791.[61]

En efecto, dos años después de la adopción de la Constitución americana y trece años después de la Declaración de Independencia de los Estados Unidos, la Revolución Francesa (1789) generó una revolución social cuyo objetivo fue liquidar el *Ancien Régime*, representado por la monarquía absoluta y personal.[62] El problema, en este caso, no fue encontrar un denominador común entre trece Estados independientes y edificar un nuevo Estado sobre los restos de las Colonias inglesas, como sucedió en el proceso constitucional norteamericano; sino más bien, cómo transformar un

---

60 Véase el texto en R. L. Perry (ed.). *op. cit.*, pp. 432-433.
61 Véase A. P. Blaustein, "The United States Constitution. A Model in Nation Building", *National Forum, cit.*, p. 15.
62 Véase de A. de Tocqueville, además de su clásica obra *L'Ancien Régime et la Révolution*, el libro *Inéditos sobre la Revolución*, Madrid 1980.

Estado centralizado, construido en torno a la vieja Monarquía francesa, en la cual el Estado era el Monarca (*L'État c'est moi*), en una nueva forma de Estado donde mediante el concepto de Nación, el pueblo participara como soberano. Fue necesaria una revolución, cuyo primer resultado fue el debilitamiento de la Monarquía misma.

Para ello, después del 14 de julio de 1789, la Asamblea Nacional francesa adoptó dos decisiones fundamentales: la abolición de los derechos señoriales el 4 de agosto, y la Declaración de los Derechos del Hombre y del Ciudadano el 26 de agosto de 1789. Dos años más tarde fue adoptada la Primera Constitución francesa, el 3 de septiembre de 1791, que si bien seguía siendo de corte monárquico, consideraba al Rey como un delegado de la Nación y sujeto a la soberanía de la Ley.

El hecho es que a partir de entonces el Rey, como Monarca absoluto, dejó de ser el Estado; y éste pasó a ser el pueblo organizado en una Nación, sujeta a una Constitución.

La Constitución de 1791 adoptó una estructura que luego se volvió clásica en el desarrollo del derecho constitucional moderno, en la cual se estableció una clara distinción entre una parte dogmática, contentiva de derechos individuales y de los límites y obligaciones del poder del Estado, en relación a los mismos; y una parte orgánica relativa a la estructura, las atribuciones y las relaciones entre los diferentes órganos del Estado.[63]

La Constitución comenzó así con la incorporación en su texto de la Declaración de los Derechos de Hombre y del Ciudadano, que había sido adoptada por la Asamblea Nacional el 26 de agosto de 1789 y ratificada por el Rey el 5 de octubre de 1789; texto que se había inspirado en las

---

63 Véase M. García-Pelayo, *op. cit.*, p. 463.

Declaraciones insertas en las Constituciones de las Colonias americanas que recientemente se habían emancipado de Inglaterra, en particular el *Bill of Rights* de Virginia (1776); lo que no significó, por supuesto, que la Declaración no fuera francesa en su esencia, como obra fundamentalmente racional, inspirada directamente de los pensamientos de Rousseau y Montesquieu.[64]

En todo caso, esta Declaración de Derechos que precedió la Constitución de 1791 puede caracterizarse porque el hecho de que su contenido reflejó una adhesión formal a los principios de la ley natural y a los derechos "naturales" innatos del hombre, de tal manera que la Declaración reconoció o declaró estos derechos universales, pero no los estableció. La Declaración, por tanto, se configuró como una formal adhesión a los principios de la Ley natural y a los derechos naturales con los que nace el hombre, por lo que la ley sólo los reconoce y declara, pero en realidad no los establece. Por ello, la Declaración tuvo un carácter universal.

Por ello no fue una declaración de los derechos de los franceses, sino el reconocimiento por la Asamblea Nacional de la existencia de derechos fundamentales del hombre, para todos los tiempos y para todos los estados. Por ello, Alexis de Tocqueville comparó la revolución política de 1789 con una revolución religiosa, señalando que a la manera de las grandes religiones, la Revolución estableció principios y reglas generales, y adoptó un mensaje que se propagó más allá de las fronteras de Francia. Ello derivó

---

64   Véase J. Rivero. *Les Libertés Publiques*, Vol. I, Paris 1973, pp. 38-42.

del hecho de que los derechos declarados eran "derechos naturales" del hombre.[65]

Esta concepción es clara en el texto de la Declaración adoptada por los representantes del pueblo francés constituidos en Asamblea Nacional,

"considerando que la ignorancia, el olvido o el desprecio de los derechos del hombre son las únicas causas de las desgracias públicas y de la corrupción de los gobiernos".

Además, desde el punto de vista jurídico y político, los poderes del Estado estaban limitados, hasta el punto de que los funcionarios sólo podían actuar dentro de los límites impuestos por estos derechos y, consecuentemente, sometidos a la soberanía de la Ley, principio recogido en la Constitución.

Por otra parte, tanto la Declaración de los Derechos como la Constitución misma se basaron en la afirmación de la soberanía nacional, introduciéndose así un concepto que resultó esencial en el derecho constitucional francés, pues marcó el inicio de una nueva fundamentación para la legitimación del poder del Estado, en oposición a la legitimidad monárquica del pasado; así como un nuevo enfoque para la reorganización de los órganos del Estado.

Así, la idea de la Nación emergió de la Constitución para privar al Rey de su soberanía; pero como la soberanía sólo existió en la persona que la ejercía, el concepto de Nación surgió como personificación del pueblo. Para usar las palabras de Bethélemy:

---

65 Véase A. de Tocqueville, *The Old Regimen and the Revolution*, *cit.*, por Y. Madiot, *Droits de l'Homme et libertés Publiques*, París 1976, p. 46.

"Había una persona soberana que era el Rey. Otra persona debía ser encontrada para oponérsele. Los hombres de la Revolución encontraron esa persona soberana en una persona moral: la Nación. Le quitaron la Corona al Rey y la pusieron en cabeza de la Nación."[66]

Y la Nación, en la teoría revolucionaria, fue identificada con lo que Sièyes describió como el Tercer Estado, que comparado con los otros dos estamentos de los *Estados Generales* (nobleza y clero), era el estamento bajo o la Nación globalmente considerada. *Qu'est-ce que le Tiers?* fue la pregunta que se planteó Sièyes en su libro, y la respuesta que dio fue: "todo," "toda la Nación."[67] Las clases privilegiadas, así, fueron excluidas del concepto de Nación, en la cual tenía cabida la burguesía.

La burguesía, como lo señaló Sièyes, tenía "la modesta intención de tener en los Estados Generales o Asamblea una influencia igual a la de los privilegiados;"[68] pero la situación real, particularmente por su poder económico y por la reacción contra los privilegios, llevó a la burguesía a acaparar el poder, por la Revolución, con apoyo popular.

El pueblo, en realidad, apoyó al Tercer Estado, es decir, a la burguesía, pues no tenía otra alternativa, en el sentido de que no podía apoyar ni a la nobleza ni al clero, que representaban los privilegios.[69] Por ello, la Revolución francesa ha sido considerada como la revolución de la burgues-

---

66 Véase Berthélemy-Duez, *Traité Elementaire de Droit Constitutionnel*, París 1938, p. 74, *cit.*, por M. García Pelayo, *op. cit.*, p. 461.
67 Véase E. Sièyes, *Qu'est-ce que le Tiers Etat*, (ed. Zappeti), Ginebra 1970, p. 121.
68 *Idem.*, p. 135.
69 Como lo señala G. de Ruggeiro, *The History of European Liberalism*, Boston 1967, p. 74.

ía, para la burguesía y por la burguesía[70] configurándose como un instrumento contra los privilegios y discriminaciones, buscando, al contrario, la igualdad de todos los hombres en el goce de sus derechos.

De allí que, incluso, la Declaración de Derechos del Hombre y del Ciudadano haya sido calificada como "la expresión ideológica del triunfo de la burguesía."[71]

En todo caso, a partir de la Revolución, la soberanía residió esencialmente en la Nación como lo estableció expresamente la Declaración de 1789 en su artículo 3°. Por ello, el fundamento de la autoridad pública, a partir de la Revolución, cesó de ser el derecho divino del Monarca, y comenzó a ser la soberanía nacional, que se ejercería mediante representantes.

Por ello, a pesar de su carácter monárquico, la Constitución de 1791 fue representativa, desde el momento en que la Nación ejercía su poder a través de representantes. Por el sistema que se estableció para la participación, sin embargo, la Revolución tuvo una especial significación social vinculada a la burguesía, ya que conforme al sistema de sufragio que se estableció, un gran número de los ciudadanos fue excluido de la actividad electoral.[72]

La Constitución de 1791, además, estableció otro principio fundamental del derecho público moderno, desarrollado particularmente en Francia; y expresado en el concepto de que "*Il n'y a point en France d'autorité supérieure*

---

70 *Idem.*, pp. 75-77.
71 Véase J. L. Aranguren, *Ética y Política*. Madrid 1963, pp. 293 y 297, *cit.*, p. E. Díaz, *Estado de Derecho y Sociedad Democrática*, Madrid 1975, p. 80.
72 Bajo la influencia de Sièyes, la Constitución estableció dos categorías de ciudadanos: ciudadanos activos y ciudadanos pasivos. G. Lepointe, *Histoire des Institutions du Droit Public Français au XIX siècle 1789-1914*, París 1953, p. 44.

à la loi."[73] Es decir, el principio de la superioridad de la ley, considerada como la expresión de la voluntad general, lo que fue la reafirmación del Estado de Derecho y de la idea de que no son los hombres los que gobiernan, sino las leyes. Por ello el principio de que los órganos estatales sólo pueden exigir obediencia si son expresión de la Ley, hasta el punto de que los artículos de la Constitución de 1791 establecieron el principio que el Rey mismo, como titular del Poder Ejecutivo, sólo reinaba en virtud de la Ley y sólo en virtud de ella es que podía exigir obediencia.[74]

En todo caso, como se dijo, la Constitución de 1791, a pesar de la Revolución, continuó estableciendo un Gobierno monárquico, conforme al cual el ejercicio del Poder Ejecutivo se confería exclusivamente al Monarca.[75] Pero el Rey, sin embargo, no era más que el Jefe Supremo de la Administración del Reino, delegado de la Nación, sujeto a la soberanía de la Ley. En consecuencia, el Monarca, por primera vez en la historia constitucional, devino en un órgano del Estado, por lo que la antigua institución del derecho divino, se convirtió en un órgano establecido en el derecho positivo. El Rey, así, se convirtió en Rey del pueblo francés en lugar del Rey de Francia.[76]

Finalmente debe señalarse que la Constitución de 1791 estableció un sistema de estricta separación de poderes, conforme al principio que había establecido la Declaración de 1789, de acuerdo al cual

---

73   Art. 2 de los artículos de Constitución sometidos por la Asamblea Nacional al Rey el 2 de octubre de 1789. Véase en J. M. Roberts, y J. Hardman, *French Revolution Documents*, Oxford, 1973, Tomo I, p. 173.
74   Art. 2, *loc. cit.*, p. 173.
75   Capítulo IV, Art. 1 en J. M. Roberts y J. Hardman, *op. cit.*, Tomo I, p. 358.
76   Véase G. Lepointe, *op. cit.*, p. 44.

PRINCIPIOS DEL ESTADO DE DERECHO

"Toda sociedad en la que no esté asegurada la garantía de los derechos, ni determinada la separación de los poderes, no tiene Constitución (art. 16)".

Sin embargo, en el sistema francés de separación de poderes de 1791, se estableció un claro predominio del Poder Legislativo. Por ello, el Rey no podía ni convocar, ni suspender, ni disolver la Asamblea; sólo tenía un poder de veto, de suspensión, pero no tenía iniciativa, aun cuando podía sugerir a la Asamblea tomar en consideración ciertos asuntos. La Asamblea, por su parte, no tenía control sobre el Ejecutivo, ya que la persona del Rey era sagrada e inviolable. Sólo los Ministros eran responsables penalmente. En todo caso, la Asamblea tenía importantes atribuciones ejecutivas, como el nombramiento de algunos funcionarios, la vigilancia de la administración, la declaración de la guerra y la ratificación de los Tratados.[77]

En Europa, por lo tanto, a partir de la Revolución francesa de 1789 y de la Constitución de 1791, durante el siglo XIX las Constituciones fueron en general el resultado de Revoluciones, que establecieron el modelo fundamental del Estado de derecho, con derechos fundamentales y división de poderes, y con una característica adicional que fue que el Estado estaba organizado desde una perspectiva negativa con respecto a sus propios poderes, en el sentido de que debía velar por la protección de los ciudadanos frente a los abusos de poder del mismo. De allí que las formas y los medios de control sobre los órganos del Estado fueron incluso mejor organizados que el mismo Estado.

En este proceso de constitucionalización del Estado de derecho, el principio de la rigidez constitucional también se adoptó en la medida en que la Constitución se la conci-

---

[77] Véase G. Lepointe, *op. cit.*, pp. 45 y 49. Véase el texto en J. M. Roberts y J. Hardman, *op. cit.*, Tomo I, pp. 347 ss.

bió realmente como una norma fundamental, que no podía ser modificada mediante legislación regular, sino que cualquier enmienda requería de procedimientos especiales.

Esto dio lugar al desarrollo de la teoría del poder constituyente, que en el caso francés, presuponía que el pueblo era una entidad política existencial. A raíz de la Revolución, en efecto, el pueblo pasó a ser el sujeto del poder constituyente, tomó conciencia de su capacidad política para actuar y se dio una Constitución, basándose en la idea, claramente establecida, de su unidad y capacidad política para la acción.

Dado que la Constitución se convirtió en la ley fundamental del Estado y que no podía modificarse fácilmente, se fue desarrollando la distinción entre el poder constituyente del pueblo y el poder legislativo (órgano constituido), así como entre los actos constitucionales (*lois constitutionnelles*) y las leyes regulares. La Nación se reservó siempre el derecho a cambiar su Constitución, atendiendo a los medios prescritos en la misma. Sin embargo, ello no impidió que al poco tiempo después de la Revolución se cambiara la Constitución, la cual se modificó en cuatro ocasiones en once años entre 1789 y 1800: el 3-14 de septiembre de 1791, el 24 de junio de 1793, el 5 Fructidor del año III (1795), y el 22 Frimario del año VIII (1800).

En todo caso, el significado de la Revolución Francesa residió en el hecho de que llevó al establecimiento de un Estado de derecho, en el sentido de que produjo una Constitución que limitaba y controlaba el ejercicio del poder del Estado, confiriendo de esta manera un nuevo carácter político al Estado moderno. En este sistema, la Nación, como sujeto del poder constituyente, se enfrentó al Monarca absoluto, eliminó su absolutismo y tomó su lugar; lo que en definitiva condujo a que se incrementara el poder del Estado mismo.

En todo este proceso, por supuesto, el modelo norteamericano ejerció una influencia considerable: la Declaración de Independencia de 1776 y la propia Constitución americana de 1787 fueron igualmente el resultado de la decisión del pueblo de Estados Unidos, aunque, en este caso, no se trató de transformar un Estado ya existente como en Francia, sino ms bien de constituir una nueva organización política estatal y de elaborar una Constitución que acompañara la fundación política de un nuevo Estado.

4. *La Constitución inglesa y la soberanía del Paramento: una disidencia*

Como se ha señalado, a pesar de que en la historia constitucional, el *Instrument of Government* de 1653 se pueda considerar como el antecedente remoto de la noción de Constitución, el triunfo del Parlamento luego de la Gloriosa Revolución de 1688 produjo la idea de la soberanía parlamentaria, que contrasta con el principio que luego fue el prevaleciente en Europa continental y en América, de poderes separados que se limitan mutuamente. Este fenómeno constitucional estimamos que debe destacarse, para poder comprender, adecuadamente, el sistema de limitación del poder en el resto de los países del mundo moderno.

En efecto, el principio de la soberanía parlamentaria en el Reino Unido, se caracteriza por los siguientes elementos

En primer lugar, por la ausencia de cualquier distinción formal entre las leyes constitucionales y las leyes ordinarias. Ello implica que en ausencia de una Constitución escrita, el Parlamento, en cualquier momento, podría sancionar, a través del método ordinario de elaboración de las leyes, reformas de naturaleza constitucional. Por consiguiente, "la autoridad del Parlamento para cambiar la ley es ilimitada," por lo que "como la soberanía del Parlamento está reconocida por la ley," sería contrario al Estado sometido al derecho, negarle fuerza a las disposiciones que cambian una ley pre-existente.[78]

El segundo elemento que caracteriza el principio de soberanía del Parlamento es la ausencia de cualquier posibilidad de control sobre su actividad. Esto implica el principio de que en Inglaterra no puede haber tribunal alguno competente que pueda decidir sobre la constitucionalidad de las leyes o actos del Parlamento. En consecuencia, históricamente, cualquier acto del Parlamento, sea cual fuere su contenido, debe ser aplicado por los tribunales de justicia, y en ningún caso éstos pueden dejar de aplicarlos. Como lo expresó Dicey:

"El principio de soberanía parlamentaria significa, específicamente, ni más ni menos, que el Parlamento tiene, conforme a la Constitución inglesa, el derecho de hacer o derogar cualquier ley; y además, que ninguna persona o cuerpo está reconocido por la ley de Inglaterra como poseedora del poder de anular o dejar de aplicar la legislación del Parlamento."[79]

Tal como lo decidió una Corte Divisional en el caso *R. V. Jordan* en 1967, por cuanto el Parlamento era supremo, "no podía haber poder alguno en los tribunales, para poder cuestionar la validez de un acto del Parlamento."[80] La Cámara de los Lores, por su parte, en el caso *British Rail-*

---

[78] Véase T. R. S. Allan, "Legislative Supremacy and the rule of Law: Demoeracy and Constitutionalis", *The Cambridge Law Journal*, Vol. 44, (1), 1985, p. 122.

[79] Véase A. V. Dicey, *An Introduction to the Study of the Law of the Constitution*, (Introducción de E. C. S. Wade), 10a Ed. 1973, p. 39-40.

[80] Véase O. Hood Phillips, *Leading Cases in Constitutional and Administrative Law*, Londres 1979, p. 1.

ways Board V. Pickin (1974) en ponencia de Lord Reid también expresó:

> "La idea de que un tribunal pueda tener poder para no aplicar una disposición de un acto del Parlamento, en cualquier caso, tiene que parecer extraña y sorprendente a cualquier persona que tenga algún conocimiento sobre la historia y las leyes de nuestra Constitución;"

añadiendo que:

> "ningún tribunal de justicia puede investigar sobre la forma conforme a la cual una ley sancionada en el Parlamento, ni sobre qué se hizo antes de ser presentada al mismo o qué pasó en el Parlamento durante las diferentes fases de su paso por ambas Cámaras del mismo.

Concluyendo la decisión indicando precisamente, que:

> "la función del tribunal es interpretar y aplicar las leyes del Parlamento. El tribunal no tiene nada que ver en relación a la forma cómo, conforme a sus regulaciones, el Parlamento o sus funcionarios realizan estas: funciones."[81]

El tercer aspecto que surge del principio de soberanía del Parlamento es que contrariamente a la situación anterior a la Gloriosa Revolución de 1688, las leyes sancionadas por éste, es decir, los *Statutes*, tienen primacía sobre el *Common Law* y sobre cualquier forma de creación del derecho. Tal y como lo afirmó la *Chancery División* en el caso de *Cheney v. Conn* en 1968:

---

81 *Idem.*, pp. 2-5.

"lo que un estatuto dice y dispone es la ley en sí misma, y la forma más alta de ley que se conozca en este país. Es la ley que prevalece sobre cualquier otra forma, no correspondiéndole decir a la Corte, que un acto del Parlamento, que es la ley más alta en el país, sea ilegal."[82]

El cuarto principio derivado de la soberanía del Parlamento es que el poder que éste tiene debe prevalecer sobre las decisiones judiciales, ya que una ley podría incluso ser aprobada con el propósito de legalizar un acto ilegal, e incluso eximir a alguien de las consecuencias legales de un acto cometido. Por ello se ha dicho que "la autoridad legal del Parlamento es absoluta e ilimitada."[83]

Por otra parte, según una de las Convenciones Constitucionales, el período de sesiones del Parlamento es de cinco años; sin embargo, el propio Parlamento podría extender dicho período. El Parlamento también podría regular la sucesión al Trono; excluir del mismo a personas que no sean miembros de una religión particular; limitar las prerrogativas reales; cambiar la religión del Estado, en pocas palabras, tomar cualquier decisión sin ningún tipo de limitación.

Este principio implica que cualquier acto del Parlamento siempre puede ser revisado y cambiado por un acto subsiguiente del propio Parlamento, sea de manera expresa o, en caso de conflicto, de manera implícita. En consecuen-

---

82 *Idem.*, p. 28. Por ello George Winterton señaló que "el *rule of law* viene a significar *rule of law* tal y como lo promulgó el Parlamento, y no la norma del antiguo *common law*" en "The British Grundnorm: Parliamentary Supremacy re-examined", *The Law Quaterly Riview*, Vol. 92, 1976, p. 596.

83 Véase T. R. S. Allan, *Loc. cit.*, p. 129. También ver E .C. Wade y G. Godfrey Phillips, *Constitutional and Administrative Law*, (9 ed. por A. W. Bradley), Londres 1985, pp. 61-62.

cia, actos importantes del Parlamento como el *Habeas Corpus Act* de 1679, el *Bill of Rights* de 1689, el *Act of Stlement* de 1700, el *Statute of Westminster* de 1931 e incluso el *European Economic Communities Act* de 1972, podrían muy bien ser revisados por el Parlamento, para lo cual ni siquiera se requeriría de una mayoría especial.[84]

Por todo ello, sin duda, la soberanía parlamentaria es una de las características más resaltantes del sistema constitucional del Reino Unido, la cual contrasta, en el constitucionalismo contemporáneo, con el resto de los sistemas constitucionales. Por ello, una de las consecuencias de la soberanía parlamentaria, tal como lo señaló H. W. R. Wade,[85] es que en Inglaterra no existen "garantías constitucionales," no habiendo en el Reino Unido nada similar a lo que sucede con las Constituciones escritas y rígidas del resto del mundo, las cuales sólo pueden ser cambiadas a través de procedimientos especiales.

Ello sin duda, constituye una excepción en el mundo contemporáneo, ya que en casi todos los países, incluso en el mundo angloparlante, existe el concepto de Constitución escrita, incorporada a un documento formal, como ley fundamental, protegida contra cualquier intento de reforma por parte de una mayoría simple del Parlamento.

Pero además, en el Reino Unido no sólo no existen garantías constitucionales, sino que tampoco parece posible establecerlas formalmente. Como lo expresó H. W. R. Wade, como un acto ordinario del Parlamento puede reformar cualquier ley, entonces resulta imposible que el propio Parlamento, por sí solo, declare una ley o un estatuto como irreformable, o sólo reformable sujeto a ciertas condicio-

---

84 Véase H. W. R. Wade, *Administrative Law*, 5a ed. Oxford 1984, p. 27.
85 *Idem.*, p. 28.

nes. En otras palabras, el Parlamento no puede modificar o destruir su propia "soberanía continua", y los tribunales siempre deben obedecer sus disposiciones.[86]

En todo caso, la soberanía parlamentaria, en el Reino Unido, tal como se la concibe en la actualidad, tiene un profundo impacto en la posición de los jueces: éstos no son ni pueden ser los guardianes de la Constitución o de los derechos constitucionales, por lo que no tienen poder, por ejemplo, para declarar ciertos actos legislativos como inconstitucionales, como sucede en la mayoría de los países.

Esa es la razón por la cual, en Gran Bretaña, no se puede adoptar una Declaración de derechos fundamentales, pues ello implicaría la posibilidad de ejercicio del control judicial por parte de los tribunales, es decir, el poder de los tribunales de proteger ciertas libertades fundamentales contra la legislatura misma[87], lo que iría contra el principio de la soberanía del Parlamento. Ello sin embargo, sin duda, comenzó a cambiar desde la incorporación del Reino Unido a la Unión Europea, cuando el derecho comunitario, y especialmente la Declaración Europea de Derechos Humanos, comenzó a ser ley en Gran Bretaña.

En todo caso Sir Ivor Jennings resumió las consecuencias del principio tradicional, que es el más importante de la Constitución del Reino Unido, indicando que la soberanía parlamentaria significa que el Parlamento puede legalmente aprobar una legislación con respecto a cualquier asunto. Según sus propias palabras:

"El Parlamento puede reformar la Constitución Británica, prolongar su período, legislar *ex-post facto*; legalizar ilegalidades; decidir casos individuales; inter-

---
86 *Idem.*, p. 28. Ver también G. Winterton, *loc. cit.*, p. 597.
87 Véase D. G. T. Williams, "The Constitution of the United Kingdom", *The Cambridge Law Journal*, 31, (1), 1972, p. 279.

ferir en contratos y autorizar la toma de propiedades; dar poderes dictatoriales al gobierno; disolver el Reino Unido o la Comunidad británica de naciones; introducir el comunismo o el socialismo, o el individualismo o fascismo, enteramente sin restricción legal."[88]

Es decir, que como en el Reino Unido no existe una Constitución rígida o escrita, el Parlamento no está limitado por texto alguno, ni por una ley superior fundamental. Por consiguiente, no existe la posibilidad de que se pueda ejercer algún tipo de control judicial sobre la conformidad de los actos parlamentarios con una ley superior, lo que implica que el principio del sometimiento del Estado al derecho no es en principio aplicable al Parlamento.[89]

Sin embargo, a pesar de todo lo que se ha dicho acerca de los poderes ilimitados, absolutos, omnipotentes o todopoderosos del Parlamento que encontramos en casi todos los trabajos escritos sobre el constitucionalismo británico, debe admitirse que, de hecho, el Parlamento sí tiene un gran número de limitaciones, precisamente las que han mantenido la Constitución del Reino Unido más o menos inalterada desde finales de la Gloriosa Revolución y de la Declaración de Derechos en 1689.

Para resumir la situación, la famosa declaración de Holmes de que: "El Parlamento puede hacerlo todo, salvo transformar un hombre en mujer y una mujer en hom-

---

88 Véase I. Jennings, *The Law and the Constitution, cit.*, p. 147.
89 Ello sin embargo ha venido cambiando en los últimos años. Como lo ha señalado John Bell: "Los jueces del reino Unido no tienen poder para anular la legislación del Parlamento de Westminster, excepto en el área limitada de su compatibilidad con la ley de la Unión Europea." Véase John Bell, "Constitutional Courts as Positive Legislators," en el libro Allan R. Brewer-Carías, *Constitutional Courta as Positive Legislators*, Cambridge University Press, 2011, pp. 808 ss.

bre,"[90] aunque ya no es imposible hoy en día, no es más que una exageración que simplemente quiere decir que el Parlamento no tiene límites legales establecidos para sus acciones debido a la ausencia de una Constitución escrita y rígida. Pero esto no quiere decir que en el ejercicio de los poderes parlamentarios, puedan cometerse arbitrariedades, y que en ciertos aspectos, en la práctica política, no exista límite alguno sobre el Parlamento.

En primer lugar, debe destacarse que algunos actos del Parlamento se pueden considerar, por lo menos desde el punto de vista del derecho constitucional, como "documentos constituyentes" que limitan la acción parlamentaria. A este respecto, J. D. B. Mitchell calificó como "documento constituyente" el *Acts of Union* de 1707 y el *Ireland Act* de 1800, pues las limitaciones por ellos impuestas sobre el Parlamento —dice— están establecidas "de manera tal que es improbable que se puedan vulnerar."[91] Menciona, de igual modo, como límite sobre el Parlamento, aquellas decisiones establecidas por Convenciones Constitucionales, es decir, por los hábitos de pensamiento que son producto de la vida parlamentaria, como puede ser la "doctrina del mandato" que establece que el Gobierno que ha perdido el apoyo general en el país, no debe forzar la sanción de la legislación alguna a través del Parlamento, justo antes de las elecciones, aun cuando dicha legislación haya podido haber formado parte del programa electoral inicial de dicho gobierno."[92]

Existen además, límites impuestos por el propio Parlamento, derivados de la práctica política, que sin lugar a dudas, limitan otros Parlamentos, de manera que un Parlamento no puede revertir lo que el Parlamento anterior efec-

---

90   Véase I. Jennings, *Parliamentary*, Cambridge 1961, p. 2.
91   Véase J. D. B. Mitchell, *op. cit.*, pp. 69-75.
92   *Ibid.*, pp. 56, 66, 67.

tuó. Por ejemplo, es inimaginable que el Parlamento pueda revertir el Estado de Westminster de 1931 que limita el poder del Parlamento para legislar sobre cualquiera de los Dominios territoriales de la Corona, sin su consentimiento;[93] así como tampoco puede imaginarse que el Parlamento pretenda revocar los Actos que otorgaron la independencia a algunos de los Dominios o territorios de Ultramar y así, intentar retirarles su independencia.[94]

En este mismo contexto muchas discusiones se produjeron en Gran Bretaña respecto a la primacía del derecho de la Comunidad Europea frente a los estatutos nacionales, tanto antes como después de que se hubiese votado la Ley sobre los Comunidades Europeas en 1972 (*European Communities Act* 1972). De conformidad con esta ley, el derecho comunitario tiene primacía sobre la ley nacional, por lo que, el Parlamento no puede sancionar leyes que entren en conflicto con el derecho comunitario, a menos

---

93 Sección 4 del Estatuto de Westminster: "Ningún acto del Parlamento del Reino Unido votado después de la vigencia de este Acto puede extenderse o se considerará que se pueda extender a un Dominio como parte de la ley de ese Dominio, a menos que esté expresamente declarado en ese Acto que ese Dominio haya solicitado y haya consentido dicha legislación". *Cfr.* C Turpin, *British Government and the Constitution*, Londres, 1985, p. 27. En sentido contrario, Hamish R. Gray ha dicho que "la tendencia general de los constitucionalistas es la de rechazar la interpretación de la sección 4 que requiere del Parlamento, como asunto de derecho, el actuar en forma particular para cualquier objetivo particular" en "The sovereignty of the Imperial Parliament", The *Modern Law Review*, 23 (6), 1960, p. 647.

94 Por ejemplo, *Zimbabwe Act*, 1979, Sección 1 (2) dice: "Durante y después del día de la Independencia el Gobierno de su Majestad en el Reino Unido no tendrá responsabilidad alguna en relación al Gobierno de Zimbabwe y ningún Acto del Parlamento del Reino Unido, adoptado durante o después de este día se podrá extender o intentar extenderse a Zimbabwe, como parte de su legislación", *Cfr.* C. Turpin. *op. cit.*, p. 27.

que ello constituya una enmienda de la Ley Comunitaria. En virtud de que el Reino Unido forma parte de la Comunidad, lo cierto es que en la práctica resulta muy difícil que el Parlamento pueda ejercer su poder legislativo a través de leyes que puedan contrariar la aplicación del Derecho comunitario.[95]

Por otra parte, también puede señalarse que en el Reino Unido han sido tradicionales las limitaciones a los poderes arbitrarios, y quizás ha sido debido a la ausencia de reales amenazas contra la Constitución, que la necesidad de establecer límites al poder del Parlamento no ha prosperado.

J. M. Snee lo señaló en una Conferencia dictada en la Escuela de Derecho de Harvard con motivo del bicentenario de John Marshall, en 1955:

"Hoy en día ningún Parlamento británico se atrevería a poner en práctica la frase pronunciada por el Canciller Lord Northington en 1776 durante el debate sostenido sobre la revocación del *Stamp Act*:

"Cualquier Gobierno puede imponer arbitrariamente leyes a todos sus súbitos; debe haber un dominio supremo en todo Estado: sea monárquico, aristocrático, democrático o mixto. Y todos los súbditos de cada Estado están bajo las leyes elaboradas por el Gobierno".

No obstante —seguía Snee— la supremacía absoluta del Parlamento sigue siendo la doctrina ortodoxa del constitucionalismo inglés, tal y como lo expresó Sir Harley

---

95 *Cfr.* P. A. Trindade, "Parliamentary sovereignty and the primacy of European Comunity Law", *The Modern Law Review*, 35 (4) p. 375-402; S. A. De Smith, "The Constitution and the Common Market: a tentative appraisal", *The Modern Law Review*, 34 (6), 1971, p. 597-614; H. W. R. Wade, "Sovereignty and the European Communities", *The Law Quarterly Review*, 88, 1972, pp. 1-5.

Schawcross en un discurso publicado en *The Times* el 13 de mayo de 1946:

> "El Parlamento es soberano; puede elaborar cualquier ley. Podría ordenar que los bebés que nazcan con ojos azules sean aniquilados al nacer; pero se ha reconocido que no es bueno sancionar una ley a menos que se esté razonablemente seguro de que, en los supuestos que regula, esa ley será respetada y podrá ser aplicada".

Finalizó Snee diciendo que "los ingleses, con una confianza irritable pero sublime en sus instituciones, están seguros de que ningún Parlamento sancionaría una ley semejante."[96]

Esa confianza, aun cuando en el Reino Unido no exista formalmente un control judicial de la constitucionalidad de las leyes de los Actos del Parlamento, está ampliamente justificada particularmente por la continuidad que ha tenido el régimen constitucional en los últimos 300 años. También porque a pesar de la ausencia de control judicial de la constitucionalidad de los estatutos, tal y como lo señalara A. Goodhart hace más de treinta años:

> "Los Jueces, sin embargo normalmente se buscan su propia vía; la Cámara de los Lores ha sido capaz de obtener algunos de los mismos resultados que se logran en los Estados Unidos con las diez primeras Enmiendas. Debido a una conveniente ficción, se asume que el Parlamento siempre busca que sus leyes estén conformes a la "natural justice"; por consiguiente, ninguna ley puede ser elaborada con el fin de que sea re-

---

96 Véase J. M. Snee. S. J. "Leviathan at the Bar of Justice", en A. E. Sutherland, (ed.), *Government under Law*, Cambridge, Macs., 1956, pp. 106-107.

troactiva o para privar a una persona de su derecho de ser debidamente oída, ni para impedir la libertad de expresión, a menos que el Parlamento así lo haya dispuesto en términos muy precisos."[97]

5. La idea de Constitución en la Revolución hispanoamericana: la Constitución Federal de los Estados de Venezuela (1811)

En todo caso, y dejando aparte la disidencia británica, los principios constitucionales que derivaron de las Revoluciones americana y francesa de fines del Siglo XVIII, sobre la idea de Constitución se difundieron en el mundo entero a lo largo del Siglo XIX, principalmente en América Latina y Europa.

En Europa, la Constitución francesa de 1795 fue fuente de inspiración particular para la Constitución española de Cádiz en 1812 y para la Constitución de Noruega de 1814. Sin embargo, antes, en los países latinoamericanos, que eran colonias de España y Portugal, la influencia de las Revoluciones y del constitucionalismo fue inmediata y definitiva, y el ejemplo estuvo en Venezuela que fue el primer país hispanoamericano en conquistar su independencia de España y el tercer país del mundo donde un Congreso integrado por representantes electos adoptó una Declaración de Derechos del Pueblo y sancionó la primera de las Constituciones republicanas de Latinoamérica en 1811, que fue la Constitución federal de los Estados de Venezuela de diciembre de ese año.

En efecto, la Declaración de los Derechos del Hombre y del Ciudadano proclamada por la Revolución francesa, aun cuando había sido prohibida en Hispanoamérica por el Tri-

---

97 Véase A. L. Goodhart, "Legal Procedure and Democracy". *The Cambridge Law Journal*, 22,1, April, 1964, p. 52. *Cfr.* J. D. B. Mitchell, *op. cit.*, p. 13.

bunal de la Inquisición de Cartagena de Indias en 1789,[98] comenzó a circular en nuestros países traducida por Antonio Nariño en Santa Fe de Bogotá, en 1792,[99] y luego en la Provincia de Caracas a partir de 1797, como consecuencia de la conspiración de Gual y España. En este último caso, a través del libro publicado por uno de sus instigadores, que a su vez había sido parte de la conspiración de San Blas de Madrid de 1796, y quien por ello estaba preso en La Guaira, Juan Bautista Mariano Picornell y Gomilla, denominado *Derechos del Hombre y del Ciudadano con varias máximas Republicanas y un Discurso Preliminar dirigido a los Americanos.*

Este libro, probablemente impreso en Guadalupe, contuvo una traducción de la Declaración de derechos que procedió la Constitución francesa de 1793,[100] la cual tuvo una importancia capital para el constitucionalismo de Venezuela, pues influyó directamente en la ordenación jurídica de la República luego de que el Ayuntamiento de Caracas en su sesión del 19 de abril de 1810 se erigió, a sí mismo, en Junta Suprema de Venezuela Conservadora de los Derechos de Fernando VII,[101] expulsando a las autoridades coloniales, comenzando a establecer un nuevo gobierno y la conformación jurídica de un nuevo Estado.[102]

El Ayuntamiento de Caracas en efecto, asumió ese día el "mando supremo" o "suprema autoridad" de la Provin-

---

98. Véase P. Grases, *La Conspiración de Gual y España y el Ideario de la Independencia,* Caracas, 1978, p. 13.
99. *Idem.,* p. 286.
100. *Idem.,* pp. 37 y ss.
101 Véase el libro *El 19 de abril de 1810,* Instituto Panamericano de Geografía e Historia, Caracas 1957.
102 Véase en general T. Polanco, "Interpretación jurídica de la Independencia" en *El Movimiento Emancipador de Hispanoamérica, Actas y Ponencias,* Caracas, 1961, Tomo IV, pp. 323 y ss.

cia[103], "por consentimiento del mismo pueblo,"[104] "reasumiendo en sí el poder soberano."[105] A los pocos meses, el 11 de junio de 1810, y frente a la necesidad de formar entre todas las provincias de la antigua capitanía General de Venezuela un "Poder Central bien constituido" la Junta convocó "a todas las clases de hombres libres al primero de los goces del ciudadano, que es el de concurrir con su voto a la delegación de los derechos personales y reales que existieron originariamente en la masa común," para elegir los diputados que habían de formar "la Junta General de Diputación de las Provincias de Venezuela." Para ello se dictó un el Reglamento de Elecciones,[106] que sin duda, fue el primero de todos los dictados en materia electoral en el mundo hispanoamericano. En las elecciones participaron siete de las nueve Provincias en las cuales se eligieron diputados[107] que formaron la "Junta General de Diputados de las Provincias de Venezuela"[108] la cual declinó sus poderes en un Congreso Nacional en el cual se constituyeron los

---

103 Véase el texto del Acta del Ayuntamiento de Caracas de 19 de Abril de 1810 en Allan R. Brewer-Carías, *Las Constituciones de Venezuela*, Madrid, 1985, p. 157.

104 Así se establece en la "Circular" enviada por el Ayuntamiento el 19 de abril de 1810 a las autoridades y corporaciones de Venezuela. Véase en *Textos oficiales de la Primera República de Venezuela*, Biblioteca de la Academia Nacional de la Historia, 1959, Tomo I, p. 105.

105 Así se indica en el oficio de la Junta Suprema al Inspector General Fernando Toro el 20 de abril de 1810. Véase en J.F. Blanco y R. Azpúrua, *Documentos para la historia de la vida pública del Libertador*, Ediciones de la Presidencia de la República, Caracas, 1983, Tomo II, p. 403 y Tomo I, p. 106, respectivamente.

106 Véase el texto en *Textos Oficiales..., op. cit.,* Tomo II, pp. 61-84; y en Allan R. Brewer-Carías, *Las Constituciones de Venezuela, op. cit.*, pp. 161 a 169.

107 Véase C. Parra Pérez, *Historia de la Primera República de Venezuela*, Academia de la Historia, Caracas 1959, Tomo I, p. 477.

108 Véase Gil Fortoul, *op. cit.,* Tomo primero, p. 224.

representantes, el cual se instaló el 2 de marzo de 1811. Este Congreso exhortó a todas las Provincias de la "Confederación de las Provincias de Venezuela," a que sus "Legislaturas provinciales" acelerasen la formación de sus respectivas Constituciones.[109]

Ese Congreso fue el que aprobó solemnemente la "Declaración de Derechos del Pueblo" el 1º de julio de 1811,[110] la cual, como se dijo, después de las declaraciones norteamericanas y de la francesa puede considerarse como la tercera de las Declaraciones de derechos fundamentales en la historia del constitucionalismo moderno.[111] Posteriormente, el 5 de julio de 1811, el mismo Congreso proclamó la Declaración de Independencia, pasando la nueva nación, a denominarse como Confederación Americana de Venezuela;[112] y en los meses siguientes, bajo la inspiración de la Constitución norteamericana y la Declaración francesa de

---

109 Véase *Libro de Actas del Supremo Congreso de Venezuela 1811-1812,* Biblioteca de la Academia Nacional de la Historia, Caracas, 1959, Tomo II, p. 401.

110. Véase Allan Brewer-Carías, *Las Constituciones de Venezuela,* Madrid, 1985, pp.175 y ss. Allan R. Brewer-Carías, *Los Derechos Humanos en Venezuela. Casi 200 años de Historia,* Caracas, 1990, pp. 71 y ss.

111 Esas Declaraciones de derechos, que influyeron todo el proceso constitucional posterior, sin duda, como lo ha demostrado el Profesor Pedro Grases, tuvieron su principal base de redacción en el mencionado documento, traducción de Picornell, vinculado a la conspiración de Gual y España, principal promotor de la conspiración de San Blas. Véase, P. Grases, *op. cit.,* pp. 27 y ss.

112 Véase el texto de las sesiones del 5 de julio de 1811 en *Libro de Actas... cit.,* pp. 171 a 202. Véase el texto Acta de la Declaración de la Independencia, cuya formación se encomendó a Juan Germán Roscio, en P. Ruggeri Parra, *op. cit.,* apéndice, Tomo I, pp. 79 y ss. Asimismo en Francisco González Guinán, *Historia Contemporánea de Venezuela,* Caracas, 1954, Tomo I, pp. 26 y ss.; y el Allan R. Brewer-Carías, *Las Constituciones de Venezuela, cit.,* pp. 171 y ss.

los Derechos del Hombre,[113] redactó la primera Constitución de todos los países latinoamericanos, que fue la Constitución Federal de los Estados de Venezuela de 21 de diciembre de 1811,[114] con clara inspiración en los aportes revolucionarios de Norteamérica y Francia.

Se trató de un texto de 228 artículos agrupados en 9 capítulos, mediante el cual se conformó la Unión de las Provincias, bajo una forma federal del Estado, que venían siendo parte de la Confederación de Venezuela y que habían formado parte de la Capitanía General de Venezuela.[115] El contenido de la misma fue el siguiente:

Se inició con un "Preliminar" relativo a las "Bases del Pacto Federativo que ha de constituir la autoridad general de la confederación" donde se precisaron la distribución de poderes y facultades, entre la Confederación y los Estados confederados (las Provincias).

El *Capítulo I* estuvo destinado a regular la Religión, proclamándose a la Religión Católica, Apostólica y Romana como la religión del Estado y la única y exclusiva de los habitantes de Venezuela (Art. 1).

El *Capítulo II* estuvo destinado a regular al "Poder Legislativo" atribuido al Congreso General de Venezuela, dividido en dos Cámaras, una de Representantes y un Senado (Art. 3). En dicho Capítulo se reguló el proceso de formación de las leyes (Arts. 4 a 13); la forma de elección

---

113 *Cf.* José Gil Fortoul, *op. cit.,* Tomo Primero, pp. 254 y 267
114 Véase el texto de la Constitución de 1811, en *La Constitución Federal de Venezuela de 1811 y Documentos afines* (Estudio Preliminar de C. Parra Pérez), Caracas, 1959, pp. 151 y ss., y en Allan R. Brewer-Carías, *Las Constituciones de Venezuela, cit.,* pp. 179 y ss.
115 Véase Allan R. Brewer-Carías, *Evolución Histórica del Estado,* Tomo I, *Instituciones Políticas y Constitucionales,* Caracas 1996, pp. 268 y ss.

de los miembros de la Cámara de Representantes y del Senado (Art. 14 a 51) de manera indirecta en congregaciones parroquiales (Art. 26) y en congregaciones electorales (Art. 28); sus funciones y facultades (Art. 52 a 66); el régimen de sus sesiones (Art. 67 a 70); y sus atribuciones especiales (Art. 71).

El *Capítulo III* reguló el "Poder Ejecutivo," el cual se dispuso que residiría en la ciudad federal "depositado en tres individuos elegidos popularmente" (Art. 72) por las Congregaciones Electorales (Art. 76) por listas abiertas (Art. 77). En el Capítulo no sólo se reguló la forma de elección del triunvirato (Arts. 76 a 85), sino que se definieron las atribuciones del Poder Ejecutivo (Arts. 86 a 99) y sus deberes (Arts. 100 a 107). De acuerdo a la forma federal de la confederación, se reguló la relación entre los Poderes Ejecutivos Provinciales y el Gobierno Federal, indicándose que aquéllos eran, en cada Provincia, "los agentes naturales e inmediatos del Poder Ejecutivo Federal para todo aquello que por el Congreso General no estuviere cometido a empleados particulares en los ramos de Marina, Ejército y Hacienda Nacional" (Art. 108).

El *Capítulo IV* estaba destinado a regular el Poder Judicial de la Confederación depositado en una Corte Suprema de Justicia (Arts. 110 a 114) con competencia originaria entre otros, en los asuntos en los cuales las Provincias fueren parte interesada y competencia en apelación en asuntos civiles o criminales contenciosos (Art. 116).

El *Capítulo V* reguló las Provincias, estableciéndose límites a su autoridad, en particular que no podían "ejercer acto alguno que corresponda a las atribuciones concedidas al Congreso y al Poder Ejecutivo de la Confederación" (Art. 119). "Para que las leyes particulares de las Provincias no puedan nunca entorpecer la marcha de los federales —agregó el artículo 124— se someterán siempre al juicio del Congreso antes de tener fuerza y valor de tales en sus respectivos Departamentos, pudiéndose, entre tanto, llevar a ejecución mientras las revisa el Congreso." El Capítulo, además, reguló aspectos relativos a las relaciones entre las Provincias y sus ciudadanos (Arts. 125 a 127); y al aumento de la Confederación mediante la incorporación eventual de Coro, Maracaibo y Guayana que no formaron parte del Congreso (Arts. 128 a 132). En cuanto al gobierno y administración de las Provincias, la Constitución de 1811 remitió a lo dispuesto en las *Constituciones Provinciales,* indicando el siguiente límite:

> *Artículo 133.* El gobierno de la Unión asegura y garantiza a las provincias la forma de gobierno republicano que cada una de ellas" adoptare para la administración de sus negocios domésticos, sin aprobar Constitución alguna que se oponga a los principios liberales y francos de representación admitidos en ésta, ni consentir que en tiempo alguno se establezca otra forma de gobierno en toda la confederación".

Los *Capítulos VI* y *VII* se refirieron a los procedimientos de revisión y reforma de la Constitución (Arts. 135 y 136) y a la sanción o ratificación de la Constitución (Arts. 138 a 140).

El *Capítulo VIII* contuvo los "Derechos del Hombre que se reconocerán y respetarán en toda la extensión del Estado," distribuidos en cuatro secciones: *Soberanía del pueblo* (Arts. 141 a 159), *Derechos del hombre en la sociedad* (Arts. 191 a 196) y *Deberes del cuerpo social* (Arts. 197 a 199). En este capítulo se recogieron, enriquecidos, los artículos de la Declaración de los Derechos del Pueblo de 1 de julio de 1811, y en su redacción se recibió la influencia directa del texto del documento *Derechos del Pueblo* de 1797, así como de la Declaración Francesa y de los textos de las Declaraciones de las antiguas colonias americanas.[116]

Por último, el *Capítulo IX* en unos Dispositivos Generales establecieron normas sobre el régimen de los indígenas (Arts. 200) y su igualdad (Arts. 201); la ratificación de la abolición del comercio de negros (Art. 202); la igualdad de los pardos (Art. 203); y la extinción de títulos y distinciones (Art. 204). Se reguló, además, el juramento de los funcionarios (Arts. 206 a 209); la revocación del mandato (Art. 209 y 210), las restricciones sobre reuniones de sufragantes y de congregaciones electorales (Arts. 211 a 214); la prohibición a los individuos o grupos de arrogarse la representación del pueblo (Art. 215; la disolución de las reuniones no autorizadas (Art. 216); el tratamiento de "ciudadano" (Art. 226); y la vigencia de las leyes de Indias mientras se dictaban el Código Civil y Criminal acordados por el Congreso (Art. 228).

Por último debe destacarse la cláusula de supremacía de la Constitución contenida en el artículo 227, así:

> *Artículo 227.* La presente Constitución, las leyes que en consecuencia se expidan para ejecutarla y todos los tratados que se concluyan bajo la autoridad del gobierno de la Unión serán la Ley Suprema del Estado en toda la extensión de la Confederación, y las autoridades y habitantes de las Provincias estarán obligados a obedecerlas religiosamente sin excusa ni pretexto alguno; pero las leyes que se expidan contra el tenor de ella no tendrán ningún valor sino cuando hubieren llenado las condiciones requeridas para una justa y legítima revisión y sanción:

---

116 Véase Allan R. Brewer-Carías, *Los Derechos Humanos en Venezuela: casi 200 años de* Historia, Academia de Ciencias Políticas y Sociales, Caracas 1990, pp. 101 y ss.

Esta cláusula de supremacía y la garantía objetiva de la Constitución se ratificó en el Capítulo VIII sobre los Derechos del Hombre, al prescribirse en su último artículo, lo siguiente:

> "*Artículo 199.* Para precaver toda transgresión de los altos poderes que nos han sido confiados, declaramos: Que todas y cada una de las cosas constituidas en la anterior declaración de derechos están exentas y fuera del alcance del Poder General ordinario del gobierno y que conteniendo o apoyándose sobre los indestructibles y sagrados principios de la naturaleza, toda ley contraria a ellos que será absolutamente nula y de ningún valor."

6. *La Constitución y el derecho ciudadano a su supremacía*

Conforme a todos los antecedentes antes mencionados, el primer principio del Estado de derecho es la existencia de una Constitución como norma suprema, producto de la voluntad popular, lo que implica que la misma además, goza de imperatividad y tiene prevalencia sobre cualquier otra del ordenamiento jurídico.

Por todo ello, por ejemplo, en las Constituciones latinoamericanas más recientes, siguiendo el antecedente remoto de la Constitución Federal de los Estados de Venezuela de 1811, se ha consagrado expresamente el principio de la supremacía constitucional, como es el caso de la Constitución de Colombia al disponer que "La Constitución es norma de normas" por lo que "en todo caso de incompatibilidad entre la Constitución y la Ley u otra norma jurídica, se aplicarán las disposiciones constitucionales" (Art. 4). En igual sentido, en la Constitución de Venezuela de 1999 se estableció que "La Constitución es la norma suprema y el fundamento del ordenamiento jurídico", a la cual quedan sujetos "todas las personas y los órganos que ejercen el Poder Público" (Art. 7);[117] constituyendo, además, "cumplir y acatar" la Constitución (Art. 131), uno de los deberes constitucionales de los ciudadanos y funcionarios.

Pero por supuesto, para que una Constitución sea efectivamente la ley suprema de una sociedad, debe ser producto de ella misma, sin imposiciones. Las Constituciones impuestas por un grupo político al resto de los integrantes de la sociedad tienen, por tanto, no sólo una precaria supremacía, sino en general una duración limitada a la presencia en el poder del grupo que la impuso. De allí que un Tribunal Constitucional de nuestros países haya dicho que:

> "La Constitución es suprema en tanto es producto de la autodeterminación de un pueblo, que se la ha dado a sí mismo sin intervención de elementos externos y sin imposiciones internas. Así, la Constitución viene a ser, necesariamente, la norma fundamental a la cual se encuentran vinculadas las múltiples formas que adquieren las relaciones humanas en una sociedad y tiempo determinados.[118]

En todo caso, la consecuencia de la consagración expresa del principio de la supremacía constitucional es, por una

---

117 Al autor de este libro le correspondió proponer en la Asamblea Nacional Constituyente de 1999 la consagración en forma expresa de dicho principio constitucional. Allan R. Brewer-Carías, *Debate Constituyente, (Aportes a la Asamblea Nacional Constituyente),* II, 24 (9 septiembre-17 octubre 1999), (Fundación de Derecho Público-Editorial Jurídica Venezolana, Caracas 1999).

118 Véase sentencia de la Sala Constitucional del Tribunal Supremo de Justicia de Venezuela N° 1347 de 9 de noviembre de 2001, en *Revista de Derecho Público,* N° 81, (enero-marzo), Editorial Jurídica Venezolana, Caracas 2000, p. 265.

parte, la previsión en el propio texto constitucional de todo un sistema para la protección y garantía de la misma frente al legislador, que la dotan de rigidez, lo que implica que la Constitución sólo puede ser modificada o reformada por los medios que se indican expresamente en el mismo texto constitucional. Por ello, como lo declara por ejemplo la Constitución venezolana de 1999, la misma no pierde su vigencia "si dejare de observarse por acto de fuerza o porque fuere derogada por cualquier otro medio distinto al previsto en ella" (art. 333), es decir, por los establecidos en el Título IX sobre Reforma Constitucional (arts. 340 a 349).[119] De acuerdo con estos procedimientos y vías institucionales específicas para la reforma de la Constitución (poder constituyente derivado), la misma en ningún caso puede realizarse por el legislador ordinario mediante el solo procedimiento de formación de las leyes, ni por la vía de interpretaciones constitucionales adoptadas por el Tribunal Supremo, pues en estos caso, entre otros factores, no se garantiza la participación del pueblo como poder constituyente originario.

Todo ello implica en el mundo contemporáneo, que en relación con la Constitución, pueda hablarse de la existencia de un derecho ciudadano a la Constitución y a su supremacía.[120] Es decir, si la Constitución es producto de un

---

119 Véase en general, Allan R. Brewer-Carías, "Modelos de revisión constitucional en América Latina", en Walter Carnota y Patricio Marianello (Directores), *Derechos Fundamentales, Derecho Constitucional y Procesal Constitucional,* Editorial San Marcos, Lima 2008, pp. 210-251..

120 Véase Allan R. Brewer-Carías, "Algo sobre las nuevas tendencias del derecho constitucional: el reconocimiento del derecho a la constitución y del derecho a la democracia," en Sergio J. Cuarezma Terán y Rafael Luciano Pichardo (Directores), *Nuevas tendencias del derecho constitucional y el derecho procesal constitucional,* Instituto de Estudios e Investigación Jurídica (INEJ), Managua 2011, pp. 73-94.

pacto social formulado por el pueblo, de obligatorio acatamiento por los gobernantes y los gobernados, el propio pueblo, colectivamente, y además, todos sus integrantes individualmente considerados, tienen un derecho esencial a que esa Constitución se respete, a que se mantenga conforme a la voluntad popular que la expresa y a que sea suprema. De ello deriva el derecho fundamental de todo ciudadano a la supremacía de la Constitución.[121]

Esta idea de la supremacía constitucional, fundamento del derecho a la Constitución como norma fundamental y suprema, fue incluso elaborada doctrinalmente por primera vez en Norteamérica, en 1788, por Alexander Hamilton en *El Federalista*, cuando al referirse al papel de los jueces como intérpretes de la ley, señaló:

> "Una Constitución es, de hecho, y así debe ser vista por los jueces, como ley fundamental, por tanto, corresponde a ellos establecer su significado así como el de cualquier acto proveniente del cuerpo legislativo Si se produce una situación irreconocible entre los dos, por supuesto, aquel que tiene una superior validez es el que debe prevalecer; en otras palabras, la Constitución debe prevalecer sobre las leyes, *así como la intención del pueblo debe prevalecer sobre la intención de sus agentes.*"[122]

De esta afirmación se deriva, además del poder de los jueces para poder controlar la constitucionalidad de las

---

121 Al referí por primera vez en el libro Allan R. Brewer-Carías, *Mecanismos nacionales de protección de los derechos humanos (Garantías judiciales de los derechos humanos en el derecho constitucional comparado latinoamericano),* Instituto Interamericano de Derechos Humanos, San José 2005, pp. 74 ss.

122 Véase Alexander Hamilton, *The Federalist* 491- 493 (Ed. por B.F. Wrigth Cambridge, Mass. 1961).

leyes, el postulado esencial de que la Constitución como producto de la voluntad popular, debe siempre prevalecer sobre la intención de los gobernantes. Este es, precisamente, el fundamento del derecho ciudadano a que la voluntad popular expresada en la Constitución sea respetada por quienes gobiernan, quienes en su gestión no pueden pretender hacer prevalecer su voluntad frente a la voluntad popular del pueblo expresada en la Constitución.

Además, por ello, el mismo Hamilton, al desarrollar el principio del poder de los jueces para declarar la nulidad de los actos legislativos contrarios a la Constitución, y argumentar que ello no significaba dar superioridad del Poder Judicial sobre el Legislador, señaló que ello:

"Lo único que supone es *que el poder del pueblo es superior a ambos; y* que en los casos en que la voluntad del legislador declarada en las leyes, esté en *oposición con la del pueblo declarada en la Constitución,* los Jueces deben estar condicionados por la última, antes que por las primeras".

Concluyó Hamilton señalando que:

"Ningún acto legislativo contrario a la Constitución puede ser válido. Negar esto, significaría afirmar que el subalterno es más importante que el principal; que el sirviente está por encima de sus patrones; *que los representantes del pueblo son superiores al pueblo mismo".*

De éstas proposiciones de Hamilton lo que más interesa destacar aquí, aparte del poder de la Corte Suprema de los Estados Unidos para declarar como nulas y sin valor las leyes estadales y federales contrarias a la Constitución,[123]

---

123 Véase los comentarios sobre los célebres casos *Vanhorne's Les-*

lo que por supuesto tuvo un efecto fundamental en el desarrollo de los sistemas de justicia constitucional como materialización del derecho a la supremacía constitucional; es la idea misma antes expuesta de que en virtud de que la Constitución es manifestación de la voluntad del pueblo, el principal derecho constitucional de los ciudadanos es el derecho a dicha Constitución y a su supremacía, es decir, al respeto de la propia voluntad popular expresada en ella.

Nada se ganaría con decir que la Constitución como manifestación de la voluntad del pueblo, es ley suprema que debe prevalecer sobre la de todos los órganos del Estado y sobre la actuación de los individuos, si no existiese el derecho de los integrantes del pueblo, es decir, de los ciudadanos a dicha supremacía y, además, a exigir el respeto de esa Constitución, lo que se traduce en el derecho a la tutela judicial efectiva de la propia Constitución.

Ahora bien, la consecuencia fundamental de la consagración expresa de este principio de la supremacía constitucional en las Constituciones, como es el ejemplo mencionado de Colombia y Venezuela, ha sido la previsión, en el propio texto constitucional, de todo un sistema diseñado para la protección y garantía de esa supremacía constitucional frente a las leyes, montado sobre el control judicial de su constitucionalidad, lo cual constituye, sin duda, uno de los pilares fundamentales del constitucionalismo contemporáneo y del Estado de Derecho.[124] Todo ello, ha derivado en la consagración expresa del derecho constitucional de los ciudadanos a la tutela judicial de dicha supre-

---

see v. *Dorrance*, 1776 y *Masbury v. Madison*, 1803, en Allan R. Brewer-Carías, *Judicial Review in Comparative Law*, Cambridge University Press, Cambridge 1989.

[124] Véase Allan R. Brewer-Carías, *Instituciones Políticas y Constitucionales, Evolución Histórica del Estado*, Universidad Católica del Táchira-Editorial Jurídica Venezolana, Caracas-San Cristóbal 1996, I, pp. 47 ss.

macía, sea mediante los sistemas de control difuso de la constitucionalidad ejercido por todos los jueces (Art. 4, Colombia; Art. 334, Venezuela) o mediante el control concentrado de la constitucionalidad de las leyes ejercido por la Jurisdicción Constitucional como es el caso de la Corte Constitucional colombiana (Art. 241) o de la Sala Constitucional del Tribunal Supremo de Justicia en Venezuela (Art. 336).[125] Además, se ha manifestado por la previsión en las Constituciones de las acciones de *hábeas corpus, habeas data* o de amparo o de tutela de los derechos constitucionales fundamentales (Arts. 30 y 86, Colombia; Art. 27, Venezuela).

El constitucionalismo moderno, por tanto, en nuestro criterio, está montado no sólo sobre el principio de la Constitución, como norma suprema, sino del derecho ciudadano a la misma y a su supremacía, que se concreta, conforme al principio de la separación de poderes, en un derecho fundamental a la tutela judicial de la supremacía constitucional, tanto respecto de la parte orgánica de la Constitución como respecto de su parte dogmática, para cuya preservación se establecen un conjunto de garantías. Ese derecho implica, además, en cuanto a la parte orgánica de la Constitución, el derecho ciudadano a la separación de poderes y el derecho a la distribución territorial del poder o a la autonomía de las instituciones político territoriales; y en cuanto a la parte dogmática, el derecho a la efectividad y goce de los derechos constitucionales mediante las garantías establecidas en la Constitución.

---

125 Véase Allan R. Brewer-Carías, *Instituciones Políticas y Constitucionales, Justicia Constitucional,* VII, Universidad Católica del Táchira-Editorial Jurídica Venezolana, Caracas-San Cristóbal 1997, p. 658; y *El Sistema mixto o integral de control de la constitucionalidad en Colombia y Venezuela,* Universidad Externado de Colombia (Temas de Derecho Público N° 39) y Pontificia Universidad Javeriana (Quaestiones Juridicae N° 5), Bogotá 1995.

Es por ello que para asegurar la supremacía, las Constituciones establecen directamente en su propio texto una serie de garantías, como la garantía objetiva de la Constitución que considera como nulos y sin valor los actos contrarios a la Constitución; o la garantía de la reserva legal a los efectos del establecimiento de las limitaciones a los derechos, que no pueden establecerse por cualquier autoridad sino mediante ley formal. Además, está la garantía de la responsabilidad que por supuesto implica de que todo acto contrario a la Constitución y a los derechos constitucionales en ella previstos, tiene que comprometer la responsabilidad de quien lo ejecutó.

Por supuesto, la garantía fundamental del derecho a la Constitución y a su supremacía, es justamente la posibilidad que tienen los individuos de acudir ante los órganos judiciales para requerir el aseguramiento de los derechos, de manera que se hagan efectivos. Por ello, la garantía fundamental de los derechos constitucionales es la garantía judicial, porque en definitiva, el sistema judicial en cualquier país se establece precisamente para la protección de los derechos de las personas. Esto lo regulan, incluso, casi todas las Constituciones cuando se refieren al Poder Judicial o al derecho de acceder a la justicia, para la protección de los derechos y garantías.

Ahora bien, este derecho fundamental a la Constitución y a su supremacía, y con ellos, al respeto de los derechos constitucionales, como antes se dijo, se concreta en un derecho al control jurisdiccional de la constitucionalidad de los actos estatales, sea mediante sistemas de justicia constitucional concentrados o difusos, y en un derecho al amparo judicial de los demás derechos fundamentales de las personas, sea mediante acciones o recursos de amparo u otros medios judiciales de protección inmediata de los mismos. La consecuencia de este derecho fundamental, sin duda, implica la atribución a los jueces del poder de asegurar la supremacía constitucional, lo que resulta declarando la nulidad de los actos contrarios a la Constitución, o restableciendo los derechos fundamentales vulnerados por acciones ilegítimas adoptadas tanto por los órganos del Estado como por los particulares.

Por otra parte, tratándose de un derecho fundamental de los ciudadanos el de asegurar la supremacía constitucional mediante la tutela judicial de la Constitución, es evidente que sólo ésta es la que podría limitar dicho derecho, es decir, es incompatible con la idea del derecho fundamental a la supremacía constitucional, que se establezcan limitaciones legales a la misma, sea manifestadas en actos estatales excluidos del control judicial de constitucionalidad, sea en derechos constitucionales cuya violación no pudiera ser amparable en forma inmediata.[126]

La supremacía constitucional, por tanto, es una noción absoluta, que no admite excepciones, por lo que el derecho constitucional a su aseguramiento tampoco podría admitir excepciones, salvo por supuesto, que sean establecidas en la propia Constitución. De lo anterior resulta que en definitiva, en el derecho constitucional contemporáneo, la justicia constitucional se ha estructurado como una garantía

---

[126] Tal como lo señaló la antigua Corte Suprema de Justicia de Venezuela en 1962: "Si la regla general constitucionalmente establecida es la del pleno ejercicio del control constitucional de todos los actos del Poder Público, *cualquier excepción a dicha regla tendría que emanar, necesariamente, de la propia Constitución.* Ni siquiera una disposición legal podría sustraer alguno de aquellos actos al control antes dicho; y menos aún pueden autorizarlo los órganos jurisdiccionales como intérpretes fieles que deben ser del contenido de aquella norma. A todo evento, y, ante la duda que pudiera surgir acerca de si algún acta emanada del Poder Público es o no susceptible de revisión constitucional por acción directa, debe optarse, en obsequio a aquel amplio y fundamental principio constitucional, por admitir su examen por parte de este Alto Tribunal." Véase Sentencia de la Corte Suprema de Justicia en Pleno de 15–03–1962, en *Gaceta Oficial.,* N° 760, Extraordinaria de 22-3-62.

adjetiva al derecho fundamental del ciudadano a la Constitución y a la supremacía constitucional.

En cierta forma, como lo señaló Sylvia Snowiss en su análisis histórico sobre los orígenes de la justicia constitucional de Norteamérica, ésta puede decirse que surgió como un sustituto de la revolución,[127] en el sentido de que si los ciudadanos tienen derecho a la supremacía constitucional como pueblo soberano, cualquier violación de la Constitución podría dar lugar a la revocatoria del mandato de los representantes o a su sustitución por otros, pudiendo, además, invocarse un derecho a la resistencia o a la revuelta, tal como lo defendió John Locke.[128]

Antes del surgimiento del Estado de derecho, por tanto, en casos de opresión de los derechos o de abuso o usurpación, la revolución era la vía de solución de los conflictos entre el pueblo y los gobernantes. Como sustituto de la misma, sin embargo, precisamente surgió el poder atribuido a los jueces para dirimir los conflictos constitucionales entre los poderes constituidos o entre éstos y el pueblo. Esa es, precisamente, la tarea del juez constitucional, quedando configurada la justicia constitucional como la principal garantía al derecho ciudadano a la supremacía constitucional.

Sin embargo, a pesar de la previsión de dichos mecanismos de justicia constitucional, no debe dejar de destacarse que muchas Constituciones aún consagran el derecho ciudadano a la desobediencia civil, por ejemplo, respecto de regímenes, de legislación y de autoridades que contraríen la Constitución. Un ejemplo de esto es el artículo 350

---

127 Véase Silvia Snowiss, *Judicial Review and the Law of the Constitution,* Yale University Press, 1990, p. 113.

128 Véase John Locke, *Two Treatises of Government* (Ed. Peter Laslett), Cambridge UK. 1967, pp. 211 – 221.

de la Constitución de Venezuela de 1999, en el cual se dispuso que:

"El pueblo de Venezuela, fiel a su tradición republicana, a su lucha por la independencia, la paz y la libertad, desconocerá cualquier régimen, legislación o autoridad que contraríe los valores, principios y garantías democráticas o menoscabe los derechos humanos".

Este artículo consagra constitucionalmente lo que la filosofía política moderna ha calificado como desobediencia civil,[129] que es una de las formas pacíficas como se manifiesta el mencionado derecho de resistencia, que tuvo su origen histórico en el antes mencionado derecho a la insurrección que difundió John Locke. Además, tiene su antecedente constitucional remoto en la Constitución Francesa

---

[129] Sobre la desobediencia civil y el artículo 350 de la Constitución de Venezuela, véase: María L. Álvarez Chamosa y Paola A. A. Yrady, "La desobediencia civil como mecanismo de participación ciudadana", *Revista de Derecho Constitucional*, N° 7, Caracas 2003, pp. 7-21; Andrés A. Mezgravis, "¿Qué es la desobediencia civil?", *Revista de Derecho Constitucional*, N° 7 Caracas 2003, pp. 89-191; Marie Picard de Orsini, "Consideraciones acerca de la desobediencia civil como instrumento de la democracia", en *El Derecho Público a comienzos del siglo XXI. Estudios homenaje al Profesor Allan R. Brewer-Carías*, Tomo I, Instituto de Derecho Público, UCV, Civitas Ediciones, Madrid 2003, pp. 535-551; y Eloisa Avellaneda y Luis Salamanca, "El artículo 350 de la Constitución: derecho de rebelión, derecho resistencia o derecho a la desobediencia civil", en *El Derecho Público a comienzos del siglo XXI. Estudios homenaje al Profesor Allan R. Brewer-Carías*, Tomo I, Instituto de Derecho Público, UCV, Civitas Ediciones, Madrid 2003, pp. 553-583. Véase además, Allan R. Brewer-Carías, "El derecho a la desobediencia y a la resistencia contra la opresión, a la luz de la *Declaración de Santiago*" en Carlos Villán Durán y Carmelo Faleh Pérez (directores), *El derecho humano a la paz: de la teoría a la práctica*, CIDEAL/AEDIDH, Madrid 2013, pp. 167-189. ISBN: 978-84-87082-55-9.

de 1793 en cuyo artículo 35, que era el último de los artículos de la Declaración de los Derechos del Hombre y del Ciudadano que la precedía, se estableció que "Cuando el gobierno viole los derechos del pueblo, la insurrección es, para el pueblo y para cada porción del pueblo, el más sagrado de los derechos y el más indispensable de los deberes".

Esta norma, que era típica de un gobierno revolucionario como el del Terror, sin duda, fue anómala y pronto desapareció de los anales del constitucionalismo. Sin embargo, ello no ha impedido la aparición en las Constituciones de algunas versiones contemporáneas, que si bien no se refieren al derecho a la insurrección, consagran el derecho a la rebelión contra los gobiernos de fuerza, como es el consagrado, por ejemplo, en el artículo 333 de la Constitución venezolana que establece el deber de "todo ciudadano investido o no de autoridad, de colaborar en el restablecimiento de la efectiva vigencia de la Constitución", si la misma llegare a perder "su vigencia o dejare de observarse por acto de fuerza o porque fuere derogada por cualquier otro medio distinto al previsto en ella". Es el único caso en el cual una Constitución pacifista como la venezolana de 1999, admite que pueda haber un acto de fuerza para reaccionar contra un régimen que por la fuerza hubiere irrumpido contra la Constitución.[130] El tema central en esta materia, por supuesto, es la determinación de cuándo desaparece la obligación de la obediencia a las leyes y cuándo se reemplaza por la también obligación-derecho de desobedecerlas y esto ocurre, en general, cuando la ley es injusta; cuando es ilegítima, porque por ejemplo emana de un órgano que no tiene poder para legislar, o cuando es nula, por violar la Constitución.

---

130 Véase Allan R. Brewer-Carías, *La crisis de la democracia en Venezuela*, Ediciones Libros El Nacional, Caracas 2002, pp. 33 ss.

De todo lo anterior resulta entonces que en el constitucionalismo contemporáneo propio del Estado Constitucional y democrático de derecho, es posible identificar el mencionado derecho ciudadano a la Constitución, que a la vez, como hemos visto, se desdobla en el derecho ciudadano a la supremacía constitucional, el derecho ciudadano a la tutela efectiva de la Constitución, el derecho ciudadano al amparo a los derechos y garantías constitucionales, y el derecho ciudadano a la desobediencia civil e incluso, a la rebelión frente a rupturas ilegítimas de la Constitución.

Es, en definitiva el sentido último de la idea de Constitución como ley suprema, que es el primero de los principios esenciales y fundamentales del Estado de derecho.

II
LA SOBERANÍA POPULAR, EL REPUBLICANISMO Y EL GOBIERNO DEMOCRÁTICO REPRESENTATIVO

El segundo de los principios del Estado de derecho desarrollados en la práctica constitucional y política en el mundo moderno, influido también por los fundamentos del constitucionalismo norteamericano y francés, es el de la democracia y el republicanismo basado en el concepto de soberanía del pueblo.

Con la revolución norteamericana, el principio tradicional de legitimidad monárquica del Estado, fue sustituido definitivamente, pasando la soberanía del Monarca al pueblo. Por ello, con la Revolución Americana puede decirse que la práctica del gobierno democrático se inició en el mundo moderno. El mismo principio también fue luego recogido a raíz de la Revolución Francesa, aun cuando con una duración inicialmente efímera en la práctica constitucional, debido a la restauración del orden monárquico a partir de 1815.

1. *El asambleísmo de las Colonias norteamericanas, la representatividad y la soberanía del pueblo*

Si bien los principios de representación y por ende de democracia, puede decirse que fueron el gran aporte de la Revolución norteamericana, sus raíces se deben situar en el proceso de colonización inglesa de Norteamérica, que al contrario de la colonización española de Sur América, no fue propiamente una empresa y una política asumida centralizadamente por la Corona británica.

En Norteamérica, la colonización se hizo en un proceso desarrollado por aproximaciones sucesivas y mediante concesiones respaldadas por cartas individuales otorgadas a personas, a partir del reinado de Jacobo I (1603-1625). En esa época fue cuando comenzaron a asentarse colonias en Norteamérica, gobernadas por consejos locales integrados con miembros de entre los colonos, aun cuando designados desde la metrópoli.

El desarrollo de los principios de representatividad y participación local en las colonias, por tanto, se inició desde el mismo momento en que comenzó la colonización, y si bien luego se nombraron gobernadores de las Colonias desde Inglaterra, ello no eliminó el espíritu de asamblea que allí se arraigó. Así, por ejemplo, fue en Virginia, en 1619, donde se reunió por primera vez y con permiso de la Compañía colonial, la primera *Asamblea de Colonos la Cámara de burgueses de Virginia,* que ya para ese momento era una próspera colonia plantadora y productora de tabaco. El fracaso económico posterior de la Compañía, a partir de 1624, transformó la colonia en un asentamiento de la Corona, pero con los colonos conservando sus poderes de asamblea.

Años antes, a partir de 1620, otros asentamientos coloniales se ubicaron en la costa este de Norteamérica, con un esquema diferente al de la empresa colonial virginiana, y más bien como consecuencia de las persecuciones religiosas y políticas que dominaron la vida en las Islas británicas. La Compañía de Londres admitió este esquema de emigración forzada, otorgando concesiones a grupos de colonos que aceptaban correr el riesgo de establecer el asentamiento, sometiéndose a una servidumbre de siete años. Así fue que por ejemplo, 120 "peregrinos" se embarcaron en el *Mayflower* en septiembre de 1620, llegando tres meses después, al Cabo *Cod,* muy lejos de *Virginia,* donde los peregrinos no tenían ni concesión ni derechos de clase alguna. Por ello, ante la necesidad de desembarcar, se fijaron sus propias reglas y firmaron un pacto o *Covenant,* conforme al cual juraron continuar juntos y obedecer las reglas establecidas para el logro del bien de todos. Conforme a este pacto, surgió el primer gobierno local autónomo en Norteamérica en la Colonia de *Plymouth.*

Otros peregrinos, de inspiración calvinista, obtuvieron una Carta real para *The Government and Company of Massachussetts Bay* en Nueva Inglaterra, en 1629. La compañía, fundada por los propios peregrinos, de posición económica más acomodada que los del *Mayflower,* estaba manejada por un Consejo que funcionaba en la propia colonia, en Boston, totalmente independiente de Londres. El Consejo, para votar los impuestos, por ejemplo, debía asesorarse de dos delegados por cada ciudad de la colonia, con lo que quedó así constituida la primera asamblea que más tarde estaría dividida en dos Cámaras.

Luego, en la misma época, otras colonias se establecieron, con emigrados o desterrados de las ya establecidas, en particular de *Massachussets,* fundándose así, en 1635, un establecimiento denominado *Providence,* en *Rhode Island,* que luego, en 1662, sería objeto de una Carta real; y en 1639, se creó la colonia de *Connecticut,* también por un grupo de migrados de *Massachussets,* quienes se dieron a sí mismos sus propias "Leyes fundamentales de *Connecticut"* creando un gobierno elegido por hombres libres. Otros puritanos fundaron en la costa de *Connecticut,* la colonia de *New Haven,* adoptando las leyes divinas para gobernarse.

Los asentamientos de *Connecticut,* en 1662, también obtuvieron del Rey Carlos II una Carta real, en la cual se confirmó la existencia de un gobierno y asambleas coloniales, sin control de la Corona. Por ello se consideró que *Connecticut* y *Rhode Island* fueron los primeros Estados coloniales independientes.

La colonia de *Maryland* fue establecida de otra forma y mediante Carta colonial otorgada a un individuo, *Georges Calvert*, quien había servido a la Corona pero a quien Carlos I no podía emplear en Inglaterra, por ser católico. La Carta, de verdadera configuración feudal, otorgaba al propietario, nombrado *Lord Baltimore,* carácter del jefe de la iglesia y de las fuerzas armadas, estando facultado para crear *mannors,* especie de repartimiento de tierras. *Lord Baltimore,* en todo caso, fue celoso en guardar la convivencia de las Iglesias, y en respetar el derecho de asamblea, donde hizo votar una Ley de tolerancia religiosa. A partir de la Revolución de 1688, la Iglesia de Inglaterra monopolizó la religión en *Maryland, y* sólo convirtiéndose al protestantismo, *Lord Baltimore,* pudo conservar su propiedad territorial, aceptando la autoridad de la Corona en la colonia.

Un esquema colonial similar se dio en las Carolinas (del Norte y del Sur), así denominadas en honor de Carlos II, quien otorgó en propiedad territorial grandes espacios a verdaderos grandes señores monárquicos. Estos, incluso, llegaron a solicitar de *John Locke,* filósofo de moda, la redacción de una Constitución que creaba una aristocracia. En 1729, estas colonias pasaron a la Corona. El territorio de *New Jersey,* también adquirido por los mismos señores propietarios de las Carolinas, fue otra colonia que en 1702 pasó a la Corona.

En 1681, William Penn obtuvo una carta del Rey que le confirió la propiedad de un vasto territorio entre *Massachussetts y Maryland,* que llamó a *Pennsylvania,* donde se estableció un gobierno libre en el que participaron una sociedad de amigos, de fe puritana extrema, denominado los *cuákeros.*

En cuanto a la colonia de Nueva York, inicialmente holandesa (Nueva Amsterdam), fue ocupada por Inglaterra en la época de Carlos II (1664), quien incluso se la regaló a su hermano el *Duque de York.* De allí su nombre.

Por último, otra colonia situada al Sur, *Georgia,* completó el dominio británico en la costa este de Norteamérica. Fue fundada en 1732, mediante una carta otorgada a un grupo de filántropos, la cual a mitades del siglo XVIII también pasaría a la Corona.[131]

En todo caso, para 1750, todas estas colonias ya poseían una amplia autonomía, con un espíritu asambleístico arraigado y un gobierno local bastante autónomo debido, además, a la ausencia de mecanismos centralizadores de administración colonial británica, como los que por ejemplo España pudo establecer en América del Sur, con el Consejo de Indias a la cabeza. En Norteamérica, cada colonia en cambio poseía su propia legislatura, compuesta de dos Cámaras; en algunas de ellas *(Connecticut y Rhode Island)* se elegía al Gobernador, en las demás, los nombraba la Corona o los propietarios. El centro de la vida política en cada comunidad, en todo caso, era el *meeting house (Town Hall),* donde en asamblea se resolvían los asuntos locales.

Por ese espíritu asambleístico y de gobierno local, fue que se inició la rebelión colonial que desembocaría en la independencia, como reacción contra los impuestos establecidos sobre las colonias, sin que la representación de las mismas hubiese participado. Todo se inició con la propuesta de *Grenville,* Canciller del *Exchequer* de Jorge III, al Parlamento para la adopción de diversos impuestos que gravaban productos coloniales *(Sugar Act),* y además, con la propuesta de que una tercera parte de la suma necesaria

---

131 Véase en general, C. M. Mc Ilwain, *Constitutionalism and the Changing World,* Cambridge 1939; A.C. McLaughlin, *A Constitutional History of the United States,* New York 1936; Robert Middlekauff, The Glorious Cause. *The American Revolution, 1763-1789,* Oxford University Press, New York 1982; James Ferguson, *The American Revolution: A General History, 1763-1790,* The Dorsey Press, Homewood, Illinois 1979.

para sostener el pequeño ejército británico en las colonias, se recaudara en las propias colonias, por medio de un impuesto de timbre.

Ello condujo a la adopción del *Stamp Act* el 22 de marzo de 1765, legislación que estableció impuestos de estampillas en todos los documentos legales, periódicos, publicaciones, grados académicos, almanaques, licencias de licores y cartas de juego, cuya aplicación provocó una enorme y generalizada hostilidad en las Colonias, fundamentalmente porque se habían establecido sin consultar a los colonos. De acuerdo a un principio y derecho tradicional de todo súbdito británico, para poder estar sujeto a impuestos o tasas era necesario un previo consentimiento, de cuyo enunciado, incluso en la Edad Media, había surgido el principio de que "no podía haber imposición sin representación."

Por ello, la reacción colonial fue relativamente organizada y definitivamente generalizada, multiplicándose los convenios inter-coloniales destinados a establecer boicots económicos para resistir las pretensiones impositivas de la Corona. En este contexto, la primera reunión conjunta de significado constitucional entre las Colonias fue el Congreso de Nueva York de 1765, que se reunió para demostrar el rechazo de las Colonias al *Stamp Act*, en el cual se adoptaron las *Resolutions of the Stamp Act Congress* el 19 de octubre de 1765, en las cuales, entre los derechos que se declararon estuvieron los siguientes:

"3° Que es inseparablemente esencial a la libertad de un pueblo, y un indudable derecho de los ingleses, que no se les deben imponer impuestos sino con su propio consentimiento, dado personalmente o mediante sus representantes;

4° Que el pueblo de estas Colonias no está, y desde el punto de vista de sus circunstancias locales, no puede estar representado en la Cámara de los Comunes de Gran Bretaña;

5° Que sólo los representantes del pueblo de estas Colonias son las personas escogidas por ellas mismas; y que nunca impuesto alguno ha sido establecido, ni podrá ser impuesto al pueblo, sino por las respectivas legislaturas."[132]

En ese Congreso, a pesar de que fue declarada "la debida subordinación a ese cuerpo augusto, el parlamento de Gran Bretaña," el carácter representativo del mismo fue cuestionado, partiendo del supuesto de que los impuestos establecidos en el *Stamp Act* no habían sido aprobados por las Asambleas coloniales. Por ello en las Resoluciones se prohibió la entrada a las colonias de mercancías de procedencia inglesa, mientras la *Stamp Act* no fuera derogada.

Benjamín Franklin, incluso, fue llamado a testificar sobre esto en la Cámara de los Comunes, y en 1766 el Parlamento inglés, como consecuencia, anuló la *Stamp Act,* pero impuso una serie de derechos aduaneros a los productos coloniales; inicialmente en relación al vidrio, al plomo, los colores, el papel y el té, creándose a tal efecto, un cuerpo de Comisarios de Aduanas con amplios poderes de investigación.

La reacción colonial, de nuevo fue generalizada y terminante, negándose las colonias a comerciar con productos ingleses, de manera que para 1769, las importaciones de Inglaterra ya habían descendido notablemente. La presión de la *City* sobre el Parlamento condujo, a propuesta del ministro North, a la derogación de las leyes impositivas, pero el Parlamento, para salvaguardar su prerrogativa, decidió mantener un impuesto bajísimo sólo sobre el té. En

---

132 Véase R.L. Perry (ed.), *Sources of our Liberties. Documentary Origin of Individual Liberties in the United States Constitution and Rights,* 1952, p. 270.

julio de 1770, los comerciantes americanos decidieron importar nuevamente mercancías inglesas, salvo el té.

En 1773, la *East India Company* contaba con una enorme existencia de té en Londres, que no podía exportar a las Colonias, lo que la colocaba en grave situación económica. Obtuvo una exención del impuesto de aduanas y decidió vender el té directamente en Boston, sin acudir a los comerciantes, única forma de competir efectivamente contra el té holandés. El hecho indignó a los comerciantes de Boston que tenían grandes existencias de té. El *Dartmouth*, apenas anclado en el muelle de Boston, fue abordado por falsos indios, y el té fue a dar al mar.

En abril de 1774, el Parlamento votó cinco leyes, calificadas en las colonias como intolerables, en las cuales se cerró el puerto de Boston hasta el reembolso del valor del té; se revocó la Carta de *Massachussets*, prohibiendo las *town meetings*, atribuyendo al Rey el derecho de nombrar los funcionarios; se acordó la transferencia a Inglaterra de los procesos criminales en relación a estas leyes; se resolvió el alojamiento de tropas en *Massachussets*, y se acordó la libertad religiosa a los católicos de Canadá (Acta de *Quebec)*.

Frente a estas medidas de la Metrópoli, la solidaridad colonial fue inmediata, y todas las colonias acudieron a ayudar a Boston. Con motivo de las leyes votadas por el Parlamento, resultaba claro que los problemas individuales de las Colonias, en realidad, eran problemas de todas ellas, y ello trajo como consecuencia la necesidad de una acción común, con el resultado de la propuesta de *Virginia* de la realización de un Congreso anual para discutir los intereses comunes de América, reuniéndose el primero en Filadelfia en 1774, declarándose el derecho del pueblo de participar en sus Consejos legislativos, y no estando representados en el parlamento británico, el derecho a poder votar los impuestos que los afectasen.

Todo ello desembocó dos años después en la Revolución norteamericana, frente al Parlamento británico, que era soberano, imponiéndose el principio de la soberanía del pueblo, que en definitiva implicó la instauración de un gobierno democrático y representativo. Así, los norteamericanos de finales del Siglo XVIII decidieron mediante una Revolución, repudiar la autoridad real y sustituirla por una República, siendo el republicanismo y el convertir la sociedad política en República, la base de la Revolución Americana. Por ello es que la Constitución de 1787 fue adoptada por "el pueblo" *(We the people...)*, el cual se convirtió, en la historia constitucional, en el soberano.

Y aun cuando la Constitución de 1787 sólo se concibió, básicamente, como un documento *orgánico* regulando la forma de gobierno, es decir, la separación de poderes entre los órganos del nuevo Estado: horizontalmente, entre los Poderes Legislativo, Ejecutivo y Judicial, y verticalmente, como Estados Unidos, en un sistema federal, para el gobierno de todos los poderes del Estado se estableció la forma de gobierno democrático, mediante representantes electos por el pueblo soberano, en unos casos mediante elección directa y en otros mediante elección indirecta.

Y ello fue precisamente lo que Alexis de Tocqueville descubrió y explicó al mundo, a comienzos del siglo XVIII, en su libro *La democracia en América,* en el cual dijo: "Cuando se quiere hablar de las leyes políticas de los Estados Unidos, hay que comenzar siempre con el dogma de la soberanía del pueblo."[133] Un principio que de Tocqueville consideró que "...domina todo el sistema político de los angloamericanos," añadiendo, que:

"Si hay algún país en el mundo en que se pueda apreciar en su justo valor el dogma de la soberanía del

---

133 Véase A. De Tocqueville, *Democracy in America, cit.*, Vol. 1, p. 68.

pueblo, estudiarlo en su aplicación a los negocios jurídicos y juzgar sus ventajas y sus peligros, ese país es sin duda Norteamérica."[134]

A ese efecto consagró su libro, para estudiar precisamente la democracia en Norteamérica, reconociendo como se ha dicho que la democracia se había ya desarrollado en Norteamérica tiempo antes de la Independencia, lo que destacó de Tocqueville al indicar que su ejercicio, durante el régimen colonial:

"Se veía reducido a ocultarse en las asambleas provinciales y sobre todo en las comunas donde se propagaba en secreto [...] No podía mostrarse ostensiblemente a plena luz en el seno de las leyes, puesto que las colonias estaban todavía constreñidas a obedecer."[135]

Por ello, una vez que la Revolución norteamericana estalló:

"El dogma de la soberanía del pueblo, salió de la comuna y se apoderó del gobierno. Todas las clases se comprometieron por su causa; se combatió y se triunfó en su nombre; llegó a ser la ley entre las leyes."[136]

De acuerdo con ese dogma de la soberanía del pueblo, cuando este rige en una Nación, dijo de Tocqueville, "cada individuo constituye una parte igual de esa soberanía y participa igualmente en el gobierno del Estado."[137]

El título del primer capítulo de la segunda parte del libro de de Tocqueville, reza así: de "Cómo se puede decir

---

134 *Ibid*, p. 68.
135 *Ibid*, p. 69.
136 *Ibid*, p. 69.
137 *Ibid*, p. 78-79.

rigurosamente que en los Estados Unidos es el pueblo el que gobierna," iniciando el primer párrafo en la siguiente forma:

> "En [Norte] América el pueblo nombra a quien hace la ley y a quien la ejecuta; él mismo forma el jurado que castiga las infracciones de la Ley. No solamente las instituciones son democráticas en principio, sino también en todo su desarrollo.
>
> Así, el pueblo nombra directamente a sus representantes y los escoge cada año, a fin de tenerlos completamente bajo su dependencia. Es, pues, realmente el pueblo quien dirige y, aunque la forma de gobierno sea representativa, es evidente que las opiniones, los prejuicios, los intereses, y aún las pasiones del pueblo no pueden encontrar obstáculos durables que le impidan producirse en la dirección cotidiana de la sociedad." [138]

De ello concluyó de Tocqueville afirmando que "Norteamérica es la tierra de la democracia." [139]

Uno de los principales aspectos a los cuales de Tocqueville se refirió en relación a la democracia, fue el relativo a "las causas principales del mantenimiento de la república democrática en el Nuevo Mundo," [140)] afirmando:

> "res cosas parecen contribuir más que todas las demás al mantenimiento de la república democrática en el nuevo mundo:
>
> La primera es la forma federal que los norteamericanos han adoptado, y que permite a la Unión disfrutar del poder de una gran república y de la seguridad de una pequeña.

---

138 *Ibid*, p. 213.
139 *Ibid*, p. 216.
140 Título del Capítulo IX de la segunda parte, *op. cit.*, p. 342.

Encuentro la segunda en las instituciones comunales que moderando el despotismo de la mayoría, dan al mismo tiempo al pueblo el gusto de la libertad y el arte de ser libre.

La tercera se encuentra en la constitución del poder judicial. He demostrado cómo los tribunales sirven para corregir los extravíos de la democracia y cómo sin poder detener jamás los movimientos de la mayoría, logran hacerlos más lentos, así como dirigirlos."[141]

De allí, la relación que de Tocqueville estableció entre la democracia y la descentralización, y su afirmación de que los problemas de la "omnipotencia de la mayoría" e incluso la "tiranía de la mayoría,"[142] fuera moderada por la casi inexistencia de centralización administrativa[143] y por la influencia de la profesión legal en Norteamérica.[144]

En todo caso, la democracia como una forma de gobierno, buscada, lograda o mantenida, es la segunda tendencia en el constitucionalismo moderno y contemporáneo, base del Estado de derecho, inspirada por el proceso constitucional norteamericano. Con posterioridad, todas las Constituciones en el mundo la establecieron como un componente básico de sus sistemas políticos, y es el símbolo de nuestro tiempo, aun cuando su mantenimiento no ha sido siempre asegurado.

2. La Asamblea Nacional francesa, la idea de Nación y la soberanía del pueblo frente al Monarca

Todos estos principios de soberanía popular, de democracia y de representación también fueron los elementos

---

141 *Idem*, p. 354.
142 *Idem*, p. 304, 309.
143 *Idem*, p. 323.
144 *Idem*, p. 324.

políticos esenciales que emanaron de la Revolución francesa, y que surgieron, igualmente, de antecedentes y hechos políticos que se fueron sucediendo en las instituciones políticas de la propia Monarquía absoluta.

Una de ellas fueron los *États Généraux,* que eran asambleas en las que el Monarca reunía las tres órdenes o estamentos (de allí la palabra *états)* de la sociedad, es decir, del clero, la nobleza y el tercer estado. Eran, por tanto, la expresión organizada de la sociedad estratificada del Antiguo Régimen, por lo que en dichas asambleas, las tres órdenes votaban separadamente. Esta regla, sin duda, contribuyó al propio debilitamiento de las mismas.

Dichas asambleas comenzaron a existir, por supuesto por razones políticas, pero circunstanciales, a comienzos del Siglo XIV (1302), a iniciativa del Rey Felipe El Hermoso (1285-1314), quien al ser amonestado por el Papa mediante la bula *Ausculta fili,* convocó a los representantes de los tres estamentos u órdenes del Reino y la sociedad para buscar apoyo frente al Papa. Se reunieron así los *États Généraux* el 10 de abril de 1302, en una gran asamblea que se celebró en *Notre Dame,* la cual aprobó la conducta del Rey. El objetivo del Monarca había sido logrado, y en esa asamblea pensó encontrar un medio para imponer su voluntad ante el Papa, con base en la idea de que la Nación y su Soberano estaban en perfecto acuerdo.

Sin embargo, la aprobación de la conducta del Rey por parte de los *États Généraux,* lo que en realidad dio origen fue al inicio de una tumultuosa historia de esas asambleas en el decurso de los años siguientes, que trastocarían la intención inicial de apoyar al Monarca que dio origen a su nacimiento, para convertirla más tarde, en el instrumento político más poderoso contra la Monarquía. Esta asamblea, compuesta por representantes de los tres estamentos de la sociedad perfectamente diferenciados (nobleza, clero, y el resto *(tiers)* de la población), en realidad, progresivamente tendería a convertirse en una fuerza política con ambición de poder, más allá de lo que el Rey les había delegado, pues de consejeros del Rey, cuando éste les sometía ciertos asuntos a consulta para oír la opinión de la Nación, pasaron, por su delegación y consentimiento, a adquirir poder para examinar y votar subsidios y nuevos impuestos, siendo este último, cuatro siglos más tarde, el motor fundamental de la Revolución.

La convocatoria de los *États Généraux* las hacía el Rey y a partir de mitades del Siglo XVI se impuso la costumbre de que los diputados o representantes a esas asambleas, al instalarse, debían entregar al Rey un escrito con las reivindicaciones o quejas de su respectiva localidad, denominado *cahier de doléances,* y que conformaban el conjunto de peticiones que se formulaban al Rey al momento de instalarse la sesión de la Asamblea. En esta forma, mediante estos *cahiers* se hacía conocer al Rey la realidad y situación material del país, y se le planteaban reivindicaciones de los lugares de donde procedían los diputados.

Ahora bien, consolidada la Monarquía y el poder absoluto del Rey, a partir de 1614 estas asambleas dejaron de reunirse por un período de 175 años, hasta 1788, precisamente para provocar la Revolución. Sin ser abolidas ni cambiadas, durante ese período el Rey no las convocó más, como signo del absolutismo. Por tanto, la convocatoria de dicha asamblea por Luis XVI (1754-1793), en 1788, un año antes de la Revolución, significó la resurrección de una institución desaparecida y olvidada, y fue esa convocatoria, precisamente, el arma mortal más peligrosa contra la Monarquía.

El origen institucional de la Revolución Francesa, por tanto, puede situarse un año antes de 1789, en 1788, con la convocatoria de los *États Généraux* después de 175 años de inactividad, en cuyo seno, el Tercer Estado, convertido en Asamblea, hizo la Revolución.

Con esa convocatoria, en efecto, puede decirse que se inició la revolución política de Francia, pues en definitiva, se puso fin, por la propia Monarquía, al gobierno absoluto, al aceptar el Rey compartir el gobierno y el poder con un cuerpo de diputados electos que asumirían el Poder Legislativo, que hasta ese momento era ejercido por el propio Monarca. Por tanto, realmente, el 5 de julio de 1788, al convocarse y al fijarse la fecha de los *États Généraux,* el Rey dictó la sentencia de muerte del Antiguo Régimen, de la Monarquía Absoluta, y de su propia vida.

Ahora bien, aceptadas y acordadas por el Rey la convocatoria de *États Généraux,* la agitación política se volcó respecto a otro aspecto que era esencial, y fue el de la forma de la convocatoria y la forma de funcionamiento de dicha Asamblea. Como la misma estaba compuesta por tres órdenes, hasta 1614, cada una de las tres órdenes tenía un voto. Por tanto, los asuntos recibían tres votos y cada orden votaba por separado, con lo cual las clases privilegiadas: la nobleza y el clero, siempre dominaban y se imponían, porque tenían dos votos frente al *Tiers État* Por tanto, la discusión política, a partir de septiembre de 1788, fue sobre la forma del voto en el sentido de si debía ser o no separado, y la forma cómo debían reunirse las órdenes, en cuanto al número de sus representantes. El *Parlement* (tribunal) de París,[145] incluso, que era el principal instrumento de la aris-

---

145 Otra institución de la Monarquía a la cual correspondió jugar un papel fundamental en la Revolución, fueron los llamados *Parlements* que se convirtieron incluso, antes que los *États Généraux,* en la amenaza más peligrosa al poder del Rey. En el Antiguo Régimen, el Rey era fuente de toda justicia, pero podía delegarla, y así como los Intendentes realizaban funciones judiciales, el Consejo Privado del Rey también ejercía funciones judiciales, y lo mismo sucedía con doce instituciones judiciales provinciales, que se denominaban los *Parlements,* diseminados en todo el territorio del reino y que se autocalificaban como guardianes de las "leyes fundamentales del reino". Ello sucedió así, sin duda, con la tolerancia real, conforme a las ideas de *Montesquieu* (1689-1755) (quien había sido Presidente del *Parlement* de Burdeos) sobre la separación de poderes y el contrapeso de los mismos.

tocracia, dictó una declaración el 21 de septiembre de 1788 indicando la forma elegida: cada orden tendría igual representación y voto separado. Con ello, sin duda, la aristocracia había triunfado, pero también había iniciado la verdadera revolución.

En realidad, el Rey había convocado los Estados Generales, pero nadie sabía, después de 175 años de inactividad de estas Asambleas, cómo era que funcionaban, en el sentido de determinar la forma de elección de los representantes y la forma de voto. Sólo el Rey podía decirlo, y no lo dijo. [146] La imprecisión, incluso, llevó al hecho curioso, antes de la declaración del *Parlement* de Paris, de la aceptación por parte del Monarca de la propuesta del Ministro Brienne de convocar a un "concurso académico" invitando "a todos los sabios y demás personas instruidas del Reino, y en particular, a quienes componen la Academia de Bellas Letras, a dirigir a su Señoría, el Ministro de Gracia y Justicia, toda clase de informes y memorias sobre esta cuestión."[147]

Sobre esta convocatoria, Alexis de Tocqueville señaló sarcásticamente, que "Ni más ni menos era como tratar la

---

Estas instituciones, doce en total, configuradas como Cortes Superiores para administrar justicia en última instancia en nombre del Rey, jugaron un papel político fundamental en el proceso revolucionario, y particularmente el *Parlement* de París, con el ejercicio de sus derechos de inscripción y rechazo de los edictos reales. Los *Parlements,* al igual que los *États Généraux,* también habían adquirido cierto poder frente al Rey, por razones políticas circunstanciales, precisamente y coincidencialmente, cuando aquellos cesaron de ser convocados. En 1614, como se dijo, fueron convocados por última vez los *États Généraux,* y fue precisamente en 1610, que los *Parlement* comenzaron a adquirir fuentes de poder, también por razones circunstanciales, con motivo del asesinato de Enrique IV (1533-1610).

146 *Idem.,* p. 86.
147 *Idem.,* p. 86.

Constitución del país como una cuestión académica y sacarla a concurso."[148] Y así fue. En el país más literario de Europa, por supuesto, una petición de ese tipo, en un momento de efervescencia política, provocó una inundación de escritos y de papeles, de manera que todos deliberaron, todos reclamaron y pensaron en sus intereses y trataron de encontrar en las ruinas de los antiguos *États Généraux,* la forma más apropiada para garantizarlos. Este movimiento de ideas originó la lucha de clases, y propició la subversión total de la sociedad. Por supuesto, los antiguos *États Généraux* muchas veces, fueron olvidados, y la discusión se tornó hacia otras metas y en particular, a identificar el Poder Legislativo, a la separación de poderes, a nuevas formas de gobierno, y a las libertades individuales. La inundación de escritos provocó una subversión total de las ideas, y en ese proceso, los escritos de *Montesquieu y Rousseau* fueron fundamentales.

Como se dijo, el propio *Parlement* también expresó su forma de pensar respecto a la forma de reunión de los *États Généraux,* en el sentido que debían reunirse igual que en 1614, es decir, cada orden un voto y votos separados, con lo cual siempre las clases privilegiadas iban a mantener el control de la Asamblea. Con ello, el *Parlement* perdió definitivamente su pretensión de ser portavoz de libertades. El ministro *De Brienne* había cesado y ya el ministro *Necker,* de nuevo, estaba al frente de la Intervención General de Finanzas. Frente a la declaración del *Parlement,* hubo múltiples reacciones panfletarias, signadas por la reacción del *Tiers,* y según lo señaló de Tocqueville, el Rey Luis XVI le respondió:

"Nada tengo que responder a mi *Parlement* sobre sus súplicas. Es con la Nación reunida con quien concer-

---

148 *Idem.,* p. 86.

taré las disposiciones apropiadas para consolidar para siempre el orden jurídico y la propiedad del Estado." [149]

El Rey reaccionó así contra el órgano judicial, pensando que la asamblea lo apoyaría, es decir, que resolvería el conflicto consultando a la Nación, la cual estaba representada, precisamente, en los *États Généraux*. Con ello, el Rey, materialmente, consumó la Revolución, al renunciar al Gobierno Absoluto y aceptar compartirlo con los *États Généraux* que se reunirían en mayo de 1789. Como se dijo, con ello, el Rey firmó su condena y la del Antiguo Régimen.

En cuanto a los *Parlements,* de Tocqueville resumió su suerte así:

"Una vez vencido definitivamente el poder absoluto y cuando la Nación no necesitó ya un campeón para defender sus derechos, el *Parlement* volvió de pronto a ser lo que antes era: una vieja institución deformada y desacreditada, legado de la Edad Media; y al momento volvió a ocupar su antiguo sitio en los odios públicos. Para destruirlo, al Rey le había bastado con dejarle triunfar."[150]

Los estamentos u órdenes habían estado juntos en el proceso antes descrito, pero vencido el Rey y convocados los *Estados Generales,* la lucha por el dominio de los mismos entre las clases comenzó, y con ello empezó a surgir la verdadera figura de la Revolución.

Así, la discusión que se centró sobre los *États Généraux* fue respecto de quién debía dominar esta Asamblea. Los *États Généraux,* como se dijo, no se habían reunido en

---

149 *Idem.*, p. 81.
150 *Idem.*, p. 83.

Francia durante los 175 años precedentes (desde 1614), por lo que, como instituciones, no eran sino un vago recuerdo. Por ello, frente al esquema tradicional defendido por el *Parlement* y la aristocracia de que cada orden tenía un voto y las tres órdenes votaban por separado, con lo cual las clases privilegiadas tenían dos votos sobre uno, el punto esencial de la propaganda política general que fue defendido por la burguesía, planteaba que debía haber un doblamiento de los miembros del *Tiers Etat* en relación a los otros dos estamentos, y que el voto debía ser por cabeza de diputado y no por orden.

Ese fue el motivo central del debate público del Partido Patriótico y de toda la literatura escrita: el *Tiers Etat* debía tener, entonces, el doble de los diputados que el de los otros estamentos, es decir, igual a los de la nobleza y el clero sumados, y el voto debía ser por cabeza de diputado y no por orden por separado, con lo cual había posibilidad de tener un voto igual entre nobleza y clero y el *Tercer Estado,* dejando de dominar la Asamblea los dos primeros.

Como se dijo, la cuestión política fundamental se situó entonces, en determinar quién habría de dominar los *Estados Generales,* por lo que la lucha entre los estamentos se desató; multiplicándose los escritos contra los privilegios, la violencia contra la aristocracia, y la negación de los derechos de la nobleza. La igualdad natural, que había sido tema difundido por la propia nobleza en sus ratos de ocio, se convertiría en el arma más terrible dirigida contra ella, prevaleciendo la idea de que el gobierno debía representar la voluntad general, y la mayoría numérica debía dictar la Ley. Por ello, la discusión política giró en torno a la representación del *Tercer Estado,* en el sentido de si debía o no ser más numerosa que la concedida a cada uno de los otros dos estamentos (nobleza y clero).

El 5 de diciembre de 1788, el Consejo Real decidió que el *Tercer Estado* tuviera un número igual a la suma de los otros dos estamentos, con lo que los duplicó. El Consejo

Real, sin embargo, no se pronunció sobre la forma del voto, si era por cabeza de diputado o por orden y por separado. Era evidente que aun cuando se doblara el número de los diputados del *Tiers Etat,* si el voto seguía siendo por orden, por separado, seguiría triunfando la aristocracia que tendría dos votos sobre uno de las clases no privilegiadas. Esto era, sin duda, primordial.

Por ello, el proceso político pre-revolucionario estuvo signado entonces por una revolución aristocrática que luego se volcó contra sí misma: la aristocracia, para defender sus privilegios frente al Rey, provocó por medio de los *Parlements* la convocatoria de los *États Généraux,* y por tanto, la disminución del poder absoluto de la Monarquía. Para ello, incluso, se alió a la burguesía. Sin embargo, al defender posteriormente la integración tradicional de los *États Généraux,* que favorecía sus intereses y aseguraba sus privilegios, provocó la ruptura de su alianza con el *Tiers,* Por ello, el triunfo del *Tiers* en los *États Généraux* significó el fin de la aristocracia, que fue, en definitiva, la primera víctima de la Revolución que ella misma había comenzado desde 1787.

Ahora bien, aún sin resolverse el problema del voto, en enero de 1789 se publicó el Reglamento de Elecciones de los diputados, que estableció un sistema de elección indirecta, de dos grados en el campo y de tres grados en la ciudad. Las elecciones se realizaron en más de 40.000 circunscripciones o asambleas electorales en todo el país, que despertaron políticamente a Francia, produciéndose una movilización completa de la población y despertando emociones populares. En todas las Asambleas locales se formularon los tradicionales cuadernos de reivindicaciones y peticiones *(cahiers des doléances).* En esa forma, todos los diputados, de todo el país, llegaron a *Versalles* en abril de 1789, cargados de peticiones y requerimientos de la nobleza, del clero y el pueblo, signadas por las reacciones contra el absolutismo que buscaban limitar los poderes del Rey; por el deseo de una representación nacional a la que le correspondiera votar las leyes impositivas y en general, hacer las leyes; y por el deseo general de igualdad. Toda la efervescencia política, sin duda, se concretó en estos cuadernos de reivindicaciones que a la usanza de los tradicionales *États Généraux,* los diputados debían entregar al Rey el día de su instalación.

Como previsto, el 5 de mayo de 1789 los *États Généraux* fueron inaugurados oficialmente por el Rey, y la discusión inicial se concretó respecto de cómo se iban a instalar, pues ello no había sido resuelto en la convocatoria real: si en una asamblea las tres órdenes juntas o si en tres asambleas separadas.

La burguesía urbana y profesional había acaparado la mayoría de los escaños entre los diputados del *Tercer Estado,* por lo que dominó las discusiones y las votaciones en las Asambleas, lo que se reforzó por la división imperante en los otros dos estamentos. En el mismo mes de mayo de 1789, el *Tercer Estado* insistió en la celebración conjunta de sesiones para considerar la validez de los mandatos de los diputados, negándose a la verificación en forma separada. La nobleza adoptó una posición diametralmente opuesta, considerando la votación separada como un principio de la constitución monárquica. El clero, dividido, si bien no aceptó celebrar sesiones conjuntas con el *Tiers,* se abstuvo de declararse como Cámara aparte.

Un mes después, el 6 de junio de 1789, el *Tiers état se* reveló, se instaló, e incitó y convocó a las otras dos órdenes a una sesión conjunta, advirtiéndoles que si no asistían, actuaría solo, aun cuando el número de votos por *cabeza* de diputados fuera igual. En este proceso tuvo un papel importante el clero, que si bien era una de las clases privilegiadas de la sociedad estamental, no tenía una composición uniforme: había un alto clero, que formaba parte de la nobleza y había un bajo clero, más cerca de las clases populares y de la burguesía. Por ello, cuando se produjo la convocatoria por parte del *Tiers* a una asamblea general, primero fueron tres, después siete y al final dieciséis diputados del clero que se sumaron al *Tiers état,* proceso en el cual, sin duda, el abate *Sieyès* jugó un papel fundamental.

Este último elemento provocó que la asamblea se constituyera, siendo esto un triunfo del *Tiers,* arrogándose a sí misma el título de Asamblea. *Sieyès,* diputado por el clero, incluso propuso que el título fuera "Asamblea de representantes conocidos y verificados de la Nación Francesa." En todo caso, no había pasado mes y medio desde la instalación de los *États Généraux,* cuando el 17 de junio de 1789, el *Tiers,* con algunos diputados de las otras órdenes, adoptó la "Declaración de constitución de la Asamblea."

Los diputados del *Tiers état,* dominados por la burguesía, por tanto, se erigieron en Asamblea Nacional y se atribuyeron a sí mismos el poder de legislar y, por tanto, de consentir o no los impuestos. Este fue, sin duda, el primer acto revolucionario del *Tiers,* y del inicio, en 1789, de la Revolución Francesa. Por eso, primero los *Parlements* y luego, los *États Généraux,* son los que provocaron la Revolución.

En junio de 1789, por tanto, Francia vio surgir una Asamblea en la cual la mayoría todopoderosa e incontenible que se atribuía la representación nacional, amenazaba y disminuía el poder real, ya desarmado. Por ello de Tocqueville observó que en esa situación "el *Tiers état,* dominando la única Asamblea, no podía dejar de hacer, no una reforma, sino una revolución,"[151] y eso fue lo que hizo. De allí la propia afirmación que deriva del título de la famosa obra de Sieyès: *Qu'est-ce que le tiers état?* (¿Qué es el Tercer Estado?): El *Tercer Estado* constituye la Nación

---

151 *Idem,* p. 92.

completa, negando que las otras órdenes tuvieran algún valor.[152]

La Asamblea dictó decretos, incluso sobre la forma de su propia disolución, quitándole poder al Rey sobre ello. Estos, sin embargo, fueron derogados por el Rey, ordenando que se constituyeran los *États Généraux,* por separado, intimidando con la fuerza al *Tercer Estado.* Así fue que apareció, por primera vez en la Revolución, el elemento popular.

En efecto, el hambre, el aumento del precio del pan por la escasez de cereales, particularmente ese año por razones climáticas; en fin, la pobreza, fue el combustible para la agitación y rebelión del pueblo, estimulado por los diputados del *Tiers État* para lograr su supervivencia política frente al Rey. Así, la Asamblea, con el apoyo popular, impidió su propia disolución y se impuso al Rey. La turba parisina inclusive fue en protesta hasta Versalles, y en el Palacio llegó a la antesala del Rey. Esto provocó que el Rey ordenase a los otros dos estamentos (nobleza y clero) a sumarse a la Asamblea, por lo que a partir de 27 de junio de 1789, por decisión real, se cambió radicalmente la estructura político-constitucional de Francia y de la Monarquía Absoluta.

En todo caso, tan rápido y violento había sido el proceso de rebelión política y popular, que el Rey había llamado al Ejército para someter la Asamblea que desobedecía sus órdenes. La Asamblea Nacional, el 9 de julio de 1789 se había constituido en *Asamblea Nacional Constituyente* desafiando nuevamente el poder real. La presencia y acción represiva del Ejército en París produjo la exacerbación popular; y el pueblo, bajo la arenga política, buscó armas para defenderse. Las obtuvo el 14 de julio en el asalto a la

---

152 Véase Sièyes, *Qu–est–ce que le tiers état,* (publicada en enero de 1789), ed. R. Zappeti, Génova 1970.

caserna militar de los Inválidos, donde la turba se apertrechó (4 cañones y 34.000 fusiles) y en ese proceso de búsqueda de armas, se produjo ese mismo día la toma de la Bastilla, prisión del Estado, símbolo de la arbitrariedad real. Allí, sin embargo, además de que no había sino siete detenidos, no había armas.

La revuelta, en todo caso, salvó a la Asamblea Nacional, la cual, reconocida por el Rey e instalada definitivamente después de la toma de la Bastilla, a partir de agosto de 1789 comenzó a cambiar la faz constitucional francesa. El espíritu subversivo se esparció por todas las Provincias, en las cuales los campesinos y los pueblos en armas se sublevaron contra los antiguos señores. La Asamblea Nacional tuvo que prestar atención inmediata al problema del privilegio fiscal, lo que llevó, el 5 de agosto, a que los diputados nobles y del clero renunciaran a sus derechos feudales y a sus inmunidades fiscales.

La Asamblea había recibido el 11 de julio un primer texto de una "Declaración de Derechos del Hombre y del Ciudadano," presentado por *Lafayette*. Suprimidas las rebeliones provinciales, dicha Declaración fue sancionada el 26-27 de agosto de 1789, y con ella, la Asamblea aprobó los artículos de una Constitución -19 artículos que preceden la Declaración-, con lo cual se produjo la primera manifestación constitucional de la Asamblea. En estos artículos de Constitución se recogieron los principios de organización del Estado: se proclamó que los poderes emanaban esencialmente de la Nación (art. 1°); que el Gobierno francés era monárquico, pero que no había autoridad superior a la de la Ley, a través de la cual reinaba el Rey, y en virtud de la cual podía exigir obediencia (art. 2°); se proclamó que el Poder Legislativo residía en la Asamblea Nacional (art. 2°) compuesta por representantes de la Nación libre y legalmente electos (art. 9°), en una sola Cámara (art. 5°) y de carácter permanente (art. 4°); se dispuso que el Poder Ejecutivo residiría exclusivamente en las manos del Rey (art. 16), pero que no podía hacer Ley alguna (art. 17);

y se estableció que el Poder Judicial no podía ser ejercido en ningún caso, ni por el Rey ni por el Cuerpo Legislativo, por lo que la justicia sólo sería administrada en nombre del Rey por los tribunales establecidos por la Ley, conforme a los principios de la Constitución y según las formas determinadas por la Ley (art. 19).

En cuanto al texto de la Declaración de Derechos del Hombre y del Ciudadano de 1789, fue adoptada por "Los representantes del pueblo francés, constituidos en Asamblea Nacional," y en ella, frente a la soberanía del Monarca se proclamó "el principio de toda soberanía reside esencialmente en la Nación" de manera que "ningún cuerpo, ningún individuo (incluso el rey) puede ejercer una autoridad que no emane de ella expresamente" (art. 3).

La Declaración, por supuesto, fue rechazada por el Rey, originando una nueva revuelta popular que provocó el traslado de la Asamblea de Versalles a París, y obligó a la sanción real de la Declaración, el 2 de octubre. La Asamblea conminó al Rey a regresar a París el 5-6 de octubre, y el 2 de noviembre la Asamblea confiscó los bienes de la Iglesia y del clero, que se declararon bienes nacionales. La Asamblea, en pocos meses, hizo la Revolución jurídica, cambió todos los instrumentos que regían la Monarquía y, a partir de finales de 1789, comenzó a configurarse un nuevo Estado, creando el 22 de diciembre, los Departamentos como demarcación territorial uniforme del nuevo Estado. Asimismo, antes, por Decreto de 14 de diciembre de 1789 había organizado las municipalidades e institucionalizado el "poder municipal".

El proceso posterior a 1789 es historia conocida: la Revolución originó las guerras de las Monarquías europeas contra Francia, que se encontró amenazada en todas sus fronteras. La Revolución, por tanto, además de consolidarse internamente tuvo que protegerse externamente. En junio de 1791 el Rey negoció con las potencias extranjeras e intentó huir; pero detenido, y obligado a aceptar la Constitución del 13 de septiembre de 1791, que fue la primera Constitución europea moderna, configuradora, de un Estado monárquico con una Asamblea de representantes electos signado por el principio de la separación de poderes. Conforme al mismo, el Rey conservaba el Poder Ejecutivo, el Poder Legislativo lo asumía la Asamblea, y el Poder Judicial, los Tribunales. Los *Parlements* por supuesto, habían sido eliminados por la Revolución, de manera que las instituciones que la provocaron (los *États Généraux* y los *Parlement*) desaparecieron inmediatamente.

Luis XVI, en virtud de la nueva Constitución dejó de ser "Rey de Francia" y pasó a ser "Rey de los Franceses." Como monarca constitucional se esforzó en frenar la Revolución aplicando el veto suspensivo a la legislación, pero lo que logró fue aumentar el descontento político y popular contra él. Fue hecho prisionero por la Comuna insurrecta de París el 10 de agosto de 1792, encarcelado en la prisión del *Temple,* acusado de traición, juzgado por la Convención recién electa el 2 de septiembre de 1792, condenado a muerte, y ejecutado el 21 de enero de 1793.

En todo caso, a partir de la prisión del Rey, el 22 de septiembre de 1792 se había proclamado la República, entrando en vigencia la primera Constitución Republicana el 24 de junio de 1793, una vez ratificada por referéndum (Constitución del año I), cuyo texto también estuvo precedido de la Declaración de Derechos. En esos meses, además, el terror político y revolucionario se apoderó de Francia y el caos se generalizó, sobre todo por la coalición extranjera que se formó contra la Revolución (marzo 1793).

En 1795 (22 de agosto) se sancionó una nueva Constitución, (Constitución del año III), también precedida de una Declaración de Derechos, concluyendo la Convención el 26 de octubre de 1795.

El 2 de noviembre del mismo año se instaló el Directorio. Bonaparte, quien en octubre de 1795 develó una revuelta de los realistas (13 *Vendémiaire),* fue nombrado Jefe de la armada en Italia. Triunfante en 1795, el Directorio lo nombró Comandante de la expedición en Egipto (1798), retornando a Francia en octubre de 1799, donde los moderados le confiaron la labor de eliminar el Directorio. Mediante un golpe de Estado, el 9-10 de noviembre de 1799 *(Brumaire,* año VIII) impuso al país una Constitución autoritaria y se inició el Consulado. Terminó así la Revolución Francesa, cuyo proceso había durado sólo 10 años.

En 1802, Bonaparte, luego de reorganizar centralizadamente la justicia, la administración (con la creación de los Prefectos) y la economía, se hizo designar Cónsul Vitalicio (1802) y luego, Emperador de los Franceses (1804), "por la gracia de Dios y la voluntad nacional." Coronado como Napoleón I, se estableció una monarquía hereditaria con nobleza de Imperio, y continuó la reorganización y centralización de la Francia revolucionaria, adoptándose incluso, el Código Civil.

La guerra, sin embargo, acaparó buena parte de su gobierno. Después de la retirada de Rusia (1812), vencido en *Leipzig* (1813) e invadida Francia por las potencias europeas, abdicó en 1814, siendo confinado a la isla de Elba. De allí se escapó de la vigilancia inglesa, regresó a Francia en marzo 1815 (los Cien días), y luego de ser vencido en *Waterloo* (18 de junio), el 22 de junio de 1815 abdicó por segunda vez, entregándose a los ingleses, quienes lo exilaron a la isla de Santa Helena, donde murió en 1821. Desde 1815, se reinstaló en Francia la Monarquía, con Luis XVIII (1755-1824).

El Republicanismo en Francia había durado 12 años (1792-1804). Después de una breve reinstalación (II República) entre 1848 y 1852, sólo fue a partir de 1870 que se reconstituyó, con la III República (1870-1940); la IV^a República (1944-1958) y la V^a República (1958 hasta el presente).

Las Constituciones Imperiales y luego Monárquicas, a partir de 1804, habían pospuesto la República. Por otra parte, la Declaración de Derechos, a partir de 1804 sólo podía considerarse como un texto histórico sin consecuencias jurídicas precisas, si bien sus principios inspiraron los regímenes posteriores. Dicha Declaración sólo readquirió valor de derecho positivo, a nivel constitucional, en virtud del Preámbulo de la Constitución de 1958, de manera que solo fue en 1973 cuando el Consejo Constitucional consideró expresamente como formando parte del bloque de la constitucionalidad, a la Declaración de Derechos del Hombre y del Ciudadano de 1789.

En todo caso, de la Revolución francesa y el constitucionalismo francés, al igual que de la Revolución norteamericana, quedó el legado para el Estado de derecho, del principio de la soberanía del pueblo, del republicanismo y de la democracia representativa, que en contraste con el régimen del absolutismo, donde el soberano era el Monarca, quien ejercía todos los poderes e, incluso, otorgaba la Constitución del Estado. Con la Revolución, como se ha dicho, el Rey fue despojado de su soberanía, la cual se trasladó al pueblo, habiendo surgido la noción de Nación como personificación del pueblo, para reemplazar al Rey en su ejercicio.[153]

De allí el principio de la soberanía atribuida al pueblo o a la Nación y no al Rey o a los gobernantes, que surgió del texto de la Declaración de los Derechos del Hombre y del Ciudadano: "El principio de toda soberanía reside esencialmente en la Nación. Ningún cuerpo, ningún individuo puede ejercer autoridad alguna que no emane de ella expresamente" (art. 3). La Declaración de Derechos que también precedió la Constitución de 1793, señaló también que "La soberanía reside en el pueblo. Ella es una e indivisible,

---

153 Véase Berthélémy- Duez, *Traité elémentaire de droit constitutionnel*, Paris 1933, p. 74, citado por M. García Pelayo, *op. cit.*, p. 461.

imprescriptible e inalienable" (art. 25), y la Declaración que precedió la Constitución de 1795, señaló "La soberanía reside esencialmente en la universalidad de los ciudadanos. Ningún individuo, ninguna reunión parcial de ciudadanos puede atribuirse la soberanía."

Debe destacarse, además, que a pesar de su carácter monárquico, la Constitución francesa de 1791 fue representativa, desde el momento en que la Nación ejercía su poder a través de representantes; de manera que precisamente por el sistema que se estableció para la participación, la Revolución tuvo una especial significación social vinculada a la burguesía, ya que conforme al sistema de sufragio que se estableció, un gran número de ciudadanos fue excluido de la actividad electoral.

En todo caso, después de la Monarquía y ejecutado Luis XVI, como se dijo, la Constitución de 1793 estableció la República en sustitución de la Monarquía, como "única e indivisible" (art. 1). En consecuencia, el pueblo soberano, constituido por "la universalidad de los ciudadanos franceses," nombraba sus representantes en los cuales le delegaba el ejercicio de los poderes públicos (art. 7 a 10). Estas ideas de la representatividad, sin embargo, en Francia se impusieron desde el momento mismo de la Revolución, en 1789, a pesar de que al inicio la forma del gobierno siguió siendo Monárquica. Así, en la Constitución de 1791 se estableció que:

> "La Nación de la cual emanan todos los poderes, no los puede ejercer sino por delegación. La Constitución francesa es representativa: los representantes son el cuerpo legislativo y el Rey" (art. 2, título III).

Por tanto, incluso el Rey se convirtió con la Revolución en representante de la Nación, hasta que fue decapitado, y con ello la Monarquía convertida en República, fue completamente representativa.

3. *La idea de la representación popular al inicio del constitucionalismo en la América hispana*

La idea de la representación popular y del ejercicio de su soberanía por el pueblo, conforme a los principios que derivaron de las revoluciones norteamericana y francesa también marcaron el inicio del proceso constituyente en la América hispana.

En efecto, el día 11 de junio de 1810, apenas transcurridos dos meses desde que se constituyera en Caracas la Junta Suprema Conservadora de los derechos de Fernando VII (19 de abril de 1810), la misma, en virtud del carácter poco representativo que tenía en relación con las otras Provincias de la Capitanía General de Venezuela, procedió a dictar un "Reglamento para elección y reunión de diputados que han de componer el Cuerpo Conservador de los Derechos del Sr. D. Fernando VII en las Provincias de Venezuela"[154] el cual para cuando se eligió en 1811 ya fue el Congreso General de las Provincias de Venezuela, integrado por diputados electos mediante un sistema de elección indirecta.

Este Reglamento estuvo precedido de unas consideraciones amplias, en las cuales la Junta Suprema reconoció que los diputados provinciales que hasta ese momento la integraban "sólo incluía la representación del pueblo de la capital, y que aun después de admitidos en su seno los de Cumaná, Barcelona y Margarita quedaban sin voz alguna representativa las ciudades y pueblos de lo interior, tanto de ésta como de las otras provincias," considerando que "la proporción en que se hallaba el número de los delegados de

---

[154] Véase en *Textos Oficiales de la Primera República de Venezuela*, tomo II, Edición Biblioteca de la Academia de Ciencias Políticas y Sociales, Caracas, 1982, pp. 61 a 84. Véase también en Allan R. Brewer-Carías, *Las Constituciones de Venezuela*, Academia de Ciencias Políticas y Sociales, Tomo I, Caracas 2008.

Caracas con los del resto de la Capitanía General no se arreglaba, como lo exige la naturaleza de tales delegaciones, al número de los comitentes." Por ello, consideró necesario convocar al pueblo de todas las Provincias "para consultar su voto" y para que se escogiese "inmediatamente las personas que por su probidad, luces y patriotismo os parecieran dignas de vuestra confianza." Consideró la Junta Suprema que era imperioso establecer "otra forma de Gobierno, que aunque temporal y provisorio, evitase los defectos inculpables del actual," pues los mismos defectos se habían acusado respecto de "la nulidad de carácter público de la Junta Central de España" que adolecía de la misma falta de representatividad.

La determinación fue entonces provocada, como se ha dicho, por "la necesidad de un poder Central bien constituido," considerándose que había llegado "el momento de organizarlo," formando "una confederación sólida," con "una representación común." A tal efecto, la Junta llamó al ejercicio del derecho del pueblo más importante que era "aquel en que los transmite a un corto número de individuos, haciéndolos árbitros de la suerte de todos," convocando a "todas las clases de hombres libres ... al primero de los goces de ciudadano, que es el concurrir con su voto a la delegación de los derechos personales y reales que existieron originariamente en la masa común y que la ha restituido el actual interregno de la monarquía."

En ese momento la Junta de Caracas advirtió, además, que las autoridades que accidentalmente se habían encontrado a la cabeza de la nación española tras la invasión napoleónica, debieron "solicitar que los pueblos españoles de ambos hemisferios eligiesen sus representantes;" pero no fue así, resultando "demasiado evidente que la Junta Central de España no representaba otra parte de la nación que el vecindario de las capitales en que se formaban las Juntas provinciales, que enviaron sus diputados a componerla," considerándose por tanto que "la Junta Central no pudo transmitir al Consejo de Regencia un carácter de que ella misma carecía," resultando "la concentración del poder en menor número de individuos escogidos, no por el voto general de los españoles de uno y otro mundo, sino por los mismos que habían sido vocales de la Central." La Junta Suprema, además, argumentaba ante esa situación, que los habitantes de la España americana "no pueden adherirse a una forma de representación tan parcial como la que se ha prescrito para las dos porciones de nuestro imperio, y que lejos de ajustarse a la igualdad y confraternidad que se nos decantan, sólo está calculada para disminuir nuestra importancia natural y política." La Junta Suprema, sin embargo, anunció que las Provincias "se conservarán fieles a su augusto Soberano, prontas a reconocerle en un Gobierno legítimo y decididas a sellar con la sangre del último de sus habitantes el juramento que han pronunciado en las aras de la lealtad y del patriotismo."

Fue en esta forma como la Junta, procedió a dictar las reglas de elección de los diputados al Congreso General para que tuvieran "parte en su elección todos los vecinos libres de Venezuela," estableciendo un sistema electoral indirecto, en dos grados, conforme al cual, los electores parroquiales que eran a su vez electos por los vecinos de cada parroquia, debían elegir un número de diputados a razón de uno por cada 20.000 almas.

A tal efecto, el voto se atribuyó en cada parroquia de las ciudad, villa y pueblo, a todos los vecinos, con exclusión de:

> "las mujeres, los menores de veinticinco años, a menos que estén casados y velados, los dementes, los sordomudos, los que tuvieren causa criminal abierta, los fallidos, los deudores a caudales públicos, los extranjeros, los transeúntes, los vagos públicos y notorios, los que hayan sufrido pena corporal, aflictiva o infamatoria y todos los que no tuvieren casa abierta o poblada, esto es, que vivan en la de otro vecino particular a su salario y expensas, o en actual servicio suyo;

a menos que, según la opinión común del vecindario, sean propietarios, por lo menos, de dos mil pesos en bienes muebles o raíces libres." (Cap. I, Art. 4).

Los vecinos eran los que debían elegir los electores parroquiales, cuyo número se determinaba de acuerdo con la población sufragante, a razón de uno por cada quinientas almas (Cap. I, Art. 6). Una vez hecho este cómputo, se debía notificar a los vecinos de la parroquia "el número de los electores que le corresponde; la naturaleza, objeto e importancia de estas elecciones y la necesidad de hacerlas recaer sobre personas idóneas, de bastante patriotismo y luces, buena opinión y fama, como que de su voto particular dependerá luego la acertada elección de los individuos que han de gobernar las provincias de Venezuela y tomar a su cargo la suerte de sus habitantes en circunstancias tan delicadas como las presentes." (Cap. I, Art. 8). El censo de los vecinos antes indicado correspondía levantarlo a los alcaldes de primera en la elección en las ciudades y villas y los tenientes justicias mayores de los pueblos, quienes debían nombrar los comisionados necesarios a tal efecto (Cap. I, Arts. 1 y 2). En el censo se debía especificar "la calidad de cada individuo, su edad, estado, patria, vecindario, oficio, condición y si es o no propietario de bienes raíces o muebles." (Cap. I, Art. 3).

Una vez efectuada la elección de los electores parroquiales de cada partido capitular, estos debían reunirse en la ciudad o villa cabeza del mismo, para proceder a la elección de los diputados, en número equivalente a uno por cada veinte mil almas de población (Cap. II, Art. 1), bastando para poder ser electos como tales, que los candidatos fueran vecinos de cualquier partido "comprendidos en las provincias de Venezuela que hayan seguido la justa causa de Caracas;" recomendándose a los electores tener "la mayor escrupulosidad en atender a las circunstancias de buena educación, acreditada conducta talento, amor patriótico, conocimiento local del país, notorio concepto y aceptación pública, y demás necesarias para sostener con decoro la diputación y ejercer las altas facultades de su instituto con el mayor honor y pureza." La elección debía verificarse en la asamblea de electores, mediante voto oral y público (Cap. II, Art. 8), en "en una sala bastante capaz, a fin de que puedan presenciarla todas las personas del vecindario que quieran y se presenten en traje decente" (Cap. II, Art 7), en un acto que debía ser presidido por los alcaldes primeros de las ciudades y villas, haciendo en ellas de secretario el que lo fuere del Ayuntamiento (Cap. II, Art. 5). La elección se hacía por mayoría de sufragios obtenidos (Cap. II, Art. 9).

Efectuada la elección, los diputados debían presentar sus credenciales a la Junta Suprema para su examen y, una vez aprobadas, "bien entendido que en llegando los dos tercios de su número total, se instalará el Cuerpo bajo el nombre de Junta general de Diputación de las provincias de Venezuela" (Cap. III, Art. 1). Se dispuso, además, que mientras la Junta General de Diputación estuviere organizando la autoridad ejecutiva, la Suprema Junta como poder ejecutivo continuaría ejerciendo "el ramo ejecutivo, la administración de las rentas y el mando de la fuerza armada" (Cap. III, Art. 3).

Conforme a estas normas a finales de 1810 se realizaron elecciones en siete de las nueve Provincias de la antigua Capitanía General de Venezuela,[155] habiéndose elegido 44 diputados por las Provincias de Caracas (24), Barinas (9), Cumaná (4), Barcelona (3), Mérida (2), Trujillo (1) y Mar-

---

155 Participaron las provincias de Caracas, Barinas, Cumaná, Barcelona, Mérida, Trujillo y Margarita. Véase José Gil Fortoul, *Historia Constitucional de Venezuela*, Tomo primero, Berlín 1908, p. 223. Véase J. F. Blanco y R. Azpúrua, *Documentos para la historia de la vida pública del Libertador,* Ediciones de la Presidencia de la República, Caracas, 1983, Tomo II, pp. 413 y 489.

garita (1).[156] Esos fueron los diputados que conformaron el Congreso General que al año siguiente, el 1º de julio de 1811 adoptaría la declaración de los derechos del Pueblo; que el 5 de julio de 1811, declararía formalmente la Independencia de Venezuela; y que el 21 de noviembre de 1811 sancionaría la Constitución federal de las Provincias Unidas de Venezuela.

En estos instrumentos se recogieron todos los principios sobre la soberanía popular y representatividad, de manera que por ejemplo, en la Declaración de Derechos del Pueblo de 1811, los primeros dos artículos de la Sección "Soberanía del Pueblo" establecieron:

"Art. 1. La soberanía reside en el pueblo; y el ejercicio de ella en los ciudadanos con derecho a sufragio, por medio de sus apoderados legalmente constituidos.

Art. 2. La soberanía, es por su naturaleza y esencia, imprescindible, inajenable e indivisible.".

La Constitución de 1811, además, definió la soberanía popular conforme a la misma orientación:

"Art. 143. Una sociedad de hombres reunidos bajo unas mismas leyes, costumbres y gobiernos forma una soberanía.

Art. 144. La soberanía de un país o supremo poder de reglar o dirigir equitativamente los intereses de la comunidad, reside, pues esencial y originalmente en la masa general de sus habitantes y se ejercita por medio de apoderados o representantes de estos, nombrados y establecidos conforme a la Constitución."

---

156 Véase C. Parra Pérez, *Historia de la Primera República de Venezuela*, Academia de la Historia, Tomo I, Caracas 1959, p. 477.

Conforme a estas normas, por tanto, en las antiguas Provincias coloniales de España que formaron Venezuela, la soberanía del Monarca español había cesado. Incluso, desde el 19 de abril de 1810, la soberanía había comenzado a ejercerse por el pueblo, que se dio a sí mismo una Constitución a través de sus representantes electos. Por ello, la Constitución de 1811, comenzó señalando:

> "Nosotros, el pueblo de los Estados Unidos de Venezuela, usando de nuestra soberanía y deseando establecer entre nosotros la mejor administración de justicia, procurar el bien general, asegurar la tranquilidad interior, proveer en común la defensa exterior, sostener nuestra libertad e independencia política, conservar pura e ilesa la sagrada religión de nuestros mayores, asegurar perpetuamente a nuestra posteridad el goce de estos bienes y estrechados mutuamente con la más inalterable unión y sincera amistad, hemos resuelto confederarnos solemnemente para formar y establecer la siguiente Constitución, por la cual se han de gobernar y administrar estos estados..."

La idea del pueblo soberano, por tanto, que no sólo provino de la Revolución francesa sino, antes, de la Revolución americana, y se arraigó en el constitucionalismo venezolano desde 1811, contra la idea de la soberanía monárquica que aún imperaba en España en ese momento.

Y de ello derivó la idea de representatividad republicana, la cual, por supuesto, también se recogió en la Constitución venezolana de 1811, en la cual, se estableció que la soberanía se ejercitaba sólo "por medio de apoderados o representantes de éstos, nombrados y establecidos conforme a la Constitución" (Art. 144). Por ello, agregó la Constitución de 1811:

> Art. 146. Ningún individuo, ninguna familia, ninguna porción o reunión de ciudadanos, ninguna corporación particular, ningún pueblo, ciudad o partido,

puede atribuirse la soberanía de la sociedad que es imprescindible, inajenable e indivisible, en su esencia y origen, ni persona alguna podrá ejercer cualquier función pública del gobierno si no la ha obtenido por la constitución."

En definitiva, siendo el sistema de gobierno netamente republicano y representativo, conforme a la más exacta expresión francesa de la Declaración de 1789 (Art. 6), la Constitución de 1811 estableció que:

> "Art. 149. La Ley es la expresión libre de la voluntad general de la mayoría de los ciudadanos, indicada por el órgano de sus representantes legalmente constituidos."

Esos representantes en el Congreso, conformaron la Cámara de representantes y el Senado, para la elección de los cuales la Constitución estableció una detallada forma de elección (Art. 14 a 51), en un sistema indirecto, a través de las congregaciones parroquiales (Arts. 26, 28). La Constitución, siguiendo la tendencia general, restringió el sufragio al consagrar requisitos de orden económico para poder participar en las elecciones[157] reservándose entonces el control político del naciente Estado a la aristocracia criolla y a la naciente burguesía parda.

---

157 *Cfr.*, R. Díaz Sánchez, "Evolución Social de Venezuela (hasta 1960) ", en M. Picón Salas y otros, *Venezuela Independiente 1810–1960*, Caracas, 1962, p. 197, y C. Parra Pérez, Estudio preliminar a la *Constitución Federal de Venezuela de 1811*, p. 32. Es de destacar, por otra parte, que las restricciones al sufragio también se establecieron en el sufragio pasivo, pues para ser representante se requería gozar de "una propiedad de cualquier clase" (Art. 15) y para ser Senador, gozar de "una propiedad de seis mil pesos" (Art. 49). *Cfr.* J. Gil Fortoul, *Historia Constitucional de Venezuela*, Obras Completas, Tomo I, Caracas, 1953, p. 259.

En cuanto al "Poder Ejecutivo," se dispuso que residiría en la ciudad federal "depositado en tres individuos elegidos popularmente" (Art. 72) por las Congregaciones Electorales (Art. 76) por listas abiertas (Art. 77).

Debe observarse, por lo demás, que el republicanismo y el asambleísmo fue una constante en toda la evolución constitucional de la naciente República, por lo que por ejemplo, después de la caída de la primera República, y antes de su reconstitución en 1819, durante las campañas militares por la liberación de Venezuela, Simón Bolívar incluso siempre tuvo el empeño por legitimar el poder por el pueblo reunido o a través de elecciones.[158]

4. *La democracia como régimen político y el derecho ciudadano a la democracia*

Como resultado de la consolidación, durante los últimos doscientos años de todos los principios del republicanismo y de la representatividad democrática, basados en el principio de que la soberanía reside en el pueblo, es claro que el segundo de los principios del Estado de derecho es el de la democracia representativa, la cual se encuentra expresada en el mundo contemporáneo en todas las Constituciones, como es el caso, por ejemplo, de la de Venezuela de 1999, en cuyo artículo 5 se establece lo siguiente:

"La soberanía reside intransferiblemente en el pueblo, quien la ejerce directamente en la forma prevista en esta Constitución y en la Ley, e indirectamente, mediante el sufragio, por los órganos que ejercen el Poder Público."

---

158 Véase Allan R. Brewer-Carías, "Ideas centrales sobre la organización del Estado en la obra del Libertador y sus proyecciones contemporáneas", *Boletín de la Academia de Ciencias Políticas y Sociales,* Caracas 1984, N° 95-96, pp. 137 ss.

Con la expresión de que la soberanía reside "intransferiblemente" en el pueblo, lo que se quiso expresar es que la misma sólo y siempre reside en el pueblo y nadie puede asumirla, ni siquiera una Asamblea Constituyente la cual, por supuesto, nunca podría ser "soberana" y menos aún "soberanísima" como por ejemplo, tantas veces e impropiamente se calificó en Venezuela a la Asamblea Nacional Constituyente de 1999.[159] En la Constitución de 1999, incluso se señala, al regularse la Asamblea Nacional Constituyente, que "el pueblo de Venezuela es el depositario del poder constituyente originario" (art. 347) el cual, por tanto, no puede jamás ser transferido a Asamblea alguna.

En todo caso, fue la consagración constitucional del principio de la soberanía popular y su carácter intransferible, lo que condujo en el mundo moderno, al desarrollo del principio de la democracia representativa, en el sentido de que el pueblo, que es el titular de la soberanía, normalmente la ejerce mediante representantes.[160]

Soberanía popular y democracia representativa[161] por tanto, son principios consustanciales e indisolubles, razón

---

159 Véase los comentarios críticos sobre esto en Allan R. Brewer-Carías, *Poder Constituyente Originario y Asamblea Nacional Constituyente,* Academia de Ciencias Políticas y Sociales, Caracas 1999, pp. 67 ss.

160 Véase en general Ricardo Combellas, *Derecho Constitucional: una introducción al estudio de la Constitución de la República Bolivariana de Venezuela,* Mc Graw Hill, Caracas 2001, pp. 33 ss.; y Humberto Nogueira Alcalá, "Tópicos sobre la clasificación de los tipos de Gobierno constitucionales democráticos", en *El Derecho Público a comienzos del siglo XXI. Estudios homenaje al Profesor Allan R. Brewer-Carías,* Tomo I, Instituto de Derecho Público, UCV, Civitas Ediciones, Madrid 2003, pp. 325-368.

161 Véase sobre la soberanía y la democracia representativa, Pedro L. Bracho Grand y Miriam Álvarez de Bozo, "Democracia representativa en la Constitución Nacional de 1999", en *Estudios de Derecho Público: Libro Homenaje a Humberto J. La Roche*

por la cual es imposible consagrar el principio de la soberanía popular, en régimen democrático, sin el principio de la democracia representativa.[162]

La representatividad, en sí misma, es de la esencia de la democracia, y los vicios de aquella lo que exigen es perfeccionarla, pero no eliminarla. Por ejemplo, el gran problema derivado del sistema político de la democracia de partidos es que la representatividad democrática no ha correspondido realmente al pueblo, sino a los partidos políticos. La crisis que de ello deriva y que en muchos casos ha afectado la representatividad democrática, por tanto, no puede conducir a su eliminación, sino a su perfeccionamiento. Todo ello, para ampliar el radio de la representatividad, y permitir que el pueblo, sus lugares y comunidades encuentren representación directa en las Asambleas representativas.

En todo caso, en el ejemplo del artículo 5 de la Constitución venezolana, queda claro que la soberanía, que reside en el pueblo se ejerce "indirectamente, mediante el sufragio, por los órganos que ejercen el Poder Público," regulando además el artículo 62 el derecho de los ciudadanos de participar libremente en los asuntos públicos "por medio de sus representantes elegidos".

Rincón, Volumen I, Tribunal Supremo de Justicia, Caracas 2001, pp. 235-254; Allan R. Brewer-Carías, *Reflexiones sobre el constitucionalismo en América, op. cit.,* pp. 17 ss., 55 ss.; Alfonso Rivas Quintero, *Derecho Constitucional,* Paredes Editores, Valencia-Venezuela, 2002, pp. 190 ss.; y Ricardo Combellas, "Representación vs. Participación en la Constitución Bolivariana. Análisis de un falso dilema", en *Bases y principios del sistema constitucional venezolano (Ponencias del VII Congreso Venezolano de Derecho Constitucional realizado en San Cristóbal del 21 al 23 de Noviembre de 2001),* Volumen II, pp. 383-402.

162 Véase en Allan R. Brewer-Carías, *Debate Constituyente,* Tomo I, *op. cit.,* pp. 184 ss.

De ello deriva, por tanto, que la representatividad democrática siempre tiene que tener su fuente en elecciones populares (art. 70), y que éstas están destinadas a elegir los titulares de los órganos que ejercen el Poder Público que, por supuesto, son los que establece la Constitución conforme a los principios de distribución y separación del Poder Público (art. 136).

Por supuesto, la democracia representativa debe perfeccionarse haciendo posible la participación del ciudadano en los procesos políticos, lo que se logra además de con la descentralización política a los efectos de acercar el poder al ciudadano, mediante la consagración de diversos instrumentos para hacer realidad el derecho a la participación.[163]

De todo lo anterior resulta, por otra parte, que en el mundo contemporáneo, como esencia del Estado de derecho, además del derecho a la Constitución y su supremacía, también se puede identificar el derecho ciudadano a la de-

---

163 Como lo ha señalado la Corte Primera de lo Contencioso Administrativo en sentencia N° 1037 de 1 de agosto de 2000 (Caso: *Asociación de Propietarios y Residentes de la Urbanización Miranda (APRUM) vs. Alcaldía del Municipio Sucre del Estado Miranda*): "La democracia participativa no choca necesariamente con la democracia representativa, ni se excluyen, y dentro de un sistema Republicano necesariamente deben haber autoridades, Poderes Públicos que representen a los demás, y esa es la esencia misma de la República como tal; son estos entes representativos quienes van a establecer las normas para poder permitir la participación, porque toda participación debe estar sujeta a unas normas o a un principio de legalidad que establezca cuáles son los poderes de la Administración Pública y en qué manera los ciudadanos pueden hacerse parte de la actividad administrativa y la participación legítima a los órganos de representación republicanos, razón por la cual ambos tipos de democracia se complementan." Véase en *Revista de Derecho Público*, N° 83 (julio-septiembre), Editorial Jurídica Venezolana, Caracas 2000, p. 394.

mocracia,[164] es decir, a que en el Estado Constitucional el pueblo y los ciudadanos gobiernen a través de sus representantes, sometidos a control. La consecuencia de esta aproximación, por supuesto, es que los derechos políticos han comenzado a dejar de estar reducidos a los que generalmente se habían enumerado expresa y aisladamente en las Constituciones, como ha sido el caso de los derechos al sufragio, al desempeño de cargos públicos, a asociarse en partidos políticos, y más recientemente, a la participación política en forma directa; pudiéndose identificar, además, un derecho a la democracia que los comprende a todos.

Este derecho a la democracia, exige el funcionamiento de un régimen político en el cual se garanticen los *elementos esenciales* de la misma, que son, tal como por ejemplo fueron enumerados por la *Carta Democrática Interamericana* de la Organización de Estados Americanos en 2001, además del respeto al conjunto de los derechos humanos y de las libertades fundamentales, los siguientes: 1) el acceso al poder y su ejercicio con sujeción al Estado de derecho; 2) la celebración de elecciones periódicas, libres, justas y

---

164 Véase Allan R. Brewer-Carías, "Prólogo: Sobre el derecho a la democracia y el control del poder", al libro de Asdrúbal Aguiar, *El derecho a la democracia. La democracia en el derecho y la jurisprudencia interamericanos. La libertad de expresión, piedra angular de la democracia*, Editorial Jurídica Venezolana, Caracas 2008, 19 ss.; "Sobre las nuevas tendencias del derecho constitucional: del reconocimiento del derecho a la Constitución y del derecho a la democracia", en *VNIVERSITAS, Revista de Ciencias Jurídicas (Homenaje a Luis Carlos Galán Sarmiento)*, Pontificia Universidad Javeriana, facultad de Ciencias Jurídicas, N° 119, Bogotá 2009, pp. 93-111; "Algo sobre las nuevas tendencias del derecho constitucional: el reconocimiento del derecho a la constitución y del derecho a la democracia," en Sergio J. Cuarezma Terán y Rafael Luciano Pichardo (Directores), *Nuevas tendencias del derecho constitucional y el derecho procesal constitucional*, Instituto de Estudios e Investigación Jurídica (INEJ), Managua 2011, pp. 73-94.

basadas en el sufragio universal y secreto, como expresión de la soberanía del pueblo; 3) el régimen plural de partidos y organizaciones políticas y 4) la separación e independencia de los poderes públicos (Art. 3).

En cualquier democracia, por tanto, puede decirse que el ciudadano tiene derecho a que se garanticen todos esos elementos esenciales, los cuales incluso, en muchas Constituciones se han configurado como alguno de los mencionados derechos políticos individualizados, como es el caso del derecho a ejercer funciones públicas, del derecho al sufragio, o del derecho de asociación en partidos políticos. Sin embargo, considerados en su conjunto, y destacándose en particular entre ellos el relativo a la separación de poderes, se pueden configurar, globalmente, como integrando un "derecho a la democracia" que está destinado a garantizar el control efectivo del ejercicio del poder por parte de los gobernantes, y a través de ellos, del Estado.

Este derecho a la democracia, por supuesto, sólo puede configurarse en un Estado de derecho, no siendo concebible en los Estados con regímenes autoritarios donde, precisamente, los anteriormente mencionados elementos esenciales no pueden ser garantizados por la ausencia de controles respecto del ejercicio del poder, aun cuando pueda tratarse de Estados en los cuales, en fraude a la Constitución y a la propia democracia, los gobiernos puedan haber tenido su origen en algún ejercicio electoral.

La democracia, por tanto, está indisolublemente ligada al control del poder, derivado de la separación de los diversos poderes del Estado que se estableció en todas las Constituciones que se formularon después de las revoluciones norteamericana y francesa, convirtiéndose además en otro de los pilares fundamentales del constitucionalismo moderno. Así, la propia democracia como régimen político está montada sobre el derecho ciudadano a controlar el poder para asegurar que quienes sean electos para gobernar y ejercer el poder estatal en representación del pueblo, no abusen del mismo. Por ello, desde la misma Declaración de Derechos del Hombre y del Ciudadano de 1789 se estableció, con razón, que "toda sociedad en la cual no esté determinada la separación de los poderes, carece de Constitución" (Art. 16).

Por ello, más doscientos años después, pero con su origen en aquellos postulados, en el orden constitucional interno de los Estados democráticos de derecho, es posible entonces identificar un derecho a la democracia conformado por los antes mencionados *elementos esenciales* que se complementan con sus *componentes fundamentales,* enumerados también en la misma *Carta Democrática Interamericana,* y que son los siguientes: 1) la transparencia de las actividades gubernamentales; 2) la probidad y la responsabilidad de los gobiernos en la gestión pública; 3) el respeto de los derechos sociales; 4) el respeto de la libertad de expresión y de prensa; 5) la subordinación constitucional de todas las instituciones del Estado a la autoridad civil legalmente constituida y 6) el respeto al Estado de derecho de todas las entidades y sectores de la sociedad (Art. 4).

Al igual que algunos de los antes mencionados elementos esenciales de la democracia, muchos de estos componentes fundamentales también se han configurado en las Constituciones como derechos ciudadanos individualizados, como es el caso, por ejemplo, el conjunto de derechos sociales y la libertad de expresión del pensamiento. Sin embargo, también considerados en su conjunto, junto con los elementos esenciales, estos componentes fundamentales de la democracia son los que permiten reafirmar la existencia del derecho ciudadano a la democracia, como derecho fundamental en sí mismo, lo que implica por sobre todo, la posibilidad ciudadana de controlar el ejercicio del poder.

Por ello es precisamente que en el mundo contemporáneo, la democracia no sólo se define como el gobierno del pueblo mediante representantes elegidos, es decir, donde se garantice el acceso al poder de acuerdo con sujeción al Estado de derecho, sino además y por sobre todo, como un gobierno sometido a controles, y no solo por parte del Poder mismo conforme al principio de la separación de los poderes del Estado, específicamente del Poder Judicial y del Juez Constitucional, sino por parte del pueblo mismo, es decir, de los ciudadanos, individual y colectivamente considerados, y precisamente a ello es que tienen derecho los ciudadanos cuando hablamos del derecho a la democracia.

Entre los componentes del derecho a la democracia, por tanto, está no sólo el derecho a la representación política, lo que implica que los gobernantes sean electos como resultado del ejercicio del derecho al sufragio, sino que el acceso al poder en cualquier caso se haga con arreglo a la Constitución y a las leyes, es decir, a los principios del Estado de derecho.

Esos derechos, en un Estado de derecho, deben ser garantizados por el Juez Constitucional quien es el llamado a asegurar no sólo que el ejercicio del poder por los gobernantes se realice de acuerdo con el texto de la Constitución y las leyes, sino que el acceso al poder se realice conforme a las previsiones establecidas en las mismas.

En particular, en el sistema democrático establecido en la Constitución, el Juez Constitucional es el que tiene que tener a su cargo el controlar que el acceso al poder se realice sólo mediante métodos democráticos, de manera que pueda tener competencia, por ejemplo, para controlar la constitucionalidad no sólo de la elección sino de la designación de gobernantes, e incluso del comportamiento de los partidos políticos, pudiendo proscribir, por ejemplo, aquellos partidos con fines no democráticos cuyo objetivo es precisamente destruir la democracia.

Por tanto, frente a violaciones constitucionales que signifiquen ruptura del hilo constitucional en el acceso y ejercicio del poder, por ejemplo, cuando mediante un golpe de

Estado o un golpe a la Constitución se deponga al Presidente de la República, o cuando se asume un cargo de elección popular sin tener la legitimidad democrática derivada del sufragio para ello, el Juez Constitucional tiene que asumir el reto de restablecer el orden constitucional violado.

La garantía del derecho a la democracia, por tanto, significa que el Juez Constitucional es el que en última instancia debe velar porque el acceso al poder se realice por métodos democráticos, conforme a lo dispuesto en las constituciones en materia de representación y sufragio. En cambio, resultaría totalmente inconcebible que en un Estado democrático de derecho, sea el propio Juez Constitucional el que viole el principio democrático, y sea dicho Juez el que designe para ocupar un cargo de elección popular, a quien no ha sido electo por el pueblo. Ello sería un contrasentido y un atentado al Estado de derecho, particularmente porque el Juez Constitucional no es controlable por ningún otro órgano.

III
LA SEPARACIÓN Y LIMITACIÓN DEL PODER COMO GARANTÍA DE LA LIBERTAD

Del principio de la democracia deriva el tercero de los principios fundamentales del Estado de derecho que es la existencia de un sistema de distribución, separación o división del poder, conforme al cual el Parlamento o el órgano legislativo sancionan las leyes, y los órganos ejecutivos, administrativos y judiciales son los encargados de hacerlas cumplir. Este sistema de distribución, separación o división del poder del Estado tiene por finalidad, además de la racionalización del ejercicio de las potestades públicas, garantizar los derechos y libertades de los ciudadanos.

Conforme al mismo, se considera como Legislador, en sentido formal y estricto, sólo a aquellos cuerpos electos por el pueblo y que lo representan. Por ello, los órganos ejecutivos nunca pueden considerarse como legisladores, en el sentido de poder sancionar, por ejemplo, normas que puedan limitar los derechos y garantías constitucionales, crear impuestos o tipificar delitos (reserva legal).

Este sistema de distribución, separación o división del poder conlleva, además, como componente fundamental, el principio de la autonomía e independencia de los jueces, lo cual también sirve como garantía de los derechos constitucionales. En consecuencia, las personas que ejercen cargos legislativos o ejecutivos, nunca pueden actuar como jueces.

En todo caso, en el régimen del Estado de Derecho, el sistema de distribución, separación o división del poder no es ni absoluto ni rígido, existiendo numerosas interrelaciones entre los diferentes órganos del Estado, lo que permite entre ellos, el ejercicio de un control mutuo o balanceado a través del llamado sistema de pesos y contra pesos, que, de hecho, equilibra la distribución del poder del Estado.

Por otra parte, el sistema se caracteriza por una serie de elementos, entre los cuales se encuentra la supremacía de la ley producto del Poder Legislativo, en relación con los poderes Ejecutivo y Judicial, cuyos órganos son los encargados de hacer cumplir dicha Ley. Sin embargo, esta primacía de la ley no equivale necesariamente a la soberanía del Parlamento, por lo que para evitar cualquier tipo de absolutismo por parte del Legislador o lo que se ha llamado la "dictadura electiva,"[165] el Poder Legislativo necesariamente debe estar subordinado a la Constitución. Por ello, en vista de que el Legislador está limitado por la Constitución, en el Estado de Derecho tiene que existir un sistema destinado a controlar la constitucionalidad de sus actos, cuyo ejercicio se atribuye a tribunales ordinarios o especiales, precisamente, con el objeto de, garantizar a los ciudadanos que las leyes se conformen a la Constitución.

En todo caso, en este sistema de distribución, separación o división del poder, como se ha señalado, la independencia del Poder Judicial con respecto al Poder Legislativo y al Poder Ejecutivo, es un elemento fundamental del Estado de Derecho, a tal punto que se puede afirmar que el Estado de Derecho es aquél en el cual los jueces son autó-

---

165 Hailsham, *Elective Dictatorship*, 1976, citado por P. Allott "The Courts and Parliament: Who whom?", *Cambridge Law Journal*, Vol. 38, 1, 1979, p. 115 Hegg ha señalado también que en algunas ocasiones el Parlamento se ha transformado "virtualmente en una dictadura electiva. El sistema de partido hace que la supremacía de un gobierno como este sea automática y casi incuestionable". Citado por M. Zanders, *A Bill of Rights?*, Londres 1980, p. 5.

nomos e independientes,[166] y naturalmente, aquél, en el cual incluso, existen garantías procesales para evitar abusos de poder por parte de los propios jueces.[167]

Este principio de distribución, separación o división del poder, también se encuentra en el inicio de la configuración del Estado de Derecho, tal y como lo concibieron los teóricos del absolutismo, principalmente Locke, Montesquieu y Rousseau, antes de las Revoluciones del Siglo XVIII.

1. Antecedentes teóricos

En efecto, John Locke, teórico del sistema político que resultó de la Gloriosa Revolución inglesa de 1689, en su *Two Treaties of Government* (1690), puede considerarse que fue el primer ideólogo que se pronunció contra el absolutismo al abogar por la limitación del poder político del Monarca. Su propuesta, enmarcada en el desarrollo del Parlamento inglés en sus relaciones con el rey, la fundamentó en la consideración de la condición natural del hombre y en el contrato social que dio origen al Estado.

Según Locke, los hombres entraron en un contrato social con el objeto de proteger sus vidas, libertades y pose-

---

166 Véase Allan R. Brewer-Carías, "El principio de la separación de poderes como elemento esencial de la democracia y de la libertad, y su demolición en Venezuela mediante la sujeción política del Tribunal Supremo de Justicia," en *Revista Iberoamericana de Derecho Administrativo, Homenaje a Luciano Parejo Alfonso,* Año 12, N° 12, Asociación e Instituto Iberoamericano de Derecho Administrativo Prof. Jesús González Pérez, San José, Costa Rica 2012, pp. 31-43.

167 Véase Allan R. Brewer-Carías, "Prólogo" al libro de Gustavo Tarre Briceño, *Solo el poder detiene al poder, La teoría de la separación de los poderes y su aplicación en Venezuela*, Colección Estudios Jurídicos N° 102, Editorial Jurídica Venezolana, Caracas 2014, pp. 13-49.

siones, los tres bienes básicos que calificó, en general, como "propiedad." Esta fue la que le dio al hombre su status político; o según sus palabras:

> "porque libertad es ser libre de presiones y violencias por parte de otros; lo que no sucede allí donde no hay Ley. Pero la libertad no es, tal y como se nos enseñó, la libertad de disponer y ordenar como se desee de su persona, acciones, posesiones˙ y de toda su 'propiedad.'"[168]

Naturalmente, este contrato social, tal y como lo concibió Locke, cambió la condición natural del hombre, buscando impedir la formación de gobiernos en los cuales el hombre se encontrara en un situación peor que la que tenía con anterioridad. En consecuencia, un gobierno absoluto no se podía considerar como un gobierno civil y legítimo. Si el Estado surgió como protector de los "derechos naturales" que no desaparecieron con el contrato social, su opresión o desaparición debido a la acción de un Estado absoluto, justificaba la resistencia de los hombres frente al abuso de poder.[169]

En esta concepción del Estado, el poder de sus autoridades, por tanto, debía ser limitado. Por ello, dentro de las medidas concebidas para racionalizar y limitar el poder, Locke desarrolló su clásica fórmula de distribución de las funciones del Estado, considerando algunas de esas funciones, como poderes. En el párrafo 131 de su libro *Two Treaties of Government*, expresó lo siguiente:

> "... y quien quiera que tenga el poder legislativo o supremo de cualquier Comunidad organizada está

---

168 Véase J. Locke, *Two Treaties of Government*, (ed. Peter Laslett). Cambridge 1967, párrafo 57, p. 324.
169 *Idem.*, p. 211.

compelido a gobernar mediante las leyes establecidas, promulgadas y conocidas por todos y no por decretos extemporáneos; mediante jueces imparciales y justos quienes deben decidir las controversias conforme a esas leyes; y a emplear la fuerza de la Comunidad en el orden interno, sólo en ejecución de dichas Leyes, o en el extranjero para prevenir o corregir daños provocados por extranjeros y proteger á la Comunidad de incursiones e invasiones."[170]

En esta forma, Locke distinguió cuatro funciones del Estado: la de legislar, la de juzgar, la de hacer uso de la fuerza en el orden interno en ejecución de las leyes, y la de emplear la fuerza en el extranjero, en defensa de la comunidad. A la primera función, la de hacer las leyes, le asignó el nombre de *Poder Legislativo* "al cual los demás poderes están y deben estar subordinados;"[171] a la tercera función, la denominó *Poder Ejecutivo*, comprendiendo "la ejecución de las leyes municipales de la sociedad dentro de ella misma y por sobre sus componentes;"[172] y la cuarta función, que denominó *Poder Federativo*, incluía el "poder de la guerra y de la paz, las ligas y alianzas de los acuerdos con todas las personas o comunidades fuera del Estado."[173]

De todas las funciones que le asignó al Estado soberano, la única que no consideró como un "poder" fue la *función de juzgar*, respecto de la cual, Peter Laslett, en su "Introducción" al libro de Locke, expresó que en su concepción esta:

---

170 *Idem.*, p. 371.
171 *Idem.*, párrafos 134, 149, 150, pp. 384, 385. Véase los comentarios de Peter Laslett, "Introducción", p. 117.
172 *Idem.*, p. 177.
173 *Idem.*, p, 338. Con respecto al nombre que Locke le dio a este poder, expresó: "si a alguien le gusta. Y para que resulte claro, el nombre me es indiferente". *Idem.*, p. 383.

"no era un poder separado, pues era un atributo general del Estado."[174]

En este esfuerzo por racionalizar las funciones del Estado, la novedad, en su época, de la tesis de Locke, residió en la distinción hecha entre la facultad de legislar (Poder Legislativo) y la de utilizar la fuerza en la ejecución de las Leyes (Poder Ejecutivo). En este contexto, no era necesario individualizar el poder de juzgar atribuido a funcionarios imparciales que, específicamente en Inglaterra, realizaban una función tradicional en la sociedad organizada.

En todo caso, es importante observar que Locke se limitó a racionalizar y sistematizar las funciones del Estado Soberano, no formulado, en realidad, "teoría" alguna sobre la división del poder, y mucho menos sobre su separación. Es más, de la obra de Locke no se puede inferir tesis alguna en el sentido de que propugnara que el poder del Estado tenía que estar en manos distintas con el objeto de preservar la libertad o garantizar los derechos individuales.[175] Sin embargo, sí admitió que si las funciones se llegaban a distribuir en diferentes manos, se podría obtener un equilibrio; tal y como lo mencionó en su libro: "equilibrar el poder del Gobierno colocando las diversas partes en manos diferentes."[176]

Quizá la contribución fundamental de Locke al principio de distribución del poder residió en su criterio de que a lo que llamó poderes Ejecutivo y Federativo debían necesariamente estar en las mismas manos,[177] así como en su criterio de la supremacía del Poder Legislativo sobre los demás, al punto en que las funciones ejecutiva y judicial

---

174 Véase P. Laslett, "Introducción", *loc. cit.*, p. 118.
175 *Idem.*, pp. 117-118.
176 *Idem.*, pp. 107. 350.
177 *Idem.*, p. 118.

debían realizarse en ejecución y de conformidad con las leyes sancionadas y debidamente publicadas.[178]

Para Locke, esta supremacía del Poder Legislativo era, precisamente, la consecuencia de la supremacía del Parlamento sobre el Monarca, como resultado de la Gloriosa Revolución de 1689.

Ahora bien, esta teoría de la distribución del poder que tuvo tanta influencia en el constitucionalismo moderno, al convertirse la división del poder durante la Revolución Francesa, en una "separación de poderes," tuvo su formulación fundamental en los también muy conocidos trabajos de Carlos Secondat, Barón de Montesquieu.

Según Montesquieu, la libertad política sólo existía en aquellos Estados en los que el Poder del Estado, conjuntamente con las funciones correspondientes, no se encontraba en manos de la misma persona o del mismo cuerpo de magistrados.[179] Esa es la razón por la cual, en su famoso trabajo *De l'esprit des Lois*, insistió en que:

> "Es una experiencia eterna que todo hombre que tiene poder tiende a abusar de él; y lo hace hasta que encuentra límites... Para que no se pueda abusar del poder es necesario que por la disposición de las cosas, el poder limite al poder."[180]

---

178 Véase M. J. C. Vile, *Constitutionalism and the separation of Powers*, Oxford, 1967, p. 36. Como lo decía Locke: "Sólo puede existir un poder supremo, a saber el Legislativo, al que todos los demás tienen y tendrán que subordinarse" ... "porque el que puede dar leyes a otro debe necesariamente ser superior", Cap. XIII, pp. 149-150.

179 Véase A. Passerin d'Entrèves, *The Notion of State. An Introduction to Political Theory*. Oxford 1967, p. 120.

180 Véase Montesquieu, *De l'Esprit des Lois* (ed. G. Truc). París 1949, Vol. I, Libro XI, Cap. IV, pp. 162-163.

A partir de su estudio comparado sobre los diferentes Estados que existían en la época (1748), Montesquieu llegó a la conclusión de que Inglaterra era el único Estado cuyo objetivo primordial era la libertad política, y esa es la razón por la que en el muy conocido capítulo VI del volumen XI de su libro, al estudiar la "Constitución de Inglaterra", formuló su teoría sobre la división del Poder en tres categorías:

> "La potestad legislativa, la potestad ejecutiva de las cosas que dependen del derecho internacional y la potestad ejecutiva de aquellos que dependen del derecho civil. Mediante la primera, el Príncipe o el magistrado hace las leyes por un período de tiempo o para siempre. Mediante la segunda, hace la paz o la guerra o envía o recibe embajadores, establece la seguridad, previene las invasiones. Mediante la tercera castiga los crímenes, juzga los conflictos entre los particulares. Esta última se puede denominar la potestad de juzgar y la otra, simplemente la potestad ejecutiva del Estado."[181]

Siguiendo el ejemplo de Locke, Montesquieu, en realidad, también definió diferentes funciones o potestades del Estado: la potestad de hacer las leyes, la potestad de juzgar y la potestad ejecutiva, englobado en esta última, las funciones que Locke había calificado como poder federativo y poder ejecutivo.

Sin embargo, la innovación de la división del Poder en Montesquieu, y lo que lo distinguió del enfoque de Locke fue, por una parte, su proposición de que para garantizar la libertad las tres potestades no debían encontrarse en las mismas manos; y por la otra, en que en su división del poder, todas debían estar en un mismo nivel de igualdad pues

---

181 *Idem.*, Vol. I, pp. 163-16.

de otra manera, el poder no podría frenar al poder. En el mismo Capítulo VI del Volumen XI *De l'Esprit des Lois*, Montesquieu expresó que:

> "...Cuando la potestad legislativa está reunida con la potestad ejecutiva en la misma persona o en el mismo cuerpo de magistrados, no hay libertad alguna... Así como tampoco hay libertad alguna si la; potestad de juzgar no está separada de la potestad legislativa y ejecutiva... Todo estaría perdido si el mismo hombre o el mismo cuerpo de magistrados, o de nobles, o del pueblo, ejercieran esos tres poderes; el de elaborar las leyes, el de ejecutar resoluciones públicas y el de juzgar los deseos o conflictos de los particulares.[182]"

Como consecuencia y sacrificando la libertad, Montesquieu afirmó:

> "... los Príncipes que han querido volverse déspotas, siempre han comenzado por reunir en su persona todas las magistraturas."[183]

Dentro de esta concepción, por supuesto, también estaba presente el concepto de libertad, conforme al mismo punto de vista de Locke. Montesquieu, incluso, afirmó en términos muy similares a los empleados por Locke, que:

> "...Es cierto que en las democracias, el pueblo parece hacer lo que quiere; pero la libertad política no con-

---

[182] *Idem.*, Vol. I, p. 164. En el mismo Cap. VI. libro XI, Montesquieu añadió que "Cuando (el poder judicial) se une al legislativo, la vida y la libertad del sujeto se verá expuesta al control arbitrario; porque el juez será en ese momento legislador. Cuando se une al poder ejecutivo, el juez puede comportarse con violencia y opresión". *Cfr.* Ch. H. McIlwain, *The High Court of Parliament and its Supremacy*, Yale 1910, pp. 322-323.

[183] *Idem.*, Vol. I, p. 169.

siste en hacer lo que se desea. En un Estado es decir, en una sociedad donde existen leyes, la libertad sólo puede consistir en el poder de hacer lo que se debe querer y en no ser obligado a hacer lo que no se debe querer."[184]

Pero, en contraste con lo que sucedía en aquél entonces en Inglaterra, cuya Constitución analizaba Montesquieu, y donde después de la Gloriosa Revolución el Parlamento había asegurado su supremacía, en su concepción de la división del poder no había proposición alguna que otorgase superioridad a una potestad pública sobre otra, aun cuando al definir la potestad legislativa, como "la voluntad general del Estado" y la potestad ejecutiva, como "la ejecución de esa voluntad general,"[185] podría deducirse que esta última, al consistir en la ejecución de la anterior, podía quedar sujeta a la voluntad de la primera. Esto sin embargo, en ningún caso podía entenderse en el sentido de subordinación política.

Por el contrario, Montesquieu concibió las tres potestades tan iguales que así podían frenarse mutuamente, como la única forma posible de cooperación en beneficio del mantenimiento de la libertad política. Esta es la razón por la cual Montesquieu concluyó con su famosa proposición de que:

> "estas tres potestades deberían constituir un descanso o una inacción. Pero, como por el movimiento necesario de las cosas, ellas deben avanzar necesariamente, están obligadas a hacerlo en concierto."[186]

---

184 *Idem.*, Vol. Libro XI, Cap. III, p. 162.
185 *Idem.*, Vol. I, p. 166.
186 *Idem.*, Vol. I. p. 172.

Resulta claro, en todo caso, que tanto la concepción de Montesquieu como la de Locke fueron formuladas bajo el absolutismo. Ambos eran teóricos de la Monarquía Absoluta y es por ello que sus concepciones sobre la división del poder del Soberano, eran más una doctrina jurídica que un postulado político; en otras palabras, las teorías que formularon no respondían a la pregunta de quién debía ejercer la Soberanía, sino sobre cómo debía organizarse el poder para alcanzar ciertos objetivos.[187]

Pero además de las contribuciones de Locke y de Montesquieu, para la elaboración del principio de la limitación del poder, la concepción de Rousseau sobre la ley también ocupó un lugar preeminente en la teoría política que condujo a la reacción contra el Estado Absoluto y al surgimiento del Estado de Derecho. Esta concepción derivó en el postulado de la subordinación del Estado a la Ley, que sus propios órganos dictan. Es decir, permitió que surgiera el principio de legalidad y la consolidación del Estado de Derecho.

En efecto, tal como lo expresó Rousseau, el pacto o contrato social es la solución dada al problema de encontrar una forma de asociación:

> "que defienda y proteja, con toda la fuerza común, la persona y los bienes de cada asociado, y mediante la cual cada uno, unidos a todos, sólo obedezca a sí mismo y permanezca con la misma libertad de antes."[188]

---

187 Véase A. Passerin d'Entrèves, *op. cit.*, p. 121.
188 Véase J. J. Rousseau, *Du contrat Social*, (ed. Ronald Grimsley), Oxford 1972, Libro I, Cap. VI, p. 114.

En esta forma se realizó "la transición del estado natural al estado civil."[189] Pero como el mismo Rousseau lo señalara, si bien:

> "a través del pacto social hemos dado existencia y vida al cuerpo político; ahora se trata de darle el movimiento y la, libertad, mediante la legislación."[190]

En esta forma, y esa fue la innovación de su proposición, las leyes, como forma de manifestación del Soberano son las que le dan movimiento y voluntad al Estado, producto del pacto social, en tanto en cuanto se trata de "actos de la voluntad general que estatuyen sobre una materia general". Rousseau, entonces, no sólo construyó la teoría de la ley como "acto de la voluntad general," a cuyas disposiciones deben someterse todas las actuaciones de los particulares, sino que estableció el principio de la generalidad de la ley, el cual, en consecuencia, permitió la reacción contra los privilegios, que también es otro de los elementos básicos del Estado de Derecho.[191]

Sin embargo, Rousseau limitó a dos las funciones del Estado: hacer las leyes y ejecutarlas, a las cuales calificó, conforme a la terminología de Montesquieu, como potestad legislativa y potestad ejecutiva.[192] Pero aquí tampoco se trataba de una doctrina de la separación de poderes, sino, conforme a las orientaciones de Locke y Montesquieu, de una doctrina de la división del poder, que es uno solo: el del Soberano, que resultaba del pacto social o de la integración de la voluntad general.[193]

---

189 *Idem.*, Libro I, Cap. VIII, p. 19.
190 *Idem.*, Libro II, Cap. V, p. 134.
191 *Idem.*, Libro II, Cap. V, p. 136.
192 *Idem.*, Libro II, Cap. I, p. 153.
193 Véase R. Grimsley, "Introduction", en Rousseau, *op. cit*, p. 35.

Rousseau tampoco estaba a favor de colocar ambas funciones del poder —la expresión de la voluntad general a través de las leyes y la ejecución de dichas leyes— en las mismas, manos. Por consiguiente, adoptando el mismo enfoque que Montesquieu, también recomendó que dichas funciones fuesen ejercidas por diferentes cuerpos, aun cuando a diferencia de Montesquieu, insistió en la necesaria subordinación que debía tener quien ejecutaba la ley, en relación a quien la elaboraba.

Según el enfoque de Locke y dentro del sistema inglés esto permitió garantizar la subsiguiente supremacía del Parlamento, de la legislación y la Ley, luego desarrollada en Europa continental. Además, sin duda, la supremacía de la Ley iba a transformarse en la piedra angular del Derecho Público dentro del marco del Estado de derecho en Europa, permitiendo el desarrollo del principio de igualdad, particularmente con respecto al Gobierno.

En este aspecto, Rousseau también coincidió con Montesquieu. De hecho, Rousseau expresó: "yo denomino en consecuencia, República, todo Estado regido por leyes."[194] Por su parte, Montesquieu también estableció como base de la existencia del "Estado" el que hubiera leyes, señalando "En un Estado, es decir, en una sociedad en la que existen leyes..."[195]

2. *El efecto de las Revoluciones francesa y americana*

Puede afirmarse, en general, que las obras de Locke, Montesquieu y Rousseau configuraron todo el arsenal teórico-político para la reacción en contra del Estado absoluto y su sustitución por un Estado que actuaba conforme a derecho, basado en la separación de poderes como garantía

---

194 *Idem.*, Libro III, Cap. VI.
195 Véase Montesquieu, *op. cit.*, Libro IX. Cap. III, p. 162.

de la libertad. Esta reacción se produjo en América del Norte, con la Revolución de independencia (1776), y en Europa continental con la Revolución francesa (1789), y basadas ambas en la exaltación del individualismo y de la libertad.

En efecto, todas las teorías antes mencionadas se basaron en el análisis de la condición natural del hombre y en la configuración de un pacto o contrato social que establecía un Soberano como mecanismo para proteger la libertad. Esta fue la base para la subsiguiente exaltación del individualismo y la consagración de los derechos, no sólo de los ciudadanos de un Estado en particular, sino también del Hombre, con la consecuente construcción del liberalismo político y económico.

Igualmente se consideró necesario el que el poder del Estado, como producto de pacto social, también se dividiera y racionalizara a fin de evitar que el Soberano abusara de ese poder. Por ello, la Declaración Universal de los Derechos del Hombre y del Ciudadano de 1789 fue precisa al proclamar que "en cualquier sociedad en la cual las libertades no estuvieran debidamente garantizadas y no estuviese determinada la separación de poderes, no hay Constitución."Con ese fin, las funciones del Estado fueron sistematizadas y el poder dividido, abriéndose así, camino para la adopción de una fórmula diferente y más radical: la "separación de poderes", como una garantía de la libertad.

Sobre ello, al comienzo del constitucionalismo americano Madison señaló:

> "La acumulación de todos los poderes, legislativo, ejecutivo y judicial en las mismas manos, bien sea de uno, de pocos o de muchos, ya sea hereditario, auto-

otorgado o electivo, puede considerarse justamente, como la definición de la Tiranía."[196]

Esa es la razón por la cual el principio de la separación de poderes también fue uno de los elementos esenciales de la Constitución americana. Por ejemplo, la Constitución de Massachusetts de 1780 contenía expresiones categóricas, como la siguiente:

"En el gobierno de esta Comunidad, el departamento legislativo no deberá ejercer los poderes ejecutivo y judicial, o alguno de ellos. El ejecutivo nunca deberá ejercer los poderes legislativo y judicial, o alguno de ellos. El judicial nunca deberá ejercer los poderes legislativo y ejecutivo, o alguno de ellos. En fin, debe ser un gobierno de leyes, no de hombres."[197]

Además, se consideraba que el poder del. Soberano (el pueblo) se actualizaba con la elaboración de las leyes, las cuales no sólo eran indispensables para la existencia del Estado mismo, sino que eran una garantía de la libertad civil y política; por ello, la función legislativa ejercida por

---

196 Véase J. Madison, *The Federalist*, (ed. B. F. Wright) Cambridge Mass. 1961, N° 47, p. 336.
197 Art. XXX, *Massachusetts General Law Anotated*. St. Paul, Minn. Vol. 1-A, p. 582. En 1776, la Constitución de Virginia también tenía una declaración sobre la separación de poderes, considerado como "la afirmación más precisa de la doctrina que había aparecido en la época". Véase M. J. C. Vile, *op. cit.*, p. 118. El artículo 3 de la Constitución expresaba: "Los poderes Legislativo, Ejecutivo y Judicial estarán separados y diferentes, de manera que ninguno ejerza poderes que pertenezcan en propiedad a los demás; ninguna persona tampoco ejercerá los poderes de más de uno de esos al mismo tiempo, salvo respecto de los magistrados de tribunales de condado quienes podrán ser elegibles a cualquier Cámara del Parlamento".

los representantes del Soberano, ocupaba una posición superior en relación a las demás fundones ejecutivas.

En consecuencia, en este concepto que surgió de la Revolución francesa, todos los actos, tanto de los órganos del Estado como de los particulares, estaban sujetos a la ley, entendiéndose por ley, un acto de la voluntad general. Ello dio origen al principio de la legalidad.

En consecuencia, el Estado de Derecho y el liberalismo se basaron en los conceptos de libertad, de separación de poderes, de supremacía de la ley y del principio de legalidad. Como resultado, desde su origen, la esencia del Estado de derecho, a diferencia del Estado Absoluto, descansó en el principio de la subordinación del Estado y de su Administración a la legalidad, en otras palabras, de la sumisión necesaria del Estado a la ley, la cual establecía límites al poder.

Sin embargo, dicha subordinación no siempre estuvo garantizada en forma definitiva, en los países europeos que adoptaron el modelo de Estado de derecho. Por ejemplo, la concepción en forma extrema del principio de la separación de poderes en Francia, en sus inicios, impidió toda interferencia de un poder respecto de otro, de manera que el poder judicial no podía garantizar a los individuos que los órganos ejecutivos estarían subordinados a la legalidad. Prueba de ello fue la famosa Ley sobre Organización Judicial del 16/24 de agosto de 1790 que estableció que:

"Las funciones judiciales están y siempre deberán estar separadas de las funciones administrativas. Cualquier interferencia por parte de los jueces en las actividades de los cuerpos administrativos, o cualquier citación enviada por dichos jueces a los administradores, por motivos relacionados con sus funciones, constituirán una violación de sus deberes."[198]

Posteriormente, la Ley de 16 Fructidor del año III (1795), ratificó que:

"Los jueces, bajo pena de ley, tienen la prohibición de conocer de actos administrativos, sea cual sea su naturaleza."[199]

Como resultado de esta concepción extrema de la separación de poderes en Francia, la jurisdicción administrativa se tuvo que configurar paulatinamente como una jurisdicción separada del orden judicial para juzgar a la Administración. Si los jueces incurrían en prevaricación si interferían en las funciones administrativas, para poder juzgar los actos administrativos tuvo que configurarse una jurisdicción especial, diferente y separada del Poder Judicial, inicialmente inserta dentro de la Administración y que en su evolución culminó con la atribución de funciones jurisdiccionales al Consejo de Estado.

Por otra parte, como consecuencia del concepto de supremacía del Parlamento y de la Ley que resultó de la Revolución francesa, cualquier tipo de control sobre la constitucionalidad de las leyes en Europa, era inconcebible, y ello resultó así hasta los inicios de este siglo. Incluso, aún en la actualidad en Francia no existe sino un precario sistema de control directo a *posteriori* de la constitucionalidad de las leyes (es decir, respecto de leyes promulgadas); y sólo fue en los períodos de postguerra, en los años veinte y a partir de los cuarenta, cuando se establecieron en otros

---

198 Véase J. Rivero, *Droit Administratif*, París 1973, p. 129; J. M. Auby y R. Drago, *Traité du Contentieux Administratif*, París 1984, Vol. I, p. 379.

199 Véase J. Rivero, *op. cit.*, p. 129.

países europeos, sistemas de control jurisdiccional de la constitucionalidad de las leyes, lo que aún sigue siendo inconcebible en el sistema constitucional británico.

En cuanto a la evolución del principio de la separación de poderes en Norteamérica, en la Constitución de los Estados Unidos de 1787, y previamente, en las distintas Constituciones de las antiguas colonias, el principio fue expresado formalmente por primera al propugnar la limitación del poder político. Así, por ejemplo, en la primera de esas Constituciones, la de *Virginia* en 1776, se estableció (Art. III):

> "Los Departamentos Legislativo, Ejecutivo y Judicial, deberán estar separados y distintos, de manera que ninguno ejerza los poderes pertinentes a otro; ni persona alguna debe ejercer más de uno de esos poderes al mismo tiempo...".

Es cierto que como se dijo, la Constitución norteamericana de 1787 no tiene una norma similar a esta dentro de su articulado, pero su principal objetivo fue, precisamente, organizar la forma de gobierno dentro del principio de separación de poderes, conforme a un sistema de frenos y contrapesos. Conforme a ello, todos los poderes legislativos le son confiados al Congreso; el Poder Ejecutivo se le confiere al Presidente; y el Poder Judicial de los Estados Unidos está en manos de la Corte Suprema.[200] La rigidez de la separación de poderes también resulta evidente del hecho de que el Gabinete ejecutivo es completamente independiente del Congreso, con el cual no mantiene una comunicación formal.[201] Por ello, particularmente, la Constitución norteamericana reguló los poderes del Ejecutivo en

---

200 Arts. 1,1; 2,1; y 3,1.
201 Véase M. García-Pelayo, *Derecho Constitucional Comparado*, Madrid 1957, p. 350.

lo que fue una nueva forma de gobierno, el presidencialismo, como opuesto al parlamentarismo, y una configuración particular del Poder Judicial, nunca antes conocida en la práctica constitucional.

De Tocqueville se refirió en su libro a estos dos aspectos del principio. En relación al Poder Ejecutivo, inmediatamente puntualizó que en los Estados Unidos, "el mantenimiento de la forma republicana exigía que el representante del Poder Ejecutivo estuviese sometido a la voluntad nacional;" de ahí que, -dijo- "el Presidente es un magistrado efectivo... el único y sólo representante del Poder Ejecutivo de la Unión." Pero anotó, "...al ejercer ese poder, no es por otra parte completamente independiente."

Esa fue una de las particulares consecuencias del sistema de frenos y contrapesos de la separación de poderes adoptados en los Estados Unidos, pero sin hacer al Poder Ejecutivo dependiente del Parlamento, como en los sistemas de gobierno parlamentarios.

Por ello, al comparar el sistema de las monarquías parlamentarias europeas con el sistema presidencial de los Estados Unidos, De Tocqueville se refirió al importante papel que el Poder Ejecutivo jugaba en Norteamérica en contraste con la situación de un Rey constitucional en Europa. Un Rey constitucional, observó, "no puede gobernar cuando la opinión de las Cámaras Legislativas no concuerda con la suya." En el sistema presidencialista, contrariamente, la sincera ayuda del Congreso al Presidente "es sin duda útil, pero no es necesaria para la marcha del gobierno."

La separación de poderes y el sistema presidencial de gobierno, en todo caso, fue seguido posteriormente en todas las repúblicas latinoamericanas, después de la Independencia o después de la experiencia de gobiernos monárquicos, como los que hubo en algunos países.

Durante el XIX y el siglo XX, la evolución del principio de separación de poderes y de la supremacía del legislador condujo paulatinamente a la subordinación del Estado y de todos sus órganos a la ley y a la legalidad, y al establecimiento de controles jurisdiccionales para ese fin, bien sea a través de tribunales especiales, creados en forma separada del Poder Judicial, o a través de Tribunales integrados al mismo. Esa subordinación y este control condujeron, a finales del siglo XIX, al verdadero nacimiento del Derecho Administrativo en Europa e incluso en Inglaterra, como una rama autónoma de las ciencias jurídicas, producto, sin duda, del afianzamiento del Estado de Derecho. Este Estado sometido a la legalidad es una victoria irreversible del Estado de Derecho, implantada en el mundo entero.

En todo caso, las características de la aplicación del principio de la separación de poderes naturalmente han variado de un país a otro; su justificación original, es decir, la garantía de la libertad, ya casi se ha olvidado; y, en muchos casos, incluso, se ha empleado para situaciones que no se habían contemplado originalmente.[202] En Inglaterra, por ejemplo, la separación de poderes se ha mantenido, pero basada en la supremacía del Parlamento sobre los diferentes órganos del Estado, de manera que los Tribunales están sujetos al Parlamento, una de cuyas Cámaras, incluso, actúa como una Alta Corte; permitiéndose a los Tribunales la posibilidad de controlar sólo a las autoridades administrativas.

El principio de la separación de poderes también ha prevalecido en los Estados Unidos de Norteamérica y en los Estados de América Latina, pero con el objetivo de separar claramente las funciones legislativa y ejecutiva, y

---

202 Véase I. Jennings, *The Law and the Constitution*, Londres 1972. pp. 25-28.

permitir a la Corte Suprema, incluso, declarar la inconstitucionalidad de actos del Congreso.

En Francia, dicho principio se desarrolló para hacer suprema a la Asamblea Nacional llevándose la separación de poderes, como se ha dicho, al extremo de impedir que los tribunales ordinarios controlen la legalidad de los actos administrativos, y eliminándose toda posibilidad de control a posteriori de la constitucionalidad de los actos del legislador.

En todo caso, el principio ha sufrido numerosos cambios debido a la interpretación y a la práctica constitucional. En primer lugar, conjuntamente con el principio de la separación de poderes, existe un sistema de control y equilibrio entre los poderes, de manera que, por ejemplo, el Ejecutivo siempre tiene algún tipo de participación en la actividad del Poder Legislativo, a través de la iniciativa legislativa, el veto presidencial a las leyes, y de la presentación del Mensaje anual ante el Congreso; y del Poder Judicial, a través de la prerrogativa del indulto. En cuanto al poder del Ejecutivo de nombrar funcionarios y ratificar Tratados, ello requiere la aprobación del Legislador, quien también interfiere en las funciones judiciales en casos de enjuiciamiento del Presidente, siendo responsable, dentro de los límites de la Constitución, de la organización del Poder Judicial. Finalmente, los Tribunales están autorizados para establecer sus normas de procedimiento, lo que indudablemente constituye el ejercicio de una función normativa; y ejercen el poder de controlar las acciones del mismo Congreso.[203]

Por último, por lo que respecta a Inglaterra, a pesar de los escritos de Montesquieu y de todas las obras producidas en el Siglo XVIII que veían en su sistema de gobierno

---

203 *Idem.*, p. 350. Véase en General, A y S. Tune. *Le Système Constitutionnel des Etats Unies d'Amerique*, 2 vols., París 1954.

un ejemplo vivo de la separación de poderes, la misma en la práctica nunca ocurrió siendo la situación en aquél entonces, la de una "dichosa mezcla" como la calificó Voltaire.[204]

La historia constitucional británica en efecto, lo que muestra es una serie de instituciones que han luchado y luchan por el poder del Estado, dando origen a un cierto equilibrio de poderes, en el cual se ha desarrollado un sistema de restricciones y auto-restricciones, con la prevalencia en realidad, del Parlamento, considerándose igualmente que el predominante pudiera ser el poder del Gobierno debido al control que ejerce sobre la Cámara de los Comunes y a la práctica de la legislación delegada, propios del sistema parlamentario británico.

Este hecho, destacado por casi todos los constitucionalistas del Reino Unido,[205] es la razón por la cual en el mundo contemporáneo Wade y Phillips hayan señalado que "en ausencia de una Constitución escrita, en el Reino

---

204 Citado por M. García-Pelayo, *op. cit.*, p. 283, *Cfr.* G. Marshall, *Constitutional Theory*, Oxford 1971, p. 97.

205 Por ejemplo, T. R. S. Allan observó que "la consecuencia política del consenso jurídico (que concibe la Constitución como un orden legal sujeto y dominado por el Parlamento, irrestricto y todo poderoso soberano) es la aplastante autoridad de un gobierno con una mayoría en la Cámara de los Comunes", y que "esta concentración de poder es la que se ve como una amenaza de los derechos y libertades fundamentales. Las restricciones constitucionales son por consiguiente necesarias para proteger esos derechos contra la usurpación irresponsable legislativa: lo que se debe hacer es contrarrestar el "desamparo de la ley frente a la soberanía legislativa del Parlamento" (Sir Leslie Scarman)", en "Legislative Supremacy and the rule of Law: Democracy and Constitutionalis", *The Cambridge Law Journal*, Vol. 44, (1), 1985. pp. 111-112.

Unido no hay una separación formal de poderes,"[206] particularmente entre el poder Legislativo y el Ejecutivo. En realidad, las necesidades prácticas del sistema parlamentario de gobierno han obligado al Parlamento a confiar en las políticas gubernamentales y a aceptar la voluntad del Gabinete en cuanto al programa legislativo, reservándose, sin embargo, el derecho a enmendar, criticar, cuestionar y hasta revocar las propuestas. Esas necesidades prácticas también han exigido la delegación, en el Ejecutivo, de una parte considerable de la potestad normativa.[207]

3. La separación de poderes en la Revolución hispanoamericana

El principio de la separación de poderes, en contraste con la tradición inglesa, en cambio, sí marcó el proceso constitucional de la América hispana desde su inicio en la revolución que se produjo en las Provincias de Venezuela a partir de 1810.

Ello se evidenció en la misma motivación que tuvo la Junta Suprema de Caracas constituida el 19 de abril de 1810, al convocar en junio de ese año a elecciones de los Diputados al Congreso General de Diputados de las Provincias, para "establecer una separación bien clara y pronunciada entre el ramo ejecutivo y la facultad dispositiva o fuente provisoria de la ley;"[208] de manera que al instalarse el Congreso electo, que sustituyó a dicha Junta Suprema,

---

206 Véase E. C. S. Wade y G. Godfrey Phillips, *Constitutional and Administrative Law*, (9 ed. por A. W. Bradley), Londres 1985, p. 53.

207 *Idem.*, pp. 49, 546.

208 Véase en *Textos Oficiales de la Primera República de Venezuela*, tomo II, Edición Biblioteca de la Academia de Ciencias Políticas y Sociales, Caracas, 1982, pp. 61 a 84. Véase también en Allan R. Brewer-Carías, *Las Constituciones de Venezuela*, Academia de Ciencias Políticas y Sociales, Tomo I, Caracas 2008.

reservándose el Poder Legislativo adoptó el principio de la separación de poderes para organizar el nuevo gobierno, designando el 5 de marzo de 1811 a tres ciudadanos para ejercer el Poder Ejecutivo Nacional, turnándose en la presidencia por períodos semanales, y constituyendo, además, una Alta Corte de Justicia para el ejercicio del Poder Judicial.

La Constitución Federal del 21 de diciembre de 1811, por supuesto, también tuvo entre sus pilares fundamentales la organización del Estado conforme al principio de la separación de poderes, para lo cual en el propio "Preliminar" de la misa se expresó el mismo indicando que:

> "El ejercicio de esta autoridad confiada a la Confederación no podrá jamás hallarse reunido en sus diversas funciones. El Poder Supremo debe estar dividido en Legislativo, Ejecutivo y Judicial, y confiado a distintos Cuerpos independientes entre sí y en sus respectivas facultades.

Además, el artículo 189 insistió en que:

> "Los tres Departamentos esenciales del Gobierno, á saber: el Legislativo, el Ejecutivo y el Judicial, es preciso que se conserven tan separados e independientes el uno del otro cuanto lo exija la naturaleza de un gobierno libre lo que es conveniente con la cadena de conexión que liga toda fábrica de la Constitución en un modo indisoluble de Amistad y Unión."

El principio de la separación de poderes, signado en la Constitución inicial por cierta debilidad del Poder Ejecutivo (colegiado) para precisamente evitar la formación de un poder fuerte, a lo que se atribuyó la caída de la Primera

República,[209] condicionó posteriormente toda la evolución constitucional de Hispanoamérica, buscando siempre el equilibrio entre los poderes.

El principio, por supuesto, estuvo fundado a su vez, en el principio de la supremacía constitucional, incorporado incluso formalmente en la Constitución Federal de Venezuela de 1811, con su garantía objetiva al proclamar la nulidad e invalidez de los actos estatales contrarios a la Constitución. De este principio derivó, progresivamente, el sistema de control judicial de la constitucionalidad de esos sistemas de distribución del poder, lo que llevó, incluso, al establecimiento formal de un sistema de control concentrado de la constitucionalidad de las leyes, desde 1858.[210]

4. La distribución del poder de Estado como garantía de libertad

De todo lo anterior se puede indicar que la idea del Estado de Derecho que derivó de las Revoluciones francesa y norteamericana y que se adoptó en Hispanoamérica a raíz de la Revolución de Independencia, se basó en el concepto de la limitación y distribución del poder, lo cual puede enfocarse desde tres puntos de vista.

En *primer lugar*, desde el punto de vista de la distribución del poder que por una parte corresponde a los órganos del Estado, y por la otra, a los individuos o ciudadanos, en

---

209 *Cfr.* C. Parra Pérez, *Historia de la Primera República de Venezuela,* Caracas, 1959, Tomo II, pp. 7 y 3 ss.; Augusto Mijares, "La Evolución Política de Venezuela" (1810-1960)", en M. Picón Salas y otros, *Venezuela Independiente, cit.,* Caracas 1962, p. 31. De ahí el calificativo de la "Patria Boba" que se le da a la Primera República. *Cfr.* R. Díaz Sánchez, "Evolución social de Venezuela (hasta 1960), en *idem,* pp. 199 y s.

210 Véase Allan R. Brewer-Carías, *El control jurisdiccional de la constitucionalidad de las leyes,* Caracas 1978.

el sentido de que existe una esfera de libertad para éstos, que está fuera del alcance del Estado, incluso como un hecho previo al Estado mismo. Esto implica la existencia de limitaciones en los poderes del Estado, pues la facultad del Estado de invadir y penetrar en la esfera de los derechos fundamentales es, en principio, limitada.

Incluso, en el Reino Unido esto se cumple en cierto modo, a pesar de la soberanía parlamentaria, la ausencia de una declaración formal de derechos fundamentales y el impensable control judicial de la legislación, Como lo señalara Winterton:

> "Durante siglos, y probablemente desde la época de la Revolución de 1688, el concepto de libertades personales prácticamente "inalienables" ha constituido una de las características muy resaltantes de la Constitución Británica: está implícita en el concepto británico del Estado de Derecho y ha llevado a la doctrina de la *natural justice* en derecho administrativo, así como a las normas para interpretar los estatutos de manera que no violen las libertades individuales."[211]

La segunda perspectiva de la distribución de poder en el Estado de Derecho se refiere a su distinción entre el Poder Constituyente y los Poderes Constituidos. El Poder Constituyente pertenece al pueblo, quien es el soberano y está reflejado en la Constitución, de manera que las leyes constituyentes sólo pueden ser sancionadas por el pueblo a través de sus representantes, de conformidad con las disposiciones de la Constitución. Por ello, los órganos que configuran los poderes constituidos no pueden invadir las actividades que corresponden al Poder Constituyente establecidas en la Constitución, y por consiguiente, toda invasión a dichas actividades invalida los actos así aprobados.

---

211 Véase G. Winterton, *loc. cit.*, p. 599.

La tercera vertiente del principio de distribución del poder en el Estado de Derecho se refiere a su disposición en la esfera de los poderes constituidos del Estado, mediante la atribución, por la Constitución, de una serie de facultades o funciones a los diferentes órganos del Estado.

Este último principio de organización o distribución del poder tiene a su vez dos connotaciones fundamentales: en primer lugar, la clásica distribución horizontal del poder o separación orgánica de poderes, que distingue las diferentes ramas del Poder Público entre los Cuerpos Legislativo, Ejecutivo (el Gobierno y la Administración) y Judicial, y cuyo objetivo es establecer restricciones y controles recíprocos entre esos diferentes poderes del Estado, normalmente establecidos en la Constitución.

Pero, además de esto, existe una segunda connotación en la distribución vertical del poder del Estado entre los diferentes niveles territoriales que resultan, por ejemplo, de un Estado Federal o de un Estado políticamente descentralizado. Todos los diferentes niveles territoriales (nacional, Estados Federales o Regiones y Municipios) del Estado ejercen parte del Poder Público, también dentro de un sistema de distribución establecido por la Constitución, para asegurar su ejercicio limitado.

Las cuatro perspectivas constitucionales antes mencionadas de distribución y limitación del Poder del Estado, cuando use adoptan, siempre implican el establecimiento de sistemas de limitación y consiguientemente de control jurisdiccional de las invasiones e interferencias ilegítimas que puedan ocurrir por uno de dichos poderes en la esfera reservada a otro poder. Esto existe, en mayor o menor medida, en todos los sistemas constitucionales del mundo occidental de nuestros días, basado en la existencia de una Constitución rígida y escrita, con una declaración formal de derechos fundamentales y una organización política con algún nivel de descentralización.

Por el contrario, en el sistema constitucional del Reino Unido, como se dijo, donde no existe una declaración formal de derechos fundamentales, la protección judicial de éstos no puede implicar la posibilidad de la invalidación de actos del Parlamento. Además, debido a la ausencia de una Constitución escrita y al principio de soberanía y supremacía del Parlamento no existe ni puede existir distinción alguna entre los poderes constituyente y constituidos; por último, tampoco existe ningún tipo de control de la constitucionalidad de los actos del Parlamento, por lo que a pesar de que el poder del Estado esté distribuido en unidades territoriales, ello no puede frenar los poderes del Parlamento.

En el caso de la Revolución constitucional de la América hispana, sin embargo, lo importante a destacar es que desde sus inicios, la misma se montó sobre el principio de la limitación del poder como garantía de libertad, habiéndose expresado tanto en la distribución horizontal del poder entre los diversos órganos del Estado (Legislativo, Ejecutivo y Judicial), como en la distribución vertical del poder entre diversos niveles territoriales (Provincias o Estados y Municipios). Por ello, en Venezuela por ejemplo, en el último de los aspectos indicados de distribución del poder, su distribución en el territorio dividido en Provincias se enmarcó en la forma federal del Estado, habiendo sido ello una constante en el constitucionalismo, particularmente desde 1864. Y si bien dicha forma de descentralización política solo se siguió en otros pocos países de América Latina (Argentina, Brasil, México), en cambio, el municipalismo se arraigó en todos los países, desde las Constituciones provinciales de Venezuela de 1812, configurándose incluso como un "poder municipal" como se consagró en la Constitución de Venezuela de 1858.

5. La democracia y el derecho ciudadano a la separación de poderes

Ahora bien, en el mundo contemporáneo, el principio de separación de poderes como una de las bases esenciales del Estado de derecho, se puede considerar a la vez como uno de los elementos esenciales de la democracia.

Esta, en efecto, no es solo se reduce a la elección y a las contiendas electorales, sino que es un sistema político de interrelación y alianza global entre los gobernados que eligen y los gobernantes electos, que debe estar dispuesto para garantizar, por una parte, primero, que los representantes sean elegidos por el pueblo, y que puedan gobernar representándolo; segundo, que el ciudadano, además, pueda tener efectiva participación política no limitada a la sola elección periódica; tercero, por sobre todo, un sistema donde el ser humano tiene primacía con él, su dignidad, sus derechos y sus libertades; cuarto, que el ejercicio del poder esté sometido a control efectivo, de manera que los gobernantes y gestores públicos sean controlados, rindan cuenta de su gestión y pueda hacérselos responsables; y quinto, como condición para todas esas garantías, que la organización del Estado esté realmente estructurada conforme a un sistema de separación de poderes, con la esencial garantía de su independencia y autonomía, particularmente del poder judicial.[212]

---

[212] Véase Allan R. Brewer-Carías, "Los problemas del control del poder y el autoritarismo en Venezuela", en Peter Häberle y Diego García Belaúnde (coordinadores), *El control del poder. Homenaje a Diego Valadés,* Instituto de Investigaciones Jurídicas, Universidad Nacional Autónoma de México, tomo I, México, 2011, pp. 159-188; "Sobre los elementos de la democracia como régimen político: representación y control del poder", en *Revista Jurídica Digital IUREced,* Edición 01, Trimestre 1, 2010-2011, en http://www.megaupload.com/?d=ZN9Y2W1R; "Democracia: sus elementos y componentes esenciales y el control del poder",

La Carta Democrática Interamericana de 2001, que es quizás uno de los instrumentos internacionales más importantes del mundo contemporáneo, en este sentido es absolutamente precisa al enumerar dentro de los *elementos esenciales* de la democracia: primero, el respeto a los derechos humanos y las libertades fundamentales; segundo, el acceso al poder y su ejercicio con sujeción al Estado de Derecho; tercero, la celebración de elecciones periódicas, libres, justas y basadas en el sufragio universal y secreto, como expresión de la soberanía del pueblo; cuarto, el régimen plural de partidos y organizaciones políticas; y quinto, *la separación e independencia de los poderes públicos* (art. 3).

Concebida la democracia conforme a estos elementos esenciales, la misma Carta Democrática los complementa con la exigencia de unos componentes esenciales de la misma, todos vinculados al control del poder, que son la transparencia de las actividades gubernamentales, la probidad y la responsabilidad de los gobiernos en la gestión pública; el respeto de los derechos sociales y de la libertad de expresión y de prensa; la subordinación constitucional de todas las instituciones del Estado, incluyendo el componente militar, a la autoridad civil legalmente constituida, y el respeto al Estado de Derecho por todas las entidades y sectores de la sociedad (art. 4).

---

en *Grandes temas para un observatorio electoral ciudadano,* tomo I,, *Democracia: retos y fundamentos, (compiladora* Nuria González Martín*)*, Instituto Electoral del Distrito Federal, México 2007, pp. 171-220; "Los problemas de la gobernabilidad democrática en Venezuela: el autoritarismo constitucional y la concentración y centralización del poder", en Diego Valadés (coord.), *Gobernabilidad y constitucionalismo en América Latina*, Universidad Nacional Autónoma de México, México, 2005, pp. 73-96.

Por todo ello es que el principio de la separación de poderes es tan importante para la democracia pues en definitiva, del mismo dependen todos los demás elementos y componentes esenciales de la misma, de manera que, en definitiva, solo controlando el poder es que puede haber elecciones libres y justas, así como efectiva representatividad; solo controlando el poder es que puede haber pluralismo político; solo controlando el poder es que podría haber efectiva participación democrática en la gestión de los asuntos públicos; solo controlando el poder es que puede haber transparencia administrativa en el ejercicio del gobierno, así como rendición de cuentas por parte de los gobernantes; solo controlando el poder es que se puede asegurar un gobierno sometido a la Constitución y las leyes, es decir, un Estado de Derecho y la garantía del principio de legalidad; solo controlando el poder es que puede haber un efectivo acceso a la justicia de manera que esta pueda funcionar con efectiva autonomía e independencia; y en fin, solo controlando el poder es que puede haber real y efectiva garantía de respeto a los derechos humanos.

De lo anterior resulta, por tanto, que solo cuando existe un sistema de control efectivo del poder es que puede haber democracia, y solo en esta es que los ciudadanos pueden encontrar asegurados sus derechos debidamente equilibrados con los Poderes Públicos.

6. *La separación de poderes y los sistemas de gobierno*

De la implantación del principio de la separación de poderes en el constitucionalismo moderno con motivo del desarrollo del Estado de derecho, surgieron las formas de gobierno, fundamentalmente, el sistema presidencial y el sistema parlamentario, como producto del tipo de relaciones que se estableció entre el gobierno y el parlamento, es decir, entre los órganos que ejercen el Poder Ejecutivo y el

Poder Legislativo,[213] habiéndose arraigado el sistema parlamentario fundamentalmente en Europa, y el presidencial, fundamentalmente en América.

La diferencia entre ellos deriva fundamentalmente de la fuente de legitimación democrática de los titulares de los órganos del gobierno, es decir, quién tiene el poder de instituirlos o elegirlos y eventualmente de destituirlos, removerlos o revocarlos; y además, deriva de las respectivas funciones de dichos órganos, en elación con el gobierno.

En los sistemas parlamentarios, en efecto, el gobierno emana o deriva del Parlamento y depende de su confianza. Es decir, el órgano que en última instancia gobierna es el parlamento, a través de funcionarios que generalmente son miembros del mismo (Jefe de Gobierno, Primer Ministro, Ministros) que tienen su respaldo, y cuya designación para conducir el gobierno no conlleva la pérdida de la investidura parlamentaria. En los sistemas parlamentarios, por tanto, se distingue entre el Jefe del Estado y el Jefe de Gobierno, éste último dependiente del parlamento; al punto de que puede decirse que la diferenciación entre ellos en el constitucionalismo moderno surgió con los sistemas parlamentarios.[214]

Por ello, en los sistemas parlamentarios, el Parlamento, en general es el único órgano electo por el voto popular, de manera que el gobierno emana del mismo y ante él respon-

---

[213] Es evidente que como lo ha dicho Diego Valadés refiriéndose al presidencialismo latinoamericano, para una adecuada comprensión de los sistemas de gobierno contemporáneos "se hace imprescindible ahondar en las raíces del poder en los Estados que emergieron a la libertad a principios del Siglo XIX." Véase Diego Valadés, "El presidencialismo latinoamericano en el siglo XIX", *Revista parlamentaria de habla hispana*, N° 2, 1986, p. 49

[214] Véase Diego Valadés, *El gobierno de gabinete,* Instituto de investigaciones Jurídicas, UNAM, México 2003, p. 5

de de sus acciones. En estos casos, el Jefe del Gobierno no tiene legitimidad democrática propia y directa, sino la que emana del parlamento, y Jefe del Estado, en cambio, puede ser un Monarca o un Presidente electo, pero que no gobiernan.

Es decir, si bien en algunos casos de sistemas parlamentarios puede haber un Presidente electo, éste sólo actúa como Jefe de Estado. Por ello, mientras éste no tenga las funciones de gobierno, es decir, mientras no dirija el gobierno con poderes de iniciativa y orientación política, a pesar de la elección presidencial el sistema seguirá siendo parlamentario, en cuyo caso, el gobierno seguirá siendo dependiente del Parlamento y de la mayoría parlamentaria.

En definitiva, en los sistemas parlamentarios, el gobierno emana del parlamento que detenta la representación popular, por lo que el Jefe del Gobierno no es electo popularmente en forma directa. El parlamento, por tanto, es el órgano preeminente, del cual depende la legitimidad del gobierno.

Los sistemas presidenciales de gobierno, en cambio, existen cuando el Jefe de Gobierno (quien también es a la vez, Jefe de Estado) es electo directa y periódicamente por los ciudadanos por sufragio universal. Por ello, la sola elección de un Presidente por sufragio universal no es suficiente para calificar el sistema de gobierno como presidencial, exigiéndose que tenga el carácter de Jefe de Gobierno. En definitiva, lo que es esencial es que la legitimidad democrática del Jefe de Gobierno, que en el caso de los sistemas presidenciales no deriva del Parlamento, órgano que, además, no puede deslegitimarlo.

Estas formas de gobierno, sin embargo, se han ido modificando y moldeándose conforme a las realidades de cada país, de manera que puede decirse que en la actualidad no hay sistemas presidenciales o parlamentarios puros.

Muchos parlamentarismos históricos se han presidencializado, como sucedió en Francia con el llamado sistema "semi-presidencial" de la Constitución de 1958. En este caso existe un Presidente de la República electo en forma directa al igual que el Parlamento, teniendo el gobierno una doble dependencia, respecto del Parlamento y del Presidente electo; y además, la importancia y función del Jefe del Estado es mayor en cuanto a la posibilidad de influir en el gobierno. Por ello, a pesar de que el sistema es llamado como semi-presidencialismo, encuadra dentro de los sistemas presidenciales. Por ello, en estos casos, si el Presidente no goza del respaldo de la mayoría parlamentaria, tiene que "cohabitar" con un primer ministro y gabinete de otra tendencia política.

En contraste, en el caso de los presidencialismos de América Latina, dados sus efectos políticos por el predominio tradicional de los Jefes de Estado y de gobierno,[215] en los diversos países se han venido incorporando sucesivamente elementos del parlamentarismo, conformándose presidencialismos atenuados o con sujeción parlamentaria.[216] Por ello, los cambios en los sistemas, se han dado más en los sistemas presidenciales que en los parlamentarios, siendo aquellos los más criticados por la teoría democrática europea. Un resumen de esta crítica, por ejemplo, se refleja en los comentarios del profesor Michelange-

---

215 Véase en general Manuel Barquín et al, *El predominio del poder ejecutivo en Latinoamérica*, UNAM, México 1977; y Juan J. Linz, "Los peligros del presidencialismo" en Juan Linz et al, *Reformas al presidencialismo en América Latina: ¿Presidencialismo vs. Parlamentarismo?*, Comisión Andina de Juristas/Editorial Jurídica Venezolana, Caracas 1993, pp.

216 Dieter Nholen, "Sistemas de gobierno. Perspectivas conceptuales y comparativas" en Juan Linz et al, *Reformas al presidencialismo en América Latina: ¿Presidencialismo vs. Parlamentarismo?*, Comisión Andina de Juristas/Editorial Jurídica Venezolana, Caracas 1993, pp. 78 y ss.

lo Bovero en relación con el proyecto de reforma constitucional que hace unos años se planteó en Italia en relación con el paso de un sistema parlamentario a un sistema presidencial, refutándolo con las siguientes tres fórmulas drásticas:

    a. El presidencialismo es la forma institucional más *antigua* de la democracia moderna, y justamente por eso es una forma *rudimentaria* de la democracia

    b. La forma de gobierno presidencial es la *menos democrática* de las que puede asumir la democracia moderna, porque en ella un poder *monocrático* en mayor o menor medidas discrecional, tiende a prevalecer sobre el poder colegiado de las Asambleas *pluralistas* (el parlamento), a la que les es confiada la representación política de los ciudadanos.

    c. La única reforma verdaderamente *democrática* del presidencialismo sólo puede ser su *abolición* (drástica o gradual, según lo que puedan permitir o requerir las circunstancias).[217]

El tema central de la discusión y crítica a los sistemas de gobierno, y sobre la opción entre uno y otro sistema, en todo caso, ha estado condicionado por el tema de su legitimidad democrática, si de una multitud de representantes o de un solo representante. Sin duda, en el sistema presidencial, el poder de gobierno se encomienda a un sólo órgano, que es electo democráticamente, por un determinado período fijo de tiempo (que en algunos casos puede ser muy

---

217 Véase Michelangelo Bovero, "Sobre el presidencialismo y otras malas ideas. Reflexiones a partir de la experiencia italiana", en Miguel Carbonell et al (Coordinadores), *Estrategias y propuestas para la reforma del Estado*, UNAM, México 2001, pp. 18-19.

extenso), sin posibilidad de cambio hasta la próxima elección presidencial. En este caso, sin duda, a veces resulta difícil combinar el rol de Jefe de Estado, que lo debería ser de todos los habitantes, con el de Jefe de un gobierno, que puede ser de un partido o de la mayoría parlamentaria.

Por ello, el gobierno en manos de un solo órgano electo puede originar una crisis de legitimidad democrática, que en el sistema presidencial no encuentra solución, salvo mediante mecanismos políticos excepcionales como el referendo revocatorio o el juicio político (*impeachment*) que a la vez son demasiado lentos, complejos y traumáticos. Por otra parte, la relación directa del Presidente con el electorado, puede originar una relación líder-pueblo que puede convertir el régimen en plebiscitario y populista.

Por ello, otro aspecto que influye en el funcionamiento del sistema presidencial es el método de elección presidencial, de mayoría absoluta –dos vueltas– o de mayoría relativa. Los sistemas de doble vuelta, que a veces se propugnan para asegurar una mayor representatividad y legitimidad democráticas, en contraste pueden originar conflictos y tensiones insalvables entre los órganos legislativo y ejecutivo. Por ello a veces se ha considerado que la doble vuelta, en lugar de resolver conflictos, puede exacerbar la pretensión autoritaria del Presidente electo que puede creer que dispone de una mayoría real.[218] En los sistemas presidenciales, un factor de gobernabilidad efectiva deriva de la mayoría política que pueda tener el Presidente en el parlamento, sea por la mayoría absoluta que pueda tener su partido o de los acuerdos entre partidos para asegurar dicha gobernabilidad.

En los sistemas presidenciales, por otra parte, las relaciones entre el Presidente de la República y el Parlamento

---

218 Diego Valadés, *El gobierno de gabinete, op. cit.*, p. 12.

en el ejercicio de sus funciones propias, ha originado una serie de interferencias constitucionales a los efectos de mitigar la separación de poderes, convirtiéndola en cooperación o colaboración. Por ejemplo: el Presidente puede vetar la legislación que emane del Parlamento; y el parlamento debe aprobar los decretos de estados de excepción que emanen del Ejecutivo. El proyecto de ley de Presupuesto sólo puede ser de iniciativa presidencial y el parlamento está limitado en cuanto a sus poderes de modificación del proyecto de dicha ley.

Por otra parte, si bien en el sistema presidencial el gobierno no depende del Parlamento, los controles del legislativo que se han venido incorporando en la Constituciones, han llevado progresivamente al parlamento a coparticipar en las funciones de gobierno, al atribuírsele constitucionalmente competencia para por ejemplo, autorizar o aprobar decisiones ejecutivas[219].

En otro sentido, la función normativa del Estado ha dejado de ser una tarea exclusivamente parlamentaria, admitiéndose no sólo el desarrollo de la potestad reglamentaria del Presidente de la República, sino la potestad de dictar decretos con rango y valor de ley, incluso mediante delegación del parlamento.

Por otra parte, en los sistemas presidenciales, el Presidente designa sus Ministros, quienes son sus órganos; y juntos integran el Consejo de Ministros. Los Ministros deben refrendar los actos del Presidente con lo que se mitiga el carácter unipersonal del Ejecutivo. En cuanto a los

---

219 Néstor Pedro Sagüés, "Formas de gobierno: aproximaciones a una teoría del control parlamentario sobre el Poder Ejecutivo, en Juan Linz et al., *Reformas al presidencialismo en América Latina: ¿Presidencialismo vs. Parlamentarismo?,* Comisión Andina de Juristas Editorial Jurídica Venezolana, Caracas 1993, pp. 93 y ss.

diputados, éstos si son designados Ministros pierden su investidura; y el cargo de Ministro es incompatible con cualquier otro cargo, por lo que para que estos puedan ser electos diputados deben separarse de sus cargos con antelación. A los Ministros, responsables ante el Presidente, también se los hace responsables ante el Parlamento, donde están obligados a comparecer para ser interpelados y pueden ser objeto de votos de censura para lograr su remoción.

En definitiva, en los sistemas presidenciales, el gobierno emana directamente de la voluntad popular y no del Parlamento, el cual igualmente detenta la representación popular; por lo que el jefe del gobierno no deriva del Parlamento. Sin embargo, la potestad normativa del Estado está compartida entre ambos órganos. El Presidente de la República, por tanto, puede llegar a ser el órgano preeminente, lo que puede originar el relegamiento del Parlamento a ser un órgano de registro de decisiones ejecutivas, y con la sola posibilidad de ser un órgano de balance del poder mediante el ejercicio de poderes de control.

IV
LA SUMISIÓN DEL ESTADO A LA LEY: EL PRINCIPIO DE LA LEGALIDAD

El cuarto de los principios que caracterizan al Estado de Derecho es el de la sumisión del Estado a la ley lo que implica que todas las actividades de sus órganos, y de sus autoridades y funcionarios, deben realizarse conforme a la ley y dentro de los límites establecidos por la misma.

Esto, ni más ni menos, es el principio de legalidad que equivale en el sistema norteamericano a la expresión *Government subject to the Law*, y en el sistema constitucional británico, a la clásica expresión de *Rule of Law*. Todas estas expresiones significan, en última instancia, que los órganos del Estado deben estar sujetos a la ley, aunque las mismas no siempre tienen el mismo alcance y significado en todos los sistemas jurídicos.

Por ejemplo, Sir Ivor Jennings refiriéndose al principio de la *Rule of Law* señaló que el mismo significa que "todos los poderes vienen de la ley y que ningún hombre, sea Rey, Ministro o persona privada, puede estar por encima de la Ley."[220]

Este principio de la sumisión del Estado a la Ley como una de las principales características del constitucionalismo moderno, puede analizarse partiendo de la frase de H. L. A. Hart en su libro *The concept of Law* según la cual:

---

220 Véase I. Jennings, *Magna Carta*, Londres 1965, p. 9.

"cuando existe una ley hay un soberano incapaz de limitaciones legales."[221]

1. *La ley y el soberano: poderes constituyentes y poderes constituidos*

En efecto, en todos los sistemas constitucionales del mundo moderno, se pueden distinguir dos tipos de poderes: el Poder Constituyente o cuerpo soberano, y el poder constituido, que está conformado por todos los órganos del Estado. Como ya se señaló, esta es una de las principales consecuencias del principio de limitación de poder del Estado: la distribución, en una sociedad dada, entre el poder constituyente y los poderes constituidos, teniéndose en cuenta que el Poder Constituyente está siempre en manos del soberano, quien lo ejerce, por tanto, sin ningún tipo de limitación legal; y en cambio, que los poderes constituidos, están limitados, entre otras cosas, por las normas establecidas por el soberano o Poder Constituyente. Esta es la razón por la cual el soberano, según Hart, "elabora las leyes para sus súbitos y las elabora desde una posición que está fuera de cualquier ley". Por consiguiente, "no existen y ni pueden existir límites legales respecto de sus poderes de sancionar leyes", por lo que concluye definiendo al soberano, como "el poder legalmente ilimitado."[222] Por su parte, C. M. McIlwain ha utilizado términos similares para referirse al Soberano: "Es el cuerpo más elevado, legalmente competente para sancionar leyes para sus súbditos, en sí mismo fuera de dicha ley."[223]

---

221 Véase H. L. A. Hart, *The concept of Law*, Oxford 1961, p. 70. En la p. 65 afirma: "en toda sociedad donde exista una ley hay un soberano"... "en todas partes, la existencia de un soberano".

222 *Idem.*, pp. 64-65.

223 Véase C. M. McIlwain, *Constitucionalism and the changing world*, Cambridge 1939, p. 31.

El tema central aquí, en todo caso, que origina una distinción esencial, es que en los sistemas continentales y en los Estados Unidos, el soberano es el pueblo; en cambio, en el sistema constitucional británico, el soberano es el Parlamento.

Sin embargo, en una democracia, incluso tal y como lo expresó Austin, y esta es la esencia del Estado de Derecho, los representantes elegidos al parlamento en realidad no son los que constituyen o forman parte del cuerpo soberano, sino que son los electores los que detentan la soberanía. De ahí que en Inglaterra, según Austin, "hablando en forma precisa, los miembros de la Cámara de los Comunes son los depositarios del cuerpo por el que fueron electos y designados" De igual forma Austin sostuvo la opinión de que en los Estados Unidos, la soberanía de cada Estado de la Unión Federal "reside en el Gobierno del Estado como un cuerpo agregado, entendiendo por Gobierno de Estado no su legislatura ordinaria, sino el cuerpo de ciudadanos que elige su legislatura ordinaria."[224]

En cuanto a la distinción, en una democracia, entre el soberano, es decir, el pueblo y los órganos del Estado, los autores alemanes han hecho una útil distinción entre lo que han denominado el soberano y el órgano soberano.[225] El soberano, es decir, el cuerpo electoral (el pueblo) no tiene limitaciones legales como Poder Constituyente, pero los órganos del soberano no sólo tienen limitaciones que les son impuestas por aquél, sino que también están sujetos a diferentes tipos de control, incluso el político por las mismas personas que lo eligieron, por ejemplo, a través de un referéndum.

---

224 Véase J. Austin, *The Province of Jurisprudence Determined* (ed. H. L. A. Hart), Londres 1954, Lee. VI, pp. 230, 231, 251, citado por H. L. A. Hart, *op. cit.*, p. 72.

225 C. M. McIlwain, *op. cit.*, p. 31.

En esta perspectiva, de nuevo, debe considerarse el concepto de soberanía parlamentaria. A este respecto, Hart señaló la siguiente alternativa:

> "sólo podrían existir límites legales respecto del poder legislativo si el legislador estuviese bajo las órdenes de otro al que tendría que obedecer normalmente; en cuyo caso, no sería soberano.
>
> Si es soberano no tendría que obedecer a ningún otro legislador, razón por la cual no podría haber límites legales en su poder legislativo.[226]

De ahí deriva, precisamente, la principal pregunta en la materia. ¿Es el órgano legislativo el que debe estar obligado a observar legalmente restricciones constitucionales impuestas por un poder constituyente, como por ejemplo, por el pueblo, como Soberano? De ser así, el cuerpo legislativo no podría ser considerado como soberano, sino que sólo sería un órgano soberano. Si por el contrario, en un Estado, el cuerpo legislativo está libre de la ley y, por consiguiente, no tiene límites constitucionales o legales a su poder, porque es el único cuerpo que sanciona la ley del país sin restricción legal, entonces, en este caso ¿sería el mismo Soberano?

En términos generales debe aceptarse que en el mundo moderno, casi todos los sistemas constitucionales establecen limitaciones al ejercicio del poder por parte del órgano legislativo, normalmente incorporados en una Constitución escrita y rígida, y no identifican al soberano con el Legislador o el Parlamento, sino con el pueblo como cuerpo electoral.

---

226 Véase H. L. A. Hart, *op. cit.*, p. 65.

Incluso en Inglaterra, como lo señaló Hart, "El mismo Austin no identificó al soberano con la legislatura". Tal como lo expresó Hart:

> "Este era su punto de vista, aunque es cierto que la Reina en el Parlamento, según la doctrina normalmente aceptada, está libre de limitaciones en el ejercicio de su poder legislativo, por lo que, a menudo se lo cita como paradigma de lo que se quiere expresar con el calificativo de "legislatura soberana", en contraste con un Congreso o cualquier otra legislatura limitada por una Constitución "rígida.""[227]

Pero, a pesar de este principio general de la soberanía del Parlamento en la Constitución británica, desde el punto de vista del Estado de Derecho incluso en el Reino Unido, como democracia, debe admitirse que el soberano, de hecho, no es realmente el Parlamento sino que es el pueblo como cuerpo electoral, siendo la principal diferencia entre la Constitución británica y la de otros sistemas constitucionales en el mundo, el grado de delegación del poder soberano, es decir, del pueblo al órgano legislativo, en otras palabras; "la forma conforme a la cual el electorado soberano ejerce su poder soberano."[228]

Esta distinción fue señalada por Hart en el siguiente pasaje de su libro:

> "En Inglaterra, el único ejercicio directo hecho por el electorado de su cuota de la soberanía, consiste en la elección de representantes para ocupar un puesto en el Parlamento y en la delegación en ellos de su poder soberano. En cierto modo, esta delegación es absoluta, ya que se le deposita al representante la confianza para

---

227 *Ibid.*, p. 72.
228 *Ibid.*, p. 72.

que no abuse de los poderes que le han delegado; esta confianza, en casos de vulneración sólo da origen a sanciones morales, sin que los tribunales tengan que ver con ello, como sí lo están con las limitaciones legales al poder legislativo".

En cambio añadió:

"...En los Estados Unidos, como en todas las democracias donde el legislador ordinario está limitado legalmente, el cuerpo electoral no ha limitado su ejercicio de poder soberano a la elección de delegados, a quienes ha sometido a restricciones legales. En este caso se puede considerar al electorado como "una legislatura extraordinaria y ulterior", superior al legislador ordinario, el cual está "obligado" legalmente a observar las restricciones constitucionales y, en caso de conflicto, los tribunales declararán inválidos los actos de la legislatura ordinaria. En este caso, entonces, el electorado es soberano libre de toda limitación legal requerida en teoría."[229]

Podemos concluir señalando que este principio de Estado de Derecho o del Estado sometido a la ley, implica que el pueblo como electorado es el único cuerpo soberano que no tiene limitaciones a su poder, por lo que todos los otros órganos o cuerpos del Estado están sujetos a la ley.[230] Y "ley" aquí, quiere decir, no sólo "ley formal", es decir, un estatuto o acto del Congreso o Parlamento, sino también, todas las normas que forman el ordenamiento jurídico estructurado en forma jerárquica, con la Constitución en la cúspide como ley suprema o *Grundnorm*.

---

229 *Ibid.*, p. 73.
230 Véase J. D. B. Mitchell, *Constitutional Law*, Edimburgo 1968, p. 62.

En efecto, los sistemas constitucionales con Constituciones escritas, cuando hablamos del Estado de Derecho o sujeto a la ley, en e! concepto de ley deben incluirse todas las fuentes del ordenamiento jurídico; la Constitución en sí misma, y todas las demás normas que se derivan de ella. Por el contrario, el sentido del término "ley" en la expresión inglesa *Rule of Law* en los sistemas constitucionales con Constituciones no escritas, significa básicamente "derecho legislado por el Parlamento,"[231] el cual en principio, con su soberanía delegada por el soberano (el cuerpo electoral) no tiene límites legales en su actividad.

Pero a pesar de ello, como se ha dicho, debe admitirse en que en el Reino Unido, a través de la interpretación judicial basada en presunciones, se ha creado un cierto tipo de limitación al poder legislativo del Parlamento. Tal y como lo expresó J. D. B. Mitchell:

"Se presume que en ausencia de un texto claro que indique lo contrario, una ley no puede quitar la propiedad sin compensación, no puede excluir la jurisdicción de un tribunal, no puede ser retroactiva, no puede imponer tributación."[232]

Igualmente, se ha considerado que precisamente a través de esas presunciones, se puede obtener una protección efectiva a los derechos y libertades fundamentales, por lo que en el Reino Unido no resulta claro si una declaración formal de derechos podría permitir una mejor protección a las libertades tradicionales. Por el contrario, T. R. S. Allan ha expresado:

---

231 Véase G. Winterton, "The British Grundnorm: Parlamentary Supremacy reamined", *The La Quarterly Review*, 92, 1976, p. 596.
232 Véase J. D. B. Mitchell. *op. cit.*, p. 66.

"Una presunción del *Common Law* que compromete la lealtad de los jueces, es un instrumento tan poderoso para interpretar la legislación de manera de salvaguardar las libertades individuales, como si se tratase de una Declaración de Derechos."[233]

Sin embargo, en la mayoría de los países, lamentablemente, el pueblo o el electorado soberano no siempre tienen la misma confianza que tiene el pueblo inglés en su propio órgano legislativo o en las presunciones que orientan las interpretaciones constitucionales. Por el contrario, en otros países, la experiencia ha demostrado que, precisamente, han sido las acciones de los Parlamentos dominados por mayorías circunstanciales, las que han atentado de la peor manera contra los derechos humanos. Por otra parte, en otros países, desafortunadamente, el Soberano no se fía en presunciones, debidamente aplicadas, como un medio de protección judicial de los derechos humanos.

En todo caso, hoy en día la mayoría de los demás países[234] tienen la necesidad de establecer una Constitución rígida y escrita, con una declaración de derechos y libertades, precisas disposiciones para la limitación y distribución de los poderes del Estado, básicamente del Legislador y del Ejecutivo; dándole a los jueces el poder sustancial de controlar la sumisión de todos los órganos del Estado »a la Constitución y a la ley. De allí el concepto de Estado de Derecho.

---

233 Véase T. S. R. Allan, "Legislative Supremacy and the Rule of Law: Democracy and Constitutionalism", *The Cambridge Law Journal*, 44, (1), 1985, p. 135.

234 Con la excepción del Reino Unido, Nueva Zelandia e Israel, todos los demás países del mundo tienen Constituciones escritas, *Cfr.* Hood Phillips, *Reform of the Constitution*, Londres 1970, p. 4; F. M. Aubum, "Trends in comparative constitutional law", *The Modern Law Review*, 35 (2), p. 129.

2. La supremacía de la Ley en la concepción francesa

Uno de los principios fundamentales de la Revolución francesa, como reacción frente al absolutismo, derivado del principio democrático representativo, fue el de la supremacía del legislador (Asamblea Nacional), por estar integrada por los representantes electos de la Nación.[235] En esta forma, al haber el *Tercer Estado* controlado la Asamblea Nacional en 1789, se convirtió en representante todopoderosa de la Nación. De allí la fórmula de que la "ley es expresión de la voluntad general" siguiendo el postulado roussoniano, de manera que como lo afirmó la Asamblea Nacional en la Constitución de 1791:

"No hay en Francia una autoridad superior a la de la ley. El Rey no reina sino por ella, y es en nombre de la Ley que él puede exigir obediencia" (Art. 1, Cap. II, Título III).

La ley, entonces, como "expresión de la voluntad general" según lo indicó la Declaración de Derechos del Hombre y del Ciudadano (Art. 6),[236] adquirió en el constitucionalismo francés un rango superior, consecuencia de la primacía del propio Poder Legislativo.

Pero además, desde el punto de vista sustantivo, el principio de la supremacía de la Ley se fundó sobre el de su generalidad, lo que a la vez fue garantía de la igualdad, uno

---

235 Véase para lo que sigue Allan R. Brewer-Carías, *Reflexiones sobre la Revolución americana (1776) y la revolución francesa (1789) y sus aportes al constitucionalismo moderno*, Editorial Jurídica Venezolana, Caracas 1992, pp. 196 y ss.

236 Véase el texto en Allan R. Brewer-Carías, *Los Derechos Humanos en Venezuela: casi 200 años de historia*, Caracas, 1990, p. 24; y en W. Laqueur y B. Rubin, *The Human Rights Reader*, 1979, p. 119, *Cfr*. G. de Ruggeiro, *The History of the European Liberalism*, Boston 1967, p. 67.

de los postulados básicos de la Revolución. Las leyes de libertad, que tenían por objeto hacer posible el libre desenvolvimiento de los miembros del grupo social, fueron el instrumento de la Asamblea contra los privilegios que fueron abolidos.

En todo caso, porque la ley se la consideró como la expresión de la voluntad general, se consagró el derecho de todos los ciudadanos de "concurrir personalmente o por sus representantes" a la formación de la ley (Art. IV), estableciéndose en los artículos de la Constitución que siguieron a la Declaración los siguientes principios:

> "Ningún acto de los Cuerpos Legislativos podrá ser considerado como ley, si no ha sido hecho por los representantes de la Nación libremente elegidos y si no ha sido sancionado por el Monarca" (Art. 9).

> "El Poder Ejecutivo no puede hacer ley alguna, incluso prioritaria, sino proclamar, conforme a las leyes, para ordenar o recursar su observación" (Art. 16).

> "El Poder Judicial será administrado por tribunales establecidos por la ley, según los principios de la Constitución y según las normas determinadas por la ley" (Art. 19).

Por su parte, la Ley de 16-24 de agosto de 1790, agregó que:

> "Los Tribunales no podrán tomar directa o indirectamente, parte alguna en el ejercicio del poder legislativo, ni suspender o impedir la ejecución de los decretos del Cuerpo Legislativo, sancionados por el Rey, so pena de prevaricación" (Art. 10, Título II).

A la base de la concepción de la ley como expresión de la voluntad general, estuvo la idea que emergió de la Revolución de que no sólo no había autoridad superior a la de la ley, sino que era a través de ella que se podía gobernar y exigir obediencia. Así, frente al poder absoluto del Monarca en el Antiguo Régimen, emergió el principio de la legalidad y el Estado de Derecho: sólo se puede gobernar en virtud y con sujeción de las leyes.

3. *La ley y el ordenamiento jurídico*

Ahora bien, en los sistemas legales con Constituciones escritas, en la expresión Estado de Derecho, la palabra derecho o ley debe entenderse no sólo en el sentido de abarcar los Actos del Parlamento, del Congreso o de los Cuerpos Legislativos, es decir, lo que se conoce como *statutes* en la terminología inglesa, o "ley formal" en los países europeos continentales; sino también, en sentido más amplio, en el sentido de ordenamiento jurídico, lo cual comprende todas las normas que regulan una sociedad dada, según su Constitución política. En este mismo sentido amplio, la expresión "principio de legalidad" empleada en el derecho continental, debe entenderse como equivalente de Estado de Derecho.

Por consiguiente, "legalidad", en el derecho constitucional contemporáneo, no es sólo la sumisión a la "ley formal" como acto sancionado por el Legislador, como sucedía en el siglo XIX con respecto a las acciones administrativas y como consecuencia del principio de la supremacía de la ley, sino que quiere decir sumisión al ordenamiento jurídico, incluyendo a la Constitución y a otras fuentes de derecho. Además, en el mundo contemporáneo, el principio de legalidad no sólo se refiere a la sumisión de todos los órganos del Estado a las normas que regulan su funcionamiento. En este sentido, por ejemplo, el principio de legalidad aplicable al Parlamento o al cuerpo legislativo, en sistemas con Constitución escrita, está conformado por todas las normas contenidas en esa Constitución.

Sin embargo, desde el punto de vista histórico, en Europa continental, inicialmente, el principio de legalidad se entendió en sentido restringido. Se consideraba que si el

Estado iba a estar sujeto a la ley, esa expresión "ley" se entendía en su sentido formal como acto sancionado por el Legislador, considerado como el cuerpo que representa al pueblo, y como una expresión de voluntad general.

En este sentido, la expresión "ley" como un acto del cuerpo legislativo fue la que Locke empleó para definir la libertad del hombre conforme a la ley. En tal sentido expresó:

> "La libertad del hombre en la sociedad consiste en estar sometido sólo al poder legislativo establecido, por consentimiento, en la Comunidad; no bajo el dominio de ninguna voluntad, restricción o ley, sino sólo de lo que el legislativo sancione conforme a la confianza en él depositada."[237]

En el mismo sentido, "ley" como expresión de la voluntad general, en la terminología de Rousseau, era lo que había sido legislado por el Legislador.[238]

Por ello Raymond Carré de Malberg, uno de los autores constitucionales clásicos más importantes de principios del siglo pasado señaló sobre el criterio formal para la definición de la ley, que:

> "El acto parlamentario de legislar se puede comparar al trabajo de un órgano que, con respecto a la formulación de las leyes, goza de un poder especial exclusivo, y en este sentido constituye un acto del poder del Estado".

Y añadió:

---

[237] Véase J. Locke, *Two Treaties of govemment*, (ed. Peter Laslett), Cambridge, 1967, Capítulo 4.

[238] Véase J. J. Rousseau, *Du contrat Social* (ed. Ronald Grimsley), Oxford, 197,2 Libro II, Cap. V, p. 136; Libro III, Cap. IV, p. 163.

"En la asamblea de diputados que representa la Nación, los ciudadanos mismos, todos los ciudadanos, como miembros constituyentes de la Nación están representados y por ende, participan en la elaboración de las leyes."[239]

En esta tradición, la ley como expresión de la voluntad general legislada por el Parlamento, era la garantía fundamental de la libertad. Por ello puede decirse que después de la Revolución francesa, las leyes propuestas para la limitación de poder, derivadas del principio del Estado de Derecho no eran, en cuanto a su contenido, los estatutos o leyes normalmente aprobadas hoy en día, por el Parlamento; se trataban más bien de lo que Eduardo García de Enterría ha denominado, "leyes de libertad"[240], es decir, leyes destinadas para permitir a los miembros del cuerpo social para desenvolverse libremente, principalmente debido a que el Estado tenía, como función principal, asegurar el ejercicio de las libertades por parte de los ciudadanos. Esa era la esencia del liberalismo en su perspectiva política, por lo que a este respecto, la Declaración de Derechos del Hombre y del Ciudadano de 1789 expresó:

Art. 2: "La finalidad de toda asociación política es la conservación de los derechos naturales e imprescindibles del Hombre. Estos derechos son la libertad, la propiedad, la seguridad y la resistencia a la opresión".

Art. 4: "La libertad consiste en poder hacer todo aquello que no perjudica a otro; así, el ejercicio de los

---

239 Véase R. Carré de Malberg, *La loi, expression de la volonté générale,* citado por M. Letourneur y R. Drago, "The Rule of Law as understood in France". *American Journal of Comparative Law,* 7, 1958, p. 148.

240 Véase E. García de Enterría, *Revolución Francesa y Administración Contemporánea,* Madrid 1972. p. 16.

derechos naturales de cada hombre no tiene otros límites que los que garantizan a los demás miembros de la sociedad el goce de esos mismos derechos. Estos límites pueden ser determinados por la ley."[241]

Al definir el principio de la legalidad, los autores franceses[242] han utilizado en general este significado restringido del término ley, como ley formal; sin embargo, algunos de ellos lo han analizado en sentido más amplio como "ordenamiento jurídico,"[243] o como Hauriou lo llamó, el "*bloc légal*" (bloque legal) o "*bloc de la légalité*" (bloque de la legalidad).[244]

En todo caso, la razón para la utilización en Francia de este sentido tan reducido del principio de legalidad incluso en la época moderna y a pesar de las Constituciones escritas adoptadas en ese país desde 1791, reside en el hecho de que dicho principio, normalmente ha sido formulado en relación al control del Poder Ejecutivo y de la Administración Pública, particularmente debido al concepto tradicional de la supremacía de la ley; y también, en la tradicional ausencia de cualquier tipo de protección dada a los ciudadanos contra las acciones legislativas contrarias a la Cons-

---

241 Arts. 2 y 4. Véase en Allan R. Brewer-Carías, *op. cit.*, p. 24 y en W. Laqueur y B. Rubin, *op. cit.*, p. 118-119.

242 Véase Ch. Eisenmann, "Le Droit Administratif et le principe de légalité". *Etudes et Documents, Conseil d'Etat*, N° 11, París, pp. 45-50. Letourneur y R. Drago, *op. cit.,* p. 49.

243 Véase A. de Laubadère, *Traite Elémentaire de Droit Administratif*, París, N° 369; G. Vedel, *La soumision de l'Administration à la loi* (extraído de la *Revue al Quanon Wal Igtisad*, año 22, El Cairo Nos. 26, 31, 47, 58, 94, 165, 166, citado por Ch. Eisenmann, *loc. cit.*, pp. 26-27.

244 Véase Ch. Eisenmann, *loc. cit.*, p. 26.

titución[245] con la excepción del control *a priori* de la constitucionalidad de las leyes, por parte del Consejo Constitucional.

En efecto, con el desarrollo de un sistema de control jurisdiccional de la constitucionalidad de las leyes en Francia, gracias al funcionamiento del Consejo Constitucional y a sus recientes decisiones, y debido a la expansión de los modelos americano y austríaco de control jurisdiccional de la constitucionalidad de los actos legislativos en los sistemas legales con Constituciones escritas, se ha aceptado definitivamente la diferencia entre la Constitución como norma del Poder Constituyente y la Ley, como acto de uno de los poderes constituidos, el Congreso o el Poder Legislativo, subordinado al anterior, y con ello, la expansión del principio de legalidad.

En esta perspectiva, los actos del cuerpo legislativo son *per se* normas dictadas en ejecución directa de la Constitución y, por consiguiente, subordinadas a ella. En consecuencia, el principio de legalidad en el Estado de Derecho contemporáneo también comprende el "principio de constitucionalidad."

Por consiguiente los actos dictados en ejecución directa de la Constitución están sometidos a ella y pueden ser controlados; de ahí el control jurisdiccional de la constitucionalidad de las leyes.

Ahora bien, hay dos aspectos que deben retenerse de lo dicho anteriormente: en primer lugar, que el principio de legalidad, en el contexto del Estado de Derecho, se refiere específicamente a todos los órganos y poderes del Estado, y no sólo a uno, básicamente el Poder Ejecutivo o a la

---

245 Véase A. Tunc, "Government under Law: a Civilian View" en Arthur E. Sutherland (ed.), *Government under Law*, Cambridge, Mass., 1965, p. 43.

Administración Pública. En consecuencia, en un Estado con Constitución escrita, el órgano legislativo también está limitado por el principio de legalidad, en el sentido de que sus actividades están constitucionalmente limitadas por lo que, en muchos países, pueden ser objeto de control judicial o jurisdiccional.

En segundo lugar, que en la expresión "principio de legalidad", el término "ley" debe entenderse en el sentido más amplio de "ordenamiento jurídico", y no en el sentido formal de acto emanado del Parlamento, por lo que comprende la Constitución en sí, las leyes formales y todas las otras normas del ordenamiento jurídico conformadas en un sistema legal que deriva de la Constitución.

Este enfoque conduce a la necesidad de identificar los aspectos centrales de cada sistema jurídico para determinar cuáles son las normas aplicables a cada órgano del Estado; en otras palabras, para establecer los confines de la legalidad a la cual están sometidos los diferentes órganos del Estado.

En este sentido, ante todo debe indicarse que, en general, en todos los sistemas legales[246] existe y debe existir una distinción entre, por una parte, las normas que integran la Constitución en sí misma, como derecho positivo superior, y por otro lado, las normas que son sancionadas por una autoridad con poderes derivados de la Constitución. En otras palabras, debe establecerse una distinción entre la norma constituyente y legislación ordinaria.

Tal como McIlwain lo señaló al referirse a las reflexiones de Bodino sobre el particular:

---

246 Véase G. MacCormack, "Law and Legal system", *The Modem Law Review*, 42 (3). 1979, pp. 285-290: "Legal system" entendido como una recolección de reglas de derecho que tienen en común su interrelación en un orden en particular, básicamente jerárquico.

"En todo Estado libre existe y debe existir una marcada diferencia entre las leyes que hace un Gobierno y que, por consiguiente, pueden cambiar, y la que hacen al Gobierno, en sí mismo. El Gobierno está "libre de la ley" (según Bodin)..., pero con esto quería decir que sólo estaba libre de las leyes ordinarias que el mismo Gobierno ha hecho o puede hacer. Entre estas leyes no incluye el principio fundamental de la Constitución bajo la cual surge el Gobierno, que define y establece los límites al órgano supremo en el Gobierno creado.

La suprema autoridad establecida y definida por una ley fundamental está totalmente limitada por esa ley, pero está libre de todas las demás leyes."[247]

Esta distinción entre el ordenamiento constitucional y la legislación ordinaria, por supuesto, tiene un carácter fundamental en el constitucionalismo moderno, particularmente en aquellos sistemas con Constituciones escritas. Como ya lo señalamos, si el principio según el cual todas las actividades de un Estado deben realizarse conforme a la ley, indudablemente que resulta necesario determinar, ante todo, cual es la regla de derecho a la cual cada acto del Estado debe confirmarse. Para ello, las normas del ordenamiento que forman un sistema jurídico se organizan, deliberada o espontáneamente, en forma jerárquica, de manera que existen normas en un nivel superior que siempre prevalecen sobre otras normas de nivel inferior.

4. *El sistema jurídico jerarquizado o graduado y el ámbito del principio de legalidad*

La teoría de Kelsen sobre los sistemas jurídicos como una jerarquía de normas es, sin duda, un método útil para

---

[247] Véase Ch. H. McIlwain, *Constitutionalism and the Changing World*, Cambridge 1939, p. 73.

identificar la relación jerárquica que existe entre el conjunto normas o de reglas de derecho que forman un sistema legal. En este sentido, cada norma que pertenece al sistema, normalmente se deriva de otra norma, y esta cadena de derivaciones culmina en un *Grundnorm* o Constitución, que constituye la última razón que justifica la existencia de todas las normas del sistema.

Al hablar de derivación, Kelsen se refirió al modo en que se crean las normas, en el sentido de que una norma siempre es creada conforme al poder establecido por otra norma.[248]

En este sentido expresó:

"Una pluralidad de normas constituye una unidad, un sistema o un orden, cuando; en el análisis final, su validez depende de una norma o ley única. Esta norma fundamental es la fuente común de validez de todas las normas que pertenecen al mismo orden y que forma su unidad.

En esta forma, una norma pertenece a un orden dado cuando sólo existe la posibilidad de hacer que su validez dependa de la norma fundamental que es la base de tal orden."[249]

---

248 Véase H. Kelsen, *General theory of Leiw and State,* trans. Wedberg, rep. 1901, pp. 110 ss., citado por G. MacCormack, *loc. cit.*, p. 286.

249 Véase H. Kelsen, *Pur Theory of Law*, Cap. IX, *Teoría pura del Derecho*, Buenos Aires 1981, p. 135. Véase los comentarios en Allan R. Brewer-Carias, *Principios fundamentales del derecho público (Constitucional y Administrativo)*, Cuadernos de la Cátedra Allan R. Brewer-Carías de Derecho Administrativo Universidad Católica Andrés Bello, Editorial Jurídica Venezolana. Caracas 2005.

Esta teoría de sistematización gradual del ordenamiento jurídico en forma jerárquica, con la Constitución en la cúspide, fue desarrollada en el campo del derecho administrativo, por Adolf Merkl, de la misma llamada "Escuela de Viena", a la que también perteneció Hans Kelsen[250]. Esta teoría, sin duda, proporciona un buen método de orden lógico para construir un sistema que contenga los diversos niveles normativos del ordenamiento jurídico, de cualquier Estado, en un momento dado, y también suministra una explicación lógica para determinar la validez formal de cada uno de esos niveles normativos.

Además, permite establecer los confines formales de la "legalidad" de cada uno de los actos de los diversos órganos del Estado, en relación con el nivel o grado que tiene cada norma que se crea en ese sistema jurídico.

En efecto, el derecho positivo de cualquier Estado, en un momento dado, consiste no sólo en las leyes como actos formales del Parlamento, sino también en otros actos normativos, como los decretos leyes, los reglamentos, las costumbres, los principios generales del derechos y toda una serie de reglas, incluyendo la jurisprudencia, algunas específicas e individualizadas como los contratos, las decisiones, de los Tribunales y los diferentes tipos de actos y disposiciones administrativos. Todos estos preceptos que hacen que el ordenamiento jurídico se aplique en un momento determinado, no sólo tienen orígenes diferentes sino también diferentes jerarquías o grados, de manera que no puede considerarlas como normas coordinadas situadas en yuxtaposición.[251] Al contrario, todo ordenamiento jurídico

---

250 Véase A. Merkl, *Teoría General del Derecho Administrativo*, Madrid, 1935, pp. 7-62. Véase también H. Kelsen, "La Garantie juridictionnelle de la Constitution (La Justice Constitutionnelle)", *Revue du Droit Public et de la Science Politique en France et á l'étranger*, París 1928, pp. 197-257.

251 Véase H. Kelsen, *Teoría pura, loc. cit.*, p. 147.

tiene una estructura jerarquizada con sus normas distribuidas en diferentes niveles, más o menos una sobre la otra. Dentro de esta jerarquía, necesariamente debe haber una conexión formal entre las normas, pues están orgánicamente relacionadas, a pesar de sus orígenes y características diferentes.

En consecuencia, el ordenamiento jurídico no puede ser interpretado como un mero agregado de componentes inorgánicos y desordenados, o simplemente como una mera yuxtaposición causal de normas. Al contrario, para poder comprender a cabalidad el ordenamiento jurídico de un Estado, todos esos componentes deben organizarse en forma jerárquica, de manera que formen un sistema jurídico, con diferentes tipos de normas unificadas y relacionadas. En otras palabras, deben responder a un orden sistemático, con relaciones de coordinación y dependencia entre las diferentes partes.

Tal como ya lo hemos expresado, el principio que establece la relación entre todas las normas de tan variado origen, nivel y alcance, conformándolas dentro de un sistema, es la existencia de una base común de validez, bajo la forma de una ley fundamental y superior. Así, un conjunto de reglas o normas de derecho constituye un sistema jurídico relativamente independiente, cuando la justificación y validez de las mismas se deriva de una sola norma, en la que formalmente se basan todas. Y esta norma se denomina, en relación con todas las demás, como la norma fundamental o la Constitución.

Este método de construcción de un ordenamiento jurídico en vigor a través de un sistema graduado de normas, se fundamenta en el hecho de que la creación de una norma legal siempre se basa en otra norma legal. Por consiguiente, puede hablarse de una norma superior y otra inferior. Por ejemplo, la sanción de leyes ordinarias o actos del Parlamento está regulado por la Constitución; la decisión respecto de quién debe reglamentar y la forma en que debe hacerse, está regulada por algunas leyes formales. Además, las decisiones judiciales y las actuaciones de los tribunales están sujetas a normas legales anteriores establecidas en leyes formales y en reglamentos. Asimismo, la validez de las normas o actos administrativos está establecida en las leyes ordinarias, en los reglamentos y así sucesivamente.

En esta forma, el principio de conexión interna de un sistema jurídico consiste en basar la validez de ciertas normas en la validez de otras. Según este método, podría afirmarse que cada categoría de normas se basa en otras de mayor jerarquía, y al mismo tiempo, sirve de base para otras de menor jerarquía. En consecuencia, todo el ordenamiento jurídico en vigor constituye un sistema graduado en estructuras jerarquizadas, donde cada norma depende de unas, mientras que, al mismo tiempo, sirve de base para otras.

Según este método, la validez de todas las normas de un ordenamiento jurídico dado, proviene, en última instancia, de la Constitución, siendo ésta la norma que regula toda la estructura del sistema jurídico, y que se encuentra en la cúspide del ordenamiento jurídico en el cual éste se basa.

Este método sobre las formas de sometimiento de los órganos del Estado y sus actividades al derecho, no sólo se aplica a los ordenamientos jurídicos con Constituciones escritas, sino también a los sistemas que no las tienen. En los primeros, la aplicación de la teoría del sistema jerarquizado de normas es evidentemente claro, precisamente porque existe un documento constitucional formal establecido como norma constituyente. En los demás sistemas legales sin Constitución escrita, el proceso de sistematización del ordenamiento jurídico es mucho más complejo, y esta es la razón por la cual, en estos casos, el sistema jurídico consiste en una amalgama de normas heterogéneas, establecidas en leyes y en el *common law*[252], que son aplicadas por los tribunales como normas de derecho, incluyendo leyes antiguas sancionadas hace siglos, convenciones constitucionales, legislación delegada y otros cuerpos normativos.

En cualquier caso, la sistematización formal de un ordenamiento jurídico es indispensable para la determinación del alcance de la aplicación de la ley a los órganos del Estado, porque en ambos casos, a menudo surgen situaciones en las que dos disposiciones, antagónicas en su contenido, están aparentemente en vigor. En tales casos siempre será necesario determinar cual de las dos es la que está realmente en vigor, a fin de establecer cuál es la que tiene un nivel superior o inferior en caso de conflicto, y qué órgano del Estado tiene la competencia de decidir cuál está en vigor y cuál no.

En resumen, para resolver el asunto de la validez formal de las normas aplicadas a los órganos del Estado, es necesario desde el punto de vista de la lógica, sistematizar formalmente el conjunto de normas de derecho en una estructura unificada. Y esa es, precisamente, la razón por la cual consideramos que el sistema graduado de normas de derecho, constituye una herramienta apropiada.

Con este método, en el análisis global del ordenamiento jurídico, se puede establecer una distinción entre aquéllos actos de Estado que se dictan en ejecución inmediata de la Constitución, es decir, que son dictados directamente en ejercicio de poderes constitucionales, y aquéllos cuya ejecución no está directamente relacionada con la Constitu-

---

252 "La ley, hoy en día, es una amalgama de *common law* y derecho estatutario de un tipo tan independiente que a menudo resulta difícil señalar si un caso particular está regulado por un estatuto o por el *common law* ordinario" P. S. Atiyah. "*Common Law and statute law*". The Modern Law Review, 48, (1), 1985), p 5.

ción y que se dictan en ejercicio de poderes establecidos en normas de derecho inferiores a la Constitución.

Entre los actos que surgen de la ejecución inmediata de la Constitución se encuentran, en primer lugar, las "leyes formales", es decir, los actos del Parlamento dictados de conformidad con las disposiciones de la Constitución, así como los actos formales de naturaleza legislativa, sancionados por entidades territoriales políticamente descentralizadas; por ejemplo, en un Estado Federal, las leyes dictadas por las Asambleas Legislativas de los Estados miembros de la Federación; o los actos formales, también de naturaleza legislativa (las ordenanzas), de autoridades locales y municipales, cuando estas últimas tienen autonomía política.

En todos estos casos, las leyes como actos "formales" de los cuerpos legislativos son producto del ejercicio directo de competencias establecidas en la Constitución del Estado. Por consiguiente, derivan de una competencia establecida en la Constitución, ejercida en ejecución directa de la Constitución.

Esta es la razón por la cual respecto a las leyes formales de las Cámaras Legislativas, por ejemplo, la norma de derecho que establece los límites a sus actividades, es la "norma de la Constitución", en el sentido de que, en un sistema constitucional escrito, el órgano legislativo encuentra sus límites de legalidad en las normas de la Constitución. El principio de legalidad en relación a las Cámaras legislativas implica, por consiguiente, el sometimiento a la Constitución por lo que el control judicial sobre sus actos, sólo puede ser de carácter constitucional.

Pero, en los sistemas legales con Constituciones escritas, las Cámaras Legislativas no sólo dictan leyes formales como actos dictados en directa ejecución de la Constitución, sino también dictan otros actos en ejecución de atribuciones estipuladas directamente en la Constitución, y que no constituyen "leyes formales", como es el caso de los actos normativos parlamentarios que regulan, internamente, la organización y los procedimientos de la Legislatura. Estos actos se conocen con el nombre de *interna corporis*, es decir, actos que regulan el funcionamiento de las Cámaras.

Adicionalmente, el Parlamento también puede dictar otros actos que tampoco son "leyes formales" ni actos con efectos internos, pero que igualmente se emiten en ejecución directa de atribuciones constitucionales. En efecto, en muchas Constituciones escritas y debido al sistema de pesos y contrapesos de la separación de poderes, se han previsto un gran número de intervenciones legislativas en las actividades del Ejecutivo, de manera que algunos actos de éste requieren, como condición de validez, la aprobación o la autorización del Congreso o de la Asamblea Legislativa. Esto sucede, por ejemplo, con el nombramiento de funcionarios de alto nivel en el Gobierno nacional o en los cuerpos diplomáticos; con la celebración de empréstitos y con las modificaciones al presupuesto (créditos adicionales). En muchos países, para ello, el Ejecutivo requiere la autorización o aprobación del Congreso antes de tomar cualquiera de esas acciones.

Todos estos actos del Parlamento, aun cuando no son leyes formales, gozan de la misma jerarquía que la ley formal en el sentido que sólo están sometidos a la Constitución, la cual los regula. Por consiguiente, están sujetos a la Constitución, y también pueden ser controlados judicialmente para velar por su sometimiento la norma constitucional con la que deben estar conforme.

Pero, en los sistemas de Constitución escrita, este documento fundamental en algunos casos, también atribuye, poderes directos al Jefe del Estado para ejercer algunas actividades que no están sujetas a regulación por parte del legislador ordinario, y, que el Legislador no puede ni regular ni limitar a través de las leyes. Nos referimos aquí a los actos que normalmente tienen que ver con el "Gobierno" en el sentido político, y que se reservan a los Jefes de Estado o de Gobierno. Son los que se conocen en el derecho continental europeo como "actos del Gobierno" o "actos políticos", más o menos equivalentes a la noción norteamericana de "cuestión política", los cuales como son actos que se dictan en ejecución directa de la Constitución, no están sujetos a regulación por ley formal, y son ejercidos por el Jefe de Estado, basándose en disposiciones directas de la Constitución. En consecuencia, estos actos del Gobierno también se colocan en el mismo nivel que las leyes formales, y sólo están sujetos a lo establecido en la Constitución, la cual determina su ámbito de legalidad.[253]

La ausencia tradicional de control judicial o jurisdiccional de la constitucionalidad de los actos del Estado, y el poder limitado conferido a los tribunales administrativos, en Francia y en otros países continentales europeos, hizo que se creara en este Siglo la doctrina de los *"actes du gouvernement"* (actos del Gobierno) o *"political acts"* (actos políticos) como una excepción del principio de legalidad, en el sentido de que no estaban sujetos a control por parte de los tribunales administrativos. En Francia, fueron las decisiones del Concejo de Estado que declaraban su incompetencia para controlar dichos actos, las que llevaron a la creación de esa doctrina, estableciendo una distinción entre la acción administrativa, que debe estar sujeta al control jurisdiccional y la acción gubernamental, que no está sujeta a dicho control. Esta acción gubernamental se fue reduciendo progresivamente a dos campos básicos: los

---

[253] Véase en general sobre ello, Allan R. Brewer-Carías, "Sobre el principio de la formación del derecho por grados en Venezuela, en la distinción entre el acto de gobierno y el acto administrativo," en Antonio Aljure Salame, Rocío Araújo Oñate, William Zambran Cetino (Editores), *Sociedad, Estado y Derecho. Homenaje a Álvaro Tafur Galvis*, Universidad del Rosario Editorial, Tomo II, Bogotá 2014, pp. 77-105

actos del Jefe de Estado o de Gobierno en relación al órgano legislativo, por ejemplo, el poder que 'tiene 'el Ejecutivo de someter proyectos de ley a la legislatura, y actos referentes a las relaciones internacionales, como por ejemplo el proceso de elaboración o denuncia de un tratado.[254] Por el contrario, en sistemas jurídicos con control jurisdiccional de la constitucionalidad de los actos del Estado, estos "actos del gobierno", aun cuando escapan al control de los tribunales administrativos por no estar sujetos a la "ley formal" y no ser actos administrativos, están sujetos sin embargo, al control jurisdiccional de su constitucionalidad.
[255] Una vez más puede decirse que esos actos de los Jefes de Estado o de Gobierno, sin lugar a dudas, están sujetos al principio de legalidad. Pero aquí, también "legalidad" significa constitucionalidad (sometimiento a la norma de la Constitución). Por consiguiente, en caso de que no existiera ningún sistema de control jurisdiccional o judicial de la constitucionalidad, los tribunales ordinarios contencioso-administrativos declararía su incompetencia para controlarlos sobre una base de inconstitucionalidad y no porque ello constituya una excepción al principio de legalidad. De nuevo aquí, con referencia a cada acto del Estado, lo que debe es definirse los límites de lo que significa legalidad para ellos, para así establecer sus condiciones de validez.

Pero, además de los llamados "actos del gobierno" dentro de los actos de los Jefes de Estado o de Gobierno dictados en directa ejecución de la Constitución, puede agre-

---

254 Véase A. Tune, "Government under Law: a civilian view", *loc. cit.*, pp. 46-47.

255 Véase Allan R. Brewer-Carías, "Comentarios sobre la doctrina del acto de gobierno, del acto político, del acto de Estado y de las cuestiones políticas como motivo de inmunidad jurisdiccional de los Estados en sus Tribunales nacionales", en *Revista de Derecho Público*, N° 26, Editorial Jurídica Venezolana, Caracas, abril-junio 1986, pp. 65-68.

garse a los llamados "Decretos Ley" que tienen la misma jerarquía que una "ley formal" y que se producen cuando la Constitución atribuye ciertos poderes legislativos al Poder Ejecutivo, es decir, al Jefe de Estado. En esos casos, no se trata de una mera delegación legislativa, sino de la producción de actos con fuerza de "ley formal", en cuanto a su jerarquía y contenido y que no son dictados por el legislador normal o por el Parlamento sino por el Jefe de Estado o de Gobierno, en ejecución directa de la Constitución. Tomando en cuenta su contenido normativo, son actos de gobierno que se emiten en ejecución directa de la Constitución, sobre la base de un poder establecido directamente por la Constitución, o en algunas oportunidades, delegado por el Parlamento, de conformidad con las disposiciones de la Constitución. En dichos casos, los decretos ley tienen la misma jerarquía que las leyes formales ordinarias, aunque, en virtud de su contenido, pueden ser reemplazados por una ley formal ordinaria sancionada por el Parlamento.

En todos esos casos, los actos dictados por los órganos constitucionales son actos dictados en ejecución directa de la Constitución, y por consiguiente, subordinados sólo a la Constitución. El principio de legalidad del Estado, por tanto, es decir, la necesaria sumisión de los órganos del Estado a la ley, en lo referente a estos órganos constitucionales y a los actos dictados en ejecución directa de la Constitución, equivale a sometimiento a la Constitución. Como ya lo mencionamos, en todos estos casos, "legalidad" equivale a "constitucionalidad" tanto para el Parlamento como para el Jefe de Estado o de Gobierno; en otras palabras, sumisión a la Constitución, o actuación de conformidad con las normas establecidas por la Constitución, dentro de los límites constitucionales.

Pero, en la sistematización formal del ordenamiento jurídico, dentro de este sistema graduado de producción de normas, salvo todos los actos dictados en ejecución directa de la Constitución, los demás órganos del Estado, particularmente en las áreas administrativas y judiciales, estas se ejercen, no en ejecución directa de las normas constitucionales sino más bien, en ejecución directa de la "legislación", es decir, de las leyes formales o los actos del Parlamento, incluso, de los actos de gobierno o los decretos leyes dictados por los órganos constitucionales competentes, a su vez en ejecución directa de la Constitución.

En esta forma, todas las actividades administrativas son, en última instancia, actos dictados en ejecución inmediata de la "legislación", y en ejecución mediata de la Constitución, es decir, en ejecución directa de la "legislación" y en ejecución indirecta de la Constitución.

En consecuencia, en un Estado de Derecho, el grado de sumisión de la Administración al principio de la legalidad, es mayor que el de la sumisión a las normas de derecho por parte de los órganos constitucionales del Estado. El Congreso o el Parlamento están sometidos a la Constitución, e incluso, el Jefe de Estado o de Gobierno cuando dicta un acto de gobierno, sólo está restringido por la Constitución; mientras que los órganos y las autoridades administrativas están envueltos en un área de legalidad de mayor extensión, puesto que están sometidos a la "legislación", la cual ejecutan. Esta es la razón por la cual, en este campo, el principio de legalidad tomó el significado que normalmente tiene en relación a la actividad administrativa del Estado contemporáneo.

Este enfoque del sistema graduado del ordenamiento jurídico para el análisis de los sistemas legales, como ya lo mencionamos, tiene enormes implicaciones en el campo del control judicial o jurisdiccional de las actividades y acciones del Estado.

En efecto sería inútil formular el principio de legalidad en el Estado de Derecho, o mejor dicho del sometimiento del Estado a la norma de derecho, si no se estableciera algún mecanismo a través del cual los individuos pudieran controlar judicialmente el sometimiento efectivo de los órganos del Estado al derecho. Esto obviamente, nos lleva a los dos aspectos principales del control de la constitucionalidad y legalidad en el mundo moderno, evidentemente condicionados por el grado de ejecución de los actos del Estado con respecto a la Constitución.

En efecto, en aquellos sistemas en los cuales existe una Constitución escrita, la máxima expresión del principio de la legalidad se ve reflejada en el establecimiento de dos sistemas de control jurisdiccional sobre el ejercicio de poder: el control de la constitucionalidad y el control de la legalidad, en el sentido más estricto de la palabra.

En el caso de los actos del Estado dictados en ejecución directa de la Constitución, es decir, los actos del Parlamento como las leyes formales o las *interna corporis*; o los actos del Jefe de Estado o de gobierno, dictados en ejercicio de poderes otorgados directa y exclusivamente por la Constitución, para que exista un Estado de Derecho en todo el sentido de la palabra, deben estar sujetos a algún sistema de control judicial o jurisdiccional de la constitucionalidad.

En este sentido se establecieron, por ejemplo, en los Estados de Europa continental, los Tribunales Constitucionales como órganos constitucionales, con el único propósito de controlar la constitucionalidad de los actos del Estado sancionados en ejecución directa de la Constitución, como las leyes, y los actos internos del Parlamento, así como los actos de gobierno y los Decretos Leyes.

No es por casualidad si en Europa, los primeros países en los que se establecieron los primeros Tribunales Constitucionales fueron precisamente, aquellos en los que la organización del sistema constitucional estaba directamente influenciada por la teoría de Kelsen, respecto del sistema jurídico como jerarquía de normas. El objetivo específico de estos Tribunales fue juzgar la inconstitucionalidad de los actos del Estado dictados en ejecución directa de la Constitución. Tal fue la situación en Austria y Checoslovaquia en 1920, países cuyas Constituciones y sistemas legales estaban directamente influenciados por la doctrina de la escuela vienesa. Pero no fue sino hasta la década de los cuarenta, después de la Segunda Guerra Mundial, cuando en Europa continental se establecieron los Tribunales Constitucionales para juzgar la constitucionalidad de las leyes y de los actos de gobierno, en particular los que tienen fuerza de ley.

En otro sentido, debe señalarse que precisamente debido, por una parte, a la ausencia de un órgano constitucional encargado del control de la constitucionalidad de los actos del Estado dictados en ejecución directa de la Constitución, y por la otra, la expansión del principio de legalidad en relación a los actos administrativos, se produjo una distorsión en el Estado de Derecho. Ello puede observarse en el desarrollo de la doctrina antes mencionada, de los "actos de gobierno" o "actos políticos", cuyo objetivo era excluir del control de la legalidad a cargo de los tribunales contencioso-administrativos, ciertos actos dictados por el Jefe de Estado. En esta forma, la famosa doctrina francesa de los "actos de gobierno" o de los "actos políticos" en el derecho italiano o español, se desarrolló mucho antes de que se establecieran en esos países Tribunales Constitucionales. Como ya lo expresamos, según esa doctrina, se suponía que había algunos actos del Ejecutivo que aunque estaban considerados erróneamente como actos administrativos no estaban sometidos a control de legalidad. Esto se debió, principalmente, a que se considerara, inicialmente, que habían sido formulados por razones políticas, o más tarde, cuando esa doctrina estaba llegando a su fin, porque se considerara que se refería a asuntos establecidos directamente en la Constitución, con referencia a las relaciones entre los diferentes poderes del Estado o entre los órganos constitucionales, o a otros Estados en el orden internacional.

Como ya se señaló, esos actos no estaban sometidos al control contencioso administrativo ni al control de la legalidad administrativa, no porque no se tratara de actos administrativos dictados por razones políticas, sino porque, contrariamente a lo que se aseveraba, en realidad, no eran actos administrativos. En efecto, eran actos de gobierno dictados en ejecución directa de la Constituirán y el único control al que se les podía someter era al control de la constitucionalidad, que significa su sumisión a la norma que se había ejecutado para su emisión, es decir, la misma Constitución. Como en esos países no había control jurisdiccional de la constitucionalidad de los actos del Estado, tampoco podía haber control jurisdiccional sobre esos actos, hecho que contribuyó a la distorsión de la doctrina del "acto de gobierno". En países como Italia y España, el subsiguiente establecimiento del control de la constitucionalidad de las leyes y de los actos ejecutivos con fuerza de ley, tuvo como consecuencia la reducción o desaparición, de la doctrina de la inmunidad jurisdiccional de los actos políticos. Estos actos están ahora bajo el control de los Tribunales Constitucionales.

En Francia, como aún no existe un verdadero control posterior de la constitucionalidad de los actos dictados en ejecución de la Constitución, todavía, existe la doctrina de la exención de "actos de gobierno" del control contencioso-administrativo, lo que crea un área inmune al control de la legalidad.

Ahora bien, en el sistema legal del Reino Unido, como no hay una Constitución escrita, como un documento formal con la naturaleza de ley fundamental que regula los principios básicos de las acciones de los órganos del Estado y establece una serie de derechos y garantías constitucionales, no puede existir un control jurisdiccional de la constitucionalidad de ciertos actos estatales. En consecuencia, en un sistema jurídico graduado, cuando no hay Constitución escrita, no hay nada similar a una norma fundamental que sirva de fuente de validez para leyes de menor jerarquía.

En ausencia de una Constitución formal que sirva de ley fundamental, como ocurre en el sistema británico, el acto soberano, es precisamente, el acto del Parlamento, pues el principio de Soberanía parlamentaria implica que, como Parlamento, éste no está sometido a ninguna norma superior, y es quien produce las normas superiores en sí mismas. En este sentido, un acto del Parlamento no está sometido a ninguna otra norma, y por consiguiente, su constitucionalidad no puede estar controlada con referencia a ningún documento formal. Por ello, en el sistema jurídico británico, el control de la constitucionalidad de los actos del Parlamento es inconcebible en los términos establecidos en los sistemas, jurídicos europeos o americanos. Como consecuencia, el establecimiento de una jerarquía precisa en la producción' de normas de derecho también resulta difícil, ya que no hay Constitución escrita, por lo que finalmente la norma suprema es la norma del Parlamento. Además, no hay grados de validez entre las Leyes.[256]

Sin embargo, con respecto al ordenamiento jurídico subordinado a los actos del Parlamento, estimados que en el Reino Unido en cierta medida, puede desarrollarse un sistema graduado o jerarquizado de normas, siendo más o menos posible sistematizar todo el ordenamiento jurídico, basado, naturalmente, en el concepto de la superioridad de los actos del Parlamento.

En todo caso, además de los actos dictados en ejecución directa de la Constitución, en los sistemas legales graduados que han dado origen a los sistemas de control judicial o jurisdiccional de la constitucionalidad, es evidente que el principio de legalidad desempeña un papel mucho más importante en el segundo nivel de ejecución del ordenamiento jurídico, es decir, en aquellos actos del Estado dic-

---

256 *Halsbury's Laws of England*, 4th Ed. Londres 1974, Vol. 8, p. 531.

tados en ejecución directa de la legislación, o en ejecución indirecta de la Constitución. Aquí, el principio de legalidad se ha desarrollado en el pleno sentido de la palabra, particularmente con referencia a la Administración, tanto en los sistemas legales de Europa continental como en el Reino Unido, dando origen al control judicial o jurisdiccional de la legalidad de los actos administrativos, y por consiguiente, al Derecho administrativo.

Pero este principio de legalidad, principalmente en sistemas legales con Constituciones escritas implica, por supuesto, no sólo que el Poder Ejecutivo o la Administración Pública esté sujeta a las normas de derecho, sino que los otros órganos del Estado, incluyendo los órganos legislativos, también estén sujetos a las normas de derecho.

En consecuencia, lo que constituyen las normas de derecho en relación a cada órgano del Estado, varía y tiene un ámbito diferente dependiendo de la posición que tiene cada norma o acto del Estado en el sistema jurídico jerarquizado. Por ello, para el Legislador, legalidad quiere decir constitucionalidad o sumisión a la Constitución, igual que para el Jefe de Estado con respecto a los actos de gobierno. En ambos casos, dichos actos se adoptan en ejecución directa de la Constitución, sin la interferencia de actos del Parlamento, en forma tal que sólo están subordinados a la Constitución.

5. *El principio de legalidad y el Ejecutivo*

En cuanto a los Poderes Judicial y Ejecutivo, el principio de legalidad tiene un sentido más amplio, pues incluye no sólo la Constitución, sino también, a todos los actos del Estado con carácter general y normativo, y particularmente, los de rango "legislativo". En estos se incluye, además de los actos del Parlamento o leyes formales, todos los demás actos del Estado con la misma fuerza legal, como por ejemplo, los decretos-leyes y los actos de gobierno dictados por el Jefe de Estado conforme a los poderes constitucionales. En el principio de legalidad relacionado con el Ejecutivo también se incluyen todas las demás normas legales que limitan la acción administrativa, así como los principios generales del derecho (*natural justice*) que deben ser observados por la Administración Pública.

De allí que en los sistemas de derecho público contemporáneos, el principio de legalidad en relación con la acción ejecutiva y administrativa, haya tenido, de hecho, una mayor importancia.

Debe señalarse que en la evolución del Estado contemporáneo, el principio de legalidad se había referido tradicionalmente a la sumisión de la Administración a la ley en el sentido de "ley formal", es decir, actos normativos dictados por el Parlamento, entendiéndose que la Administración Pública siempre debía actuar sobre la base de una norma de derecho preexistente. Este principio de la legalidad originalmente confinado a la sumisión a la ley formal, progresivamente se ha venido expandiendo al punto de que el término "legalidad" se volvió sinónimo de ordenamiento jurídico, en el sentido de que en un sistema jurídico graduado y jerarquizado, la Administración está subordinada a todas las normas superiores que gobiernan sus actividades. En consecuencia, en este contexto, la ley no sólo es ley en el sentido formal, sino también incluye a los tratados internacionales firmados por los Estados respectivos, a los decretos-ley y reglamentos y todo el resto de las otras fuentes normativas de derecho aplicadas en la Administración, incluyendo los principios generales del derecho.

Conforme a este principio de la legalidad, en un Estado de Derecho, a diferencia de la situación que se presenta en regímenes autoritarios, las actividades de la Administración están sujetas a control jurisdiccional, sea a través de los mecanismos judiciales ordinarios, sea mediante sistemas especiales de control propios del derecho administrativo, implementados mediante acciones otorgadas a los particulares para controlar cualquier violación legal que pueda haber sido cometida por la misma Administración.

En algunas oportunidades, si bien la teoría de poderes discrecionales abrió un vacío en el principio de legalidad, poco a poco se fue llenando mediante el ejercicio progresivo de control judicial de los actos discrecionales, con el resultado es que, a pesar de la libertad otorgada a la Administración para que tome decisiones, esos actos también están subordinados al control jurisdiccional de la legalidad, y ya no se los considera en ningún país como una excepción al principio de legalidad, tal y como habían sido originalmente diseñados en el derecho administrativo francés.

Cuando se confieren poderes discrecionales, la ley otorga a la Administración una cierta libertad para tomar las acciones o decisiones que considere más convenientes, respecto del hecho concreto, según su propia apreciación. Sin embargo, se ha aceptado y establecido a través del control jurisdiccional contencioso-administrativo de la actividad administrativa, que el poder discrecional tiene límites, y no puede transformarse en arbitrario. Por ello, en el derecho administrativo, progresivamente se fueron identificando diferentes límites para el ejercicio del poder discrecional derivados de los principios de la proporcionalidad, racionalidad, no discriminación, igualdad y justicia. Asimismo, se ha aceptado que el uso de poderes discrecionales por parte de la Administración no puede conducir a la violación de los principios generales que orientan el procedimiento concerniente al debido proceso y a la defensa. Prueba de que ello es el derecho a ser escuchado antes de que se tome un acto administrativo, de manera que el individuo que pueda verse afectado por tal decisión, pueda tener la oportunidad de expresar y defender sus derechos.

Todos estos principios han conducido a la limitación de los poderes discrecionales, que aun cuando se originaron jurisprudencialmente, con posterioridad se han consagrado en varios países, en leyes formales que se relacionan con los procedimientos administrativos.[257] Un ejemplo de este proceso de formalización del establecimiento de límites al poder discrecional es el artículo 12 de la Ley Orgánica de Procedimientos Administrativos de Venezuela de 1981 que establece lo siguiente:

> "Artículo 12: Aun cuando una disposición legal o reglamentaria deje alguna medida o providencia a juicio de la autoridad competente, dicha medida o providencia deberá mantener la debida proporcionalidad y adecuación con el supuesto de hecho y con los fines de la norma, y cumplir los trámites, requisitos y formalidades necesarios para su validez y eficacia".

Es decir, cuando a una autoridad administrativa le ha sido otorgada por una ley o un reglamento, suficiente libertad para tomar una medida o decisión basada en su propia apreciación de las circunstancias de hecho y de tiempo que la motivan, debe respetar, en primer lugar, el principio de la proporcionalidad de la acción administrativa; en segundo lugar, debe perseguir los fines para los cuales se han otorgado los poderes discrecionales; en tercer lugar, debe velar porque los hechos estén adecuadamente subsumidos en las reglas establecidas en las normas; y en cuarto lugar, siempre debe respetar las etapas de procedimiento requeridas para la validez y efectividad de la acción administrativa.

En esta forma, el primer límite al poder discrecional es el deber impuesto a todas las autoridades administrativas de respetar la debida proporcionalidad entre los hechos que motivan las acciones administrativas y las consecuencias establecidas en la ley. En este sentido, si la norma autoriza al órgano administrativo, por ejemplo, para aplicar una multa en montos establecidos entre dos extremos de con-

---

257 Véase A. R. Brewer-Carías, *Los Principios del Procedimiento Administrativo*, Madrid 1992.

formidad con su apreciación de la gravedad de la falta, la sanción es decir, la multa o castigo impuesto debe guardar algún tipo de proporción con los hechos reales que ocurrieron y que provocaron la acción administrativa condicionados por los principios de racionalidad, justicia y equidad.

Ese principio de la proporcionalidad, como límite al poder discrecional, conduce a otro, que es el principio de igualdad y no discriminación, en el sentido de que en relación a un hecho dado si se adopta una medida o decisión contra un individuo, igualmente debe adoptarse la misma medida o decisión contra otros individuos, siempre y cuando los hechos coincidan. Ello también exige el cumplimiento del principio de imparcialidad, como principio general de la actividad administrativa, también como límite al poder discrecional.

Pero la mencionada Ley Orgánica de Procedimientos Administrativos también establece como límite al poder discrecional, la necesidad de que la autoridad administrativa al tomar una medida o decisión, trate de cumplir con las finalidades establecidas en la norma que confiera el poder a la Administración Pública. Toda distorsión en el cumplimiento de esos fines puede provocar el control judicial de la actividad administrativa por desviación de poder.

Además, el mismo artículo 12 de la Ley Orgánica de Procedimientos Administrativos establece también, como límite a los poderes discrecionales la debida concordancia entre los hechos reales que motivan el acto administrativo, y los establecidos en la norma en particular. Eso significa que en su actuación, la autoridad pública debe determinar, primero, el hecho ocurrido; segundo, debe probarlo a través de los medios técnicos requeridos; tercero, debe calificarlos adecuadamente, y finalmente los hechos deben coincidir con los que están establecidos en la norma que autoriza el acto. Adicionalmente, todos estos pasos deben seguirse, guardando los principios de igualdad, imparcialidad y justicia antes mencionados, de manera que toda violación de los mismos implica ilegalidad.

Finalmente, la norma establece que, en el uso de los poderes discrecionales por la Administración Pública, los órganos del Estado siempre deben respetar las etapas y requisitos procedimentales normalmente requeridos para la validez y efectividad de los actos administrativos. Dentro de estas normas debe resaltarse el respeto al derecho a la defensa, el cual debe estar garantizado en todas las acciones administrativas. Este derecho que tiene cualquier ciudadano de poder defenderse y que deriva de la propia Constitución (Art. 68) ha sido desarrollado en la Ley Orgánica de Procedimientos Administrativos mediante el establecimiento formal de otros derechos derivados de los individuos, con respecto a la Administración Pública. Por ejemplo, el derecho a ser oído antes de que se tome una decisión que afecte sus derechos o intereses; el derecho a participar en los procedimientos administrativos que puedan afectar esos derechos e intereses: el derecho a ser notificado, de manera formal, de cualquier decisión que pueda afectarlo; el derecho a tener acceso a todos los documentos archivados en el expediente y el derecho a copiar esos documentos; el derecho a presentar pruebas y alegatos ante la Administración Pública en su propia defensa; y el derecho a ser notificado acerca de los medios de recurso u otras acciones que los individuos pueden emplear para su defensa sea en sede administrativa o judicial.[258]

En consecuencia, sea que la fuente de los límites al poder discrecional se derive de la jurisprudencia conforme de los principios generales antes señalados, propios de la *na-*

---

[258] Véase Allan R. Brewer-Carías, *El Derecho Administrativo y la Ley Orgánica de Procedimientos Administrativos*, Caracas 1982, pp. 112-118.

tural justice,²⁵⁹ o se establezcan en el derecho positivo, como resulta de las Leyes de Procedimientos Administrativos, lo cierto es que el principio de la legalidad aplicado a la Administración ha aumentado en su ámbito. En todos los sistemas encontramos, como algo común, tanto la exclusión de toda consideración del poder discrecional como excepción al principio de la legalidad, como la aceptación de que incluso en ejercicio del poder discrecional que le confiera la ley, la acción administrativa está completamente sometida al principio de la legalidad.

En todo caso, y en relación a esta pretendida excepción al principio de la legalidad, lo mismo puede afirmarse respecto de los denominados actos políticos de gobierno, tal como estos habían sido concebidos hace algunas décadas en los sistemas jurídicos europeos.

En efecto, como ya lo hemos señalado, en Europa Continental, algunos actos del Ejecutivo, como los actos políticos, tradicionalmente, se habían considerado como actos exentos al sometimiento a la legalidad. Debe señalarse que, aún cuando esos actos no podían ni pueden considerarse como administrativos, los esfuerzos por garantizar el imperio del derecho no sólo condujo a reducir gradualmente el número de actos políticos exentos de control, sino que luego, con la creación de Tribunales Constitucionales en Europa Continental, se hizo posible en algunos países el ejercicio del control de la constitucionalidad de esos actos de gobierno, como actos dictados en ejecución directa de la Constitución.

En conclusión, todos los actos del Ejecutivo están sometidos al principio de legalidad y por consiguiente, sujetos al control judicial, incluyéndose en la expresión "actos del

---

259 Véase en general, P. Jackson, *Natural Justice*, Londres 1979, p. 224.

Ejecutivo", por supuesto, a los actos normativos como por ejemplo, los reglamentos.

6. *El principio de la legalidad y el* Rule of Law

Tal como lo hemos señalado, en el sistema jurídico del Reino Unido, lo que se conoce como principio de la legalidad en los sistemas jurídicos de Europa continental, está comprendido en la expresión general *Rule of Law* apuntando ambas expresiones al concepto de "Estado de Derecho", y que implica que es ley la que gobierna, y no los hombres.

Sin embargo, entre ambas nociones, indudablemente que existe una diferencia histórica básica: mientras que en Europa continental el "Estado de Derecho" surgió como un sistema racional que sustituyó al Antiguo Régimen, en Inglaterra donde no existía la monarquía absoluta, el "principio de legalidad" es decir, la *Rule of Law* estuvo directamente relacionado con la doctrina medieval del "Reino del Derecho" (*reign of law*) según el cual, la ley, fuera derivada de fuentes sobrenaturales o humanas, era la que debía regir el mundo.[260]

Por consiguiente, como lo afirmó E.C.S. Wade, Dicey no inventó el concepto de *Rule of Law*,[261] sino que en realidad, fue el primer autor que en el Reino Unido lo sistematizó y analizó. Por esta razón, resulta imposible referirse al principio de la legalidad en el Reino Unido sin hacer referencia, de una u otra manera, al enfoque de Dicey, el cual

---

260 Véase W. Holdsworth, *A History of English Law*, London, 1972, Vol. II, p. 121. *Cfr.* E. C. S. Wade, "Introduction", en A. V. Dicey, *An Introduction to the Study of the Law of the Constitution*, London 1975, XCII.

261 Véase E. C. S. Wade, "Introduction", *loc. cit.*, p. XCII.

ha regido en ese país las discusiones sobre el tema en los últimos tiempos.²⁶²

De acuerdo con la clásica definición de Dicey, la *Rule of Law* significa tres cosas: la supremacía absoluta de la ley; la igualdad ante la ley y el concepto según el cual la Constitución es el resultado del reconocimiento de los derechos individuales por parte de los jueces.

Con respecto al primer significado, Dicey explicó que por *Rule of Law*:

> "entendemos... que ningún hombre puede ser castigado o ser legalmente compelido a sufrir castigo en sus bienes o su persona, salvo por una clara violación de la ley establecida en la forma legal ordinaria por los tribunales ordinarios del país.
>
> En este sentido, la *Rule of Law* se distingue de todos los sistemas de gobierno basados en el ejercicio, por personas, de poderes amplios, arbitrarios o discrecionales."²⁶³

Tal como lo expresó el mismo Dicey, la *Rule of Law* significa:

> "la supremacía absoluta o predominio de la ley regular en oposición a la influencia del poder arbitrario, lo que excluye la existencia de la arbitrariedad de las prerrogativas e incluso, de la autoridad discrecional amplia del Gobierno. Los ingleses están regidos por la ley y sólo por la ley; un hombre entre nosotros puede

---

262 Véase J. D. B. Mitchell, *op. cit.*, p. 53.
263 Véase A. V. Dicey, *op. cit.*, p. 188.

ser castigado por haber violado la ley, pero no por algún otro motivo."²⁶⁴

En cuanto a este primer significado del principio de la legalidad o *Rule of Law* debe observarse, como ya se ha expuesto, que los poderes discrecionales conferidos al Gobierno por la ley, no significan necesariamente arbitrariedad; al contrario, el Gobierno siempre tiene limitaciones en el ejercicio de sus poderes. También debe señalarse, con respecto a este primer sentido de Dicey de la *Rule of Law*, que si bien es cierto que el gobierno carece de poderes arbitrarios, dicho poder puede estar en el Parlamento, pues contrariamente a lo que sucede con los órganos legislativos de otros países, los poderes del Parlamento británico no están limitados por una Constitución. En consecuencia, el Parlamento británico, en virtud de su soberanía, goza en principio de poderes ilimitados, no sólo para dictar normas generales sino también disposiciones individuales de cualquier índole.

Por lo tanto, las normas arbitrarias no están excluidas constitucionalmente, aunque en principio, deben adoptar la forma de un Acto del Parlamento o estar autorizadas por el mismo. Sin embargo, debe señalarse que si se toma en cuenta la situación de su supremacía que de hecho, el gobierno tiene en relación al Parlamento, debido a que las decisiones de este último están condicionadas por el Gobierno por el sistema partidista, el resultado es que la decisión final sobre determinadas medidas, en última instancia la toma el Gobierno, el cual puede solicitar una acción del Parlamento, incluso después de haber tomado dichas medidas. En este sentido, por ejemplo, se ha dicho que en 1931, el Parlamento ratificó y legalizó una serie de actos ilegales

---

264 *Ibid.*, p. 202. En este concepto, por ley ordinaria se entiende el derecho estatutario y *common law*, teniendo el primero supremacía sobre el segundo.

que habían sido adoptados por el Gobierno con respecto a la abolición del patrón oro, en cuyo caso, el poder arbitrario del Parlamento sirvió para sancionar actos ilegales.[265]

Según Dicey, la *Rule of Law* también significa igualdad jurídica. En tal sentido señaló:

> "En segundo lugar, cuando hablamos de la *Rule of Law* como una característica de nuestro país, entendemos que, para nosotros, ningún hombre está por encima de la ley, pero (y esto es otra cosa) cualquier hombre, cualquiera que sea su rango o condición, está sujeto a la ley ordinaria del reino y por tanto, sometido a la jurisdicción de los tribunales ordinarios."[266]

Sin embargo, al explicar este segundo significado, Dicey fue más allá, aplicando el concepto a los funcionarios del Gobierno, al señalar:

> "Significa, una vez más, igualdad ante la ley, o el sometimiento igualitario de todas las clases a la ley ordinaria del país, administrada por los tribunales de justicia ordinarios. En este sentido, la *Rule of Law* excluye la idea de cualquier exención de funcionarios del deber de obediencia a la ley que gobierna a los demás ciudadanos, o de la jurisdicción de los tribunales ordinarios."[267]

En este sentido, la concepción de Dicey del principio de la legalidad excluía la idea de cualquier exención en beneficio de funcionarios públicos u otros individuos, y naturalmente también excluía cualquier idea de tribunales especiales de justicia administrativa, al estilo francés.

---

265 Véase I. Jennings, *The Law and the Constitution, cit.*, pp. 57-58.
266 Véase A. V. Dicey, *op. cit.*, p. 193.
267 *Ibid.*, pp. 202-203.

La consecuencia de esta concepción fue el famoso enfoque erróneo que formuló Dicey sobre el "derecho administrativo", que lo hizo concluir en que en el Reino Unido no existía nada que equivaliera realmente al "derecho administrativo" o a los "tribunales administrativos" de Francia.[268]

Dicey, en realidad, reaccionó contra el derecho administrativo francés, tal como él lo entendió. Afirmó que el derecho administrativo francés se basaba en varias "ideas ajenas a las concepciones del inglés moderno"; entre otras, en la idea:

> "según la cual, (en Francia) el Gobierno y cada servidor público tiene, como representante de la Nación, un cuerpo de derechos, privilegios o prerrogativas especiales frente a los que los ciudadanos comunes; derechos, privilegios o prerrogativas especiales cuyo alcance se determina de acuerdo con principios distintos de aquellos que rigen los derechos y deberes jurídicos de un ciudadano con respecto a otro."[269]

Todos estos privilegios y prerrogativas, a los que hacía referencia Dicey, llevaban a lo que se consideraba el más importante entre ellos en el sistema francés: la existencia de tribunales administrativos especiales para juzgar a las entidades y funcionarios públicos, ubicados en un sistema de judicatura separado y diferente del Poder Judicial, que tenían en su cúspide no a la Corte de Casación, sino al Consejo de Estado.

---

268 *Ibid.*, p. 203.
269 *Ibid.*, pp. 336-37. "Un individuo que trata con el Estado, según las ideas francesas, no lo hace de la misma forma como lo haría si tratara con su vecino", p. 337.

En Gran Bretaña, por supuesto, desde hace décadas quedó demostrado que la visión de Dicey acerca del derecho administrativo era errada[270] y que la igualdad jurídica no puede significar que los órganos del Estado deben estar subordinados a las mismas leyes que se aplican a los ciudadanos comunes. Como J. D. B. Mitchell lo señaló:

> "Si bien es deseable el sometimiento de los funcionarios a la ley, esto no significa que en todos los casos, o en general, se trate de una sujeción a la ley aplicable al ciudadano común (porque) está claro que los poderes del Gobierno no pueden ser los mismos que los del ciudadano común... y que en cuanto concierne a los derechos, las entidades públicas ni los funcionarios públicos pueden estar regidos por ley ordinaria."[271]

En consecuencia, si, en principio, es deseable que los órganos del Poder Ejecutivo estén sujetos a la misma ley que rige a los ciudadanos, esto no excluye por supuesto la necesidad eventual de que el Gobierno, en vista de su misma naturaleza, pueda tener prerrogativas y poderes especiales. Lo que realmente exige el principio de la legalidad es que no se le confiera al Gobierno ningún privilegio o exención innecesaria con relación a las leyes ordinarias. Al respecto, por ejemplo, el hecho de que la Corona no pudiera ser llevada a un tribunal para exigírsele responsabilidad, constituía un privilegio innecesario, el cual fue eliminado en 1947, por la *Crown Proceeding Act.*[272]

En todo caso, en cuanto a este segundo significado del principio de la legalidad conforme a las ideas de Dicey, puede concluirse que en realidad implicaba que los órganos del Estado deben estar sometidos a la ley. En la misma

---

270 Véase H. W. R. Wade, *Administrative Law*, Oxford 1984, p. 25.
271 Véase J. D. B. Mitchell, *op. cit.* p. 58.
272 Véase H. W. R. Wade, *op. cit.*, p. 24.

forma, teniendo en cuenta el principio de soberanía del Parlamento, es decir que el Parlamento, en su carácter de legislador, es soberano y está exento de cualquier tipo de control judicial, puede afirmarse que el principio de la legalidad significa que todas las acciones gubernamentales deben ser llevadas a cabo de conformidad con la Ley. En particular, cuando se aplica a las autoridades administrativas, estas sólo puedan actuar si han sido habilitadas para ello, por una ley, debiendo entenderse aquí por "ley" un acto del Parlamento. En otras palabras, en el Reino Unido, la *Rule of Law* implica que cualquier acto de gobierno que pueda afectar los derechos o libertades individuales, debe dictarse estrictamente de conformidad con la autoridad conferida por un acto del Parlamento.

Pero, el principio de la legalidad no sólo consiste en la mera sumisión a la ley formal; también implica, como se ha visto, que las autoridades administrativas deben someterse a los principios y normas que limitan los poderes discrecionales conferidos a dichas autoridades por un acto del Parlamento. Por esta razón, se ha afirmado que el principio de la *rule of law* se ha desarrollado con relación a la Administración, basado en limitaciones judiciales a los poderes que pueden haber sido otorgados a las autoridades administrativas por los actos del Parlamento,[273] con el objeto de prevenir y evitar los abusos en el ejercicio de los poderes discrecionales.

Además, el principio de la *Rule of Law* como manifestación específica del Estado de Derecho y del principio de legalidad en el sistema jurídico en el Reino Unido, implica que las demandas intentadas por parte de los particulares

---

[273] Véase L. L. Jaffe y E. G. Henderson, "Judicial review and the rule of law: historical origins", *The Law Quarterly Review*, 72, 1956, pp. 345-346. Véase en general, B. Schwartz y H. W. R. Wade, *Legal Control of goverment*, Oxford 1978, p. 350.

contra actos o funcionarios administrativos o gubernamentales, deban ser intentadas ante las autoridades judiciales, es decir, ante jueces completamente independientes de los órganos ejecutivos. Por supuesto, el principio de legalidad no exige que necesariamente los órganos jurisdiccionales que controlan las acciones administrativas estén organizados en forma separada de los órganos judiciales ordinarios. Lo que el principio de legalidad y el Estado de Derecho exigen es que el Control contencioso-administrativo sea ejercido por órganos jurisdiccionales autónomos e independientes. En los países del *common law*, en especial Estados Unidos y en el Reino Unido, la competencia para conocer de los conflictos entre la Administración y los particulares se atribuye a los tribunales ordinarios de justicia.[274]

En consecuencia, contrariamente a la práctica en el sistema francés, donde el control contencioso-administrativo de la legalidad de los actos administrativos se atribuye a tribunales administrativos organizados separadamente de la jerarquía judicial pero independientes del Gobierno, en el sistema británico, los particulares sólo pueden demandar a la Administración Pública ante los tribunales y jueces ordinarios, siendo este uno de los elementos más relevantes del concepto de la *Rule of Law*.

El tercer significado del principio de la *Rule of Law* de acuerdo con Dicey, es que la Constitución es el resultado del reconocimiento de los derechos individuales por parte de los jueces; por lo que dichos derechos no son el resultado de una declaración en una Constitución escrita. Dicey explica este tercer significado de la manera siguiente:

> "Podemos afirmar que la Constitución está impregnada del principio de la *Rule of Law* en el sentido de

---

274 Véase J. M. Evans, de *Smith's Judicial Review of Administrative Action*, Londres 1980, p. 11.

que los principios generales de la Constitución (por ejemplo el derecho a la libertad personal o el derecho de reunión pública) son entre nosotros, el resultado de decisiones judiciales que determinan los derechos de los individuos en casos concretos particulares llevados ante los tribunales; mientras que de acuerdo con muchas constituciones extranjeras, la seguridad dada a los derechos de los individuos resulta, o parece resultar, de los principios generales de la Constitución."[275]

En otras palabras, Dicey describía su concepción del principio de la *Rule of Law* afirmando que la expresión:

"puede usarse como una fórmula para expresar el hecho de que en el Reino Unido, la ley de la Constitución, las normas que en otros países forman parte de un Código Constitucional, no son la fuente sino la consecuencia de los derechos de los individuos tal como se definen y son aplicados por los tribunales."[276]

En nuestro criterio, este tercer significado del principio de la legalidad en la actualidad, no creemos que pueda sustentarse. Los derechos individuales que el Estado de Derecho debe garantizar y proteger en la actualidad, no solamente son las libertades individuales, como la libertad de expresión, que preocupaba a Dicey, sino más bien derechos como el de la integridad física del ser humano, el derecho a la vivienda, a educarse, a gozar de un sistema de seguridad social, a vivir en un medio ambiente libre de contaminación, etc., los cuales es difícil que puedan ser creados mediante decisiones judiciales. Al contrario, estos derechos requieren de una legislación compleja,[277] por lo que se ha

---

275 Véase A. V. Dicey, *op. cit.*, p. 195.
276 *Ibid.*, p. 203.
277 Véase J. D. Mitchell, *op. cit.*, pp. 54-55.

dicho que el *common law* no es suficiente para garantizar el bienestar social y económico del ciudadano.'[278]

Por otra parte, si bien es cierto que los tribunales ordinarios siguen desempeñando un papel fundamental en la protección de los derechos individuales, no es menos cierto, que para la aplicación de tales derechos se requiere de reglamentos. Estos derechos no pueden ser solamente el resultado de decisiones de tribunales, sino que deben resultar de su establecimiento en actos del Parlamento. También debe tomarse en cuenta el principio de la supremacía del derecho escrito sobre el derecho consuetudinario, ya que este último siempre puede ser modificado por el Parlamento y, por lo tanto, las libertades más fundamentales pueden quedar eliminadas.

En consecuencia, la convicción de Dicey según la cual el derecho consuetudinario es el medio legal de mayor relevancia para la protección de las libertades del ciudadano frente al Estado ha sido superada, y la experiencia de numerosos países occidentales, dotados de Declaraciones de derechos humanos estables que imponen limitaciones legales a la legislatura, ha demostrado ser de gran valor.

En todo caso, debido a la amplia divulgación de los conceptos de Dicey, en especial con respecto a la desconfianza hacia el derecho administrativo, su planteamiento ha seguido siendo ampliamente debatido a lo largo de este siglo en el Reino Unido. Dentro de su normativa propia, nuevos conceptos han aparecido con relación al principio de la legalidad, sin duda influenciados por su desarrollo en Europa continental.

Para entender esta evolución, basta recordar aquí dos de los nuevos y recientes enfoques.

---

278 Véase E. C. S. Wade y G. Godfrey Phillips, *Constitutional and Administrative Law,* Londres 1982, p. 89.

El primero se refiere al concepto desarrollado por H. W. R. Wade en su muy conocido libro sobre *Administrative Law*. En esta obra, Wade identifica cinco significados diferentes pero relacionados del principio de la legalidad. En primer lugar, cualquier acción gubernamental debe llevarse a cabo de conformidad con la ley, en el sentido de que todos los actos administrativos que limitan los derechos individuales deben ser autorizados por la ley. En segundo lugar, el Gobierno debe actuar dentro del marco de normas y principios reconocidos que restringen el poder discrecional, es decir que parte esencial del principio de la legalidad se refiere a un sistema de normas para impedir el abuso de este poder discrecional. En tercer lugar, los conflictos en cuanto a la legalidad de los actos administrativos deben resolverse ante tribunales totalmente independientes del Poder Ejecutivo, y en el caso del Reino Unido, ante los tribunales ordinarios de justicia. En cuarto lugar, la ley debe ser imparcial frente al Gobierno y al ciudadano, es decir, que si bien no puede ser la misma para ambos, el Gobierno no puede disfrutar de exenciones o privilegios innecesarios concedidos por leyes ordinarias. Y, en quinto lugar, fuera del ámbito de la Administración Pública, el principio de la legalidad significa que nadie puede ser castigado a menos que sea por crímenes definidos por la ley, un principio que se aplica particularmente en el ámbito de las sanciones administrativas.[279]

En una perspectiva más descriptiva, Joseph Raz enumera algunos principios que se desprenden de la idea básica del principio de la legalidad, la cual complementa el enfoque antes mencionado de Wade. Estos principios son los siguientes: todas las leyes deben ser prospectivas, abiertas y claras; deben ser relativamente estables; la elaboración de ciertas leyes debe guiarse por normas abiertas, estables,

---

[279] Véase H. W. R. Wade, *op. cit.*, pp. 22, 24.

claras y generales; debe garantizarse la independencia del Poder Judicial; deben cumplirse los principios de justicia natural; los tribunales deben tener poderes de control sobre la aplicación de dichos principios; éstos deben ser fácilmente accesibles; y la discreción de los órganos de prevención del crimen no pueden obstaculizar la ley.[280]

Todos estos significados o principios relacionados con el concepto mismo de principio de la legalidad, en el sistema constitucional británico y desde la visión de Dicey, naturalmente se relacionan sobre todo con las actividades del Ejecutivo o Gobierno, y fundamentalmente, con la acción administrativa. El Parlamento, por su soberanía, no está comprendido en el principio.

Debido a la ausencia de una Constitución escrita y al ya mencionado principio de la soberanía del Parlamento, no existe ley estable a la que éste debe someterse. Por consiguiente, las actividades del Parlamento no tienen límites legales y sus actos no pueden ser objeto de control judicial, porque ningún tribunal goza de la facultad para controlar su constitucionalidad. He aquí la verdadera diferencia entre el concepto de la *Rule of Law* en el sistema constitucional británico y el principio de legalidad en los sistemas jurídicos de Europa continental y América.

En Europa y América, el principio de la legalidad se aplica al Poder Legislativo puesto que los Congresos, las Asambleas Nacionales y los Parlamentos están subordinados a la Constitución y limitados por ella; una Constitución entendida como ley suprema, escrita y rígida. Además, tal sumisión está sujeta al control judicial por parte de tribunales ordinarios o especiales con el poder suficiente, en algunos casos, para anular leyes inconstitucionales.

---

280 Véase J. Raz, "The rule of law and its virtue", *The Law Quarterly Review*, 93, 1977, pp. 198-202.

V
LA DECLARACIÓN DE LOS DERECHOS FUNDAMENTALES Y LIBERTADES CIUDADANAS

El quinto principio característico del Estado de Derecho es la declaración constitucional de un conjunto de derechos y libertades fundamentales generalmente enumerados en una declaración formal de rango constitucional, o establecidos en una Constitución escrita, lo que garantiza la estabilidad y seguridad jurídica necesarias para impedir su violación, aun por parte del mismo Estado.

En este sentido, la primera característica de este establecimiento formal de los derechos fundamentales es que constituye una de las principales consecuencias del ya mencionado principio de la distribución del poder, esencial en el Estado de Derecho. Hemos señalado, en efecto, que la distribución del poder se manifiesta siempre de tres maneras: en primer lugar, en la distribución del poder entre los ciudadanos y el Estado; en segundo lugar, en la distribución del poder entre el poder constituyente y el poder constituido; y en tercer lugar, en la distribución del poder, dentro de los poderes constituidos, en forma horizontal o vertical, dando lugar a la clásica separación orgánica de los poderes del Estado, o a una forma concreta de descentralización política del Estado.

La primera forma de distribución del poder, entre los ciudadanos y el Estado, se relaciona, precisamente, con el establecimiento de los derechos y libertades fundamentales. En efecto, un Estado de Derecho implica invariablemente, por una parte, la existencia de una esfera de libertades para los ciudadanos fuera del alcance del Estado, y, por la otra, el goce, por parte del Estado, de una serie de poderes y prerrogativas necesarias para poder dar cumplimiento a sus funciones, regidos por normas distintas a las aplicadas a los particulares. Esta distribución del poder entre los ciudadanos y el Estado, la cual implica el establecimiento formal de los derechos y libertades para los primeros, evidentemente debe, revestir una forma rígida, resultante del poder constituyente y, en consecuencia, no sujeta a enmienda por parte de la legislación ordinaria.[281]

En todo caso, el establecimiento de los derechos fundamentales en las Constituciones, puede considerarse como uno de los elementos centrales del liberalismo, como consecuencia de la distinción entre el Estado y la Sociedad, y por sobre todo, del Estado de Derecho, que tiene como objetivo principal la protección, la garantía y el aseguramiento de los derechos humanos y las libertades fundamentales, contrariamente a lo que sucedía en un Estado absoluto donde no existían estos derechos.

Por ello, originalmente, la distribución de poderes entre la esfera de libertades de los ciudadanos y los poderes del Estado generó el concepto según el cual, en principio, la libertad individual era ilimitada, mientras que los poderes del Estado estaban limitados, precisamente debido a que el Estado había sido creado para proteger las libertades.

1. *Fundamentos teóricos y antecedentes históricos*

Esta concepción está a la base de la aparición del concepto de Estado de Derecho, desde la misma formulación

---

[281] Tal como lo dijo Hood Phillips: "Las disposiciones que no pueden ser enmendadas por procedimientos legislativos ordinarios, son llamadas rígidas". *Reform of the Constitution*, Londres 1970, p. 3.

de su fundamento filosófico. Aquí, de nuevo, debemos recordar los conceptos de Locke, en su libro *Two Treatises of Government* (1690), sin duda, la obra más clásica de la tradición liberal, y la que ejerció la mayor influencia en el nacimiento del Estado de Derecho.

En efecto, en opinión de Locke, el establecimiento de una Sociedad civil o política, en oposición a la Monarquía absoluta, implicaba un acuerdo entre los hombres:

> "para ingresar y unirse a una comunidad con el fin de convivir unos con otros, de manera cómoda, segura y pacífica, con el seguro goce de sus propiedades y una mayor seguridad contra cualquiera que no sea parte de ella."[282]

En consecuencia, afirmaba Locke, el poder otorgado a la comunidad y, en particular, al Legislador:

> "no es, ni puede ser absolutamente arbitrario en relación a las vidas y las fortunas de las personas, ya que al no ser sino el poder conjunto de cada miembro de la sociedad, otorgado a aquella persona o asamblea que es Legislador, no puede ser más de lo que estas personas tenían en el estado natural antes de entrar a formar parte de la sociedad y entregarse a la comunidad; ya que nadie puede transferir a otro más poder del que tiene, y nadie tiene un poder arbitrario absoluto sobre sí mismo o sobre cualquier otro para destruir su propia vida o quitar la vida o propiedad de otro. Tal como ha sido comprobado, un hombre no puede someterse a sí mismo al poder arbitrario de otro; y no teniendo en el estado natural poder arbitrario sobre la vida, la libertad

---

[282] Véase J. Locke, *Two Treaties of Government*, citado en W. Laquer y B. Rubin (ed.), *The Human Rights Reader*, Nueva York 1979, p. 64.

o la propiedad de otro, sino sólo el que la ley de la naturaleza le concedió para la preservación de su persona y del resto de la humanidad, ello es todo lo que puede dar u otorgar a la comunidad y a través de ella, al Poder Legislativo, de modo que el Legislador no tiene más que eso. Su poder, en sus límites extremos, queda restringido al bien común de la sociedad.

Es un poder que no tiene otra finalidad que preservar, y por lo tanto, no puede en ningún caso tener poder para deliberadamente destruir, alienar o empobrecer la persona."[283]

Partiendo de lo anterior, Locke definió el "objetivo del gobierno" como "el bien de la humanidad", señalando que "todo el poder que tiene el gobierno, es sólo para el bien de la sociedad". En consecuencia, al poder o gobierno arbitrario y absoluto no sometido a leyes estables, es lo más opuesto a la sociedad civil. A este respecto, expresó:

"Los hombres no renunciarán a la libertad que poseen en su estado natural ni se someterían a tales leyes, salvo para preservar sus vidas, libertades y propiedades y, mediante normas legales establecidas, para garantizar su paz y tranquilidad. No se podría suponer que ellos por más poder que tengan para hacerlo, puedan otorgar a una o más personas, o a varios, un poder arbitrario absoluto sobre sus personas y propiedades, y conceder a los magistrados poder para ejercer su voluntad arbitraria e ilimitada sobre los ciudadanos. Esto significaría colocarse en una posición peor que la que tenían en el estado natural, según la cual gozaban de la libertad de defender su derecho contra las injurias de los demás y tenían poder en una misma relación de

---

283 *Idem.*, p. 65.

fuerzas, para mantener la libertad cuando se veía amenazada por uno o varios hombres".

La conclusión de esta concepción general en relación a los derechos fundamentales, o "propiedad", como los identificó Locke, fue que:

> "el poder supremo no puede quitarle a ningún hombre parte de su propiedad sin su propio consentimiento; ya que al ser la preservación de la propiedad el objetivo último del gobierno y la razón por la cual los hombres entran a formar parte de la sociedad, este poder supone y requiere, necesariamente, que las personas tengan propiedad."[284]

Desde esta perspectiva, como se ha dicho, la elaboración del concepto del Estado de Derecho en oposición al del Estado absoluto, se basó en la idea de la existencia de libertades o derechos del hombre, los cuales son irrenunciables e inalienables; y de que el Estado se estructuró para la protección y preservación de dichas libertades.

En este mismo sentido, los otros dos teóricos del Estado cuyas ideas contribuyeron a crear el Estado liberal, también fueron claros y elocuentes. Así, al referirse a la naturaleza de los derechos de los ciudadanos, Rousseau indicó:

> "Renunciar a su propia libertad equivale a renunciar a su calidad de hombre y a los derechos y deberes de la humanidad... Tal renuncia es incompatible con la naturaleza humana, pues quitarle al hombre toda libertad a su voluntad, equivale a quitarle toda moralidad a sus actos.

---

284 *Ibid.*, pp. 66 y 67.

En pocas palabras, todo aquello que contemple autoridad absoluta, por una parte, y obediencia ilimitada, por la otra, es vano y contradictorio."[285]

Por su parte, tal como lo señalamos, Montesquieu afirmaba que la "libertad política" sólo se encuentra en "gobiernos moderados", es decir, aquellos en los que "no existe abuso de poder,"[286] y estos sólo existen –decía Montesquieu– en sistemas como el inglés donde el poder controla al poder. De allí, su teoría de la distribución del poder como requisito para la libertad política.

En este aspecto, Inglaterra también tenía una larga tradición, y aún cuando la idea de "derechos naturales" haya sido calificada como "un producto (inglés) estrictamente para la exportación, en particular hacia Francia y las colonias americanas,"[287] la verdad es que tuvo una enorme influencia en la elaboración del concepto de libertad, tanto en Inglaterra como en el extranjero.

Es frecuente que se considere a la Carta Magna de 1215 como la primera declaración de los derechos fundamentales. Sin embargo, en realidad, esta Carta que fue una lista de promesas y concesiones reales, fue el resultado de una lucha entre las fuerzas feudales centrípetas y centrífugas, es decir, por una parte las fuerzas del Rey, como consecuencia de la tiranía del Rey Juan y de las instituciones centrales establecidas y que administraban el *common law* y, por la otra, las fuerzas de los barones del reino quienes buscaban la desintegración, y con ello independencia y

---

285 Véase J. J. Rousseau, *The Social Contract*, citado en W. Laquer y B. Rubin (ed.), *op. cit.*, p. 70.
286 Véase Montesquieu, *The Spirit of Laws*, citado en W. Laquer y B. Rubín (ed.), *op. cit*, pp. 68-69.
287 Véase K. Minogue, "The History of the Idea of Human Rights", en W. Laquer y B. Rubin (ed.), *op. cit.*, p. 6.

poder y las fuerzas combinadas de los terratenientes, el clero y los comerciantes.[288]

Como consecuencia de esta lucha, la Carta Magna resultó ser una carta formal en el sentido medieval del término, es decir, una dádiva por parte del Rey. Con el tiempo se convirtió en un código de leyes reformistas, que en realidad el Rey había tenido que reconocer por las exigencias de los barones y obispos, que se habían impuesto al Rey reticente.[289] Por ello, esta Carta abrió paso a un nuevo capítulo en la historia inglesa, siendo considerada como el origen y la fuente del derecho constitucional inglés.[290]

No obstante, como lo señalamos, la Carta Magna, puede considerarse como uno de los múltiples ejemplos de estipulaciones entre el Rey y los señores feudales; en este sentido, se trató de un *stabilimentum* o una decisión adoptada por el Rey, la Iglesia, los barones y los comerciantes, como socios en los poderes legislativos de un Estado naciente, contenida en un documento probatorio, llamado Carta. En consecuencia, esta Carta establecía una serie de derechos de naturaleza heterogénea, aplicables a las distintas clases sociales que habían sido incluidas en ella. Sus cláusulas redactadas con intervención de los Obispos, fueron clasificadas en cinco grupos: las que concedían la libertad de la iglesia; las que se referían a las llamadas quejas feudales; las relativas al comercio; las que trataban del gobierno central; y aquellas destinadas a limitar el poder arbitrario.[291]

---

288 Véase W. Holdsworth, *A History of English Law*, Vol. II, Londres 1971, pp. 207-208. *Cfr*. F. W. Maitland, *The Constitucional History of England*, Cambridge 1968, p. 67.
289 Véase F. W. Maitland, *op. cit.*, p. 67.
290 Véase W. Holdswoth, *op. cit.*, Vol. II, p. 290.
291 *Idem.*, p. 212.

En realidad, debe señalarse que la Carta Magna no contenía nada que se pareciera a una declaración general de los derechos fundamentales del pueblo inglés. Los derechos de los "hombres libres" a los que se refería el documento, no eran los de todos los ingleses, sino de una parte de ellos, particularmente de los barones: y, si bien es cierto que en algunas cláusulas la Carta Magna mencionaba a todos los *"liberi homines"*, en un sentido que pudiera haber incluido a los villanos, como lo indicó Sir William Holdsworth:

> "queda muy claro que ellos estaban protegidos no porque se les quisiera otorgar algún derecho, sino porque eran propiedad de sus señores, y demasiado amedrentamiento sobre ellos disminuiría su valor."[292]

Por tanto, si bien es cierto que la Carta Magna garantizaba a todos los hombres algunos derechos de protección contra el abuso del poder real, no se la puede comparar con una declaración moderna de derechos del hombre y del ciudadano. En aquella época, como se señaló, sólo los barones eran *liberi homines*; solamente ellos eran *liberi* y podían ser considerados como *homines*. Como consecuencia, históricamente, la Carta Magna fue un acuerdo entre la aristocracia feudal y su Rey, a quien se le renovaba la sumisión, a cambio de derechos garantizados. En este sentido, los 63 capítulos de la Carta Magna contenían limitaciones al Poder Judicial, por ejemplo, la afirmación según la cual ningún hombre libre podía ser encarcelado o arrestado, salvo por un tribunal legal compuesto por miembros de su propia clase o de conformidad con la *Law of the Land*; limitaciones al poder impositivo y, sobre todo, la creación de un comité de resistencia en caso de que dichas disposiciones no se cumplieran.

---

292 *Idem.*, p. 212.

En consecuencia, en la Carta Magna no había referencia alguna al pueblo en su conjunto, y no podía ser de otra manera ya que, en realidad, éste aún no había aparecido en la historia. Naturalmente, estos hechos históricos no le restan a la Carta su importancia capital en la historia constitucional británica, debido, básicamente, al sentido simbólico que a ella se asocia.

Lo cierto es que el concepto moderno de derechos fundamentales, originalmente relacionados con la idea de los derechos naturales, sólo aparece más tarde, después de la Edad Media al finalizar el Siglo XVI, cuando la idea de deber abrió paso a la idea de derechos[293] y como consecuencia como lo hemos señalado, de la elaboración de los teóricos del Estado absoluto. La primera expresión formal de este nuevo concepto puede encontrarse en la acción de *Habeas Corpus* desarrollada por los tribunales ingleses, precisamente por la influencia e interpretación de la Carta Magna. Como lo señaló Sir William Holdsworth:

> "que la famosa cláusula de la Carta Magna que determinó que "ningún hombre libre podía ser encarcelado, desposeído, exilado, disminuido o de alguna manera destruido salvo mediante un juicio legal por sus pares o por la ley de país"; tuviera o no como objetivo salvaguardar el principio según el cual ningún hombre puede ser encarcelado sin el debido proceso legal, rápidamente se interpretó como una cláusula que lo salvaguardaba.
>
> En virtud de que se interpretó en esa forma, ha ejercido una gran influencia tanto sobre la manera como los jueces han desarrollado las acciones (*writs*) que

---

[293] "Una manera común y útil de describir la transición del mundo medieval al mundo moderno consiste en afirmar que la idea de deber abrió paso a la idea de derecho". K. Minogue, *loc. cit.*, p. 5.

podían ser usados para salvaguardar esta liberta, como sobre la manera como la Legislatura ha apoyado tal desarrollo."[294]

Y precisamente, el *Habeas Corpus Act* de 1679 es quizás, la primera ley formal moderna relacionada con un derecho fundamental a la libertad individual, aun cuando sólo se aplicaba a la detención por "cualquier asunto criminal o supuestamente criminal". Se aprobó para garantizar que las personas detenidas por cargos criminales fuesen juzgadas con prontitud, y para asegurar que los poderes para detener personas por cargos criminales, no fueran abusivos.[295] Sin embargo, la primera ley formal moderna que se refirió a las libertades fundamentales en un sentido más amplio, fue la *Bill of Rights* de 1689, sancionada al final de la Revolución inglesa de 1688-1689, la cual marcó la victoria definitiva del Parlamento en su lucha contra la Corona.

Esta ley, adoptada por el verdadero nuevo Parlamento que resultó electo de la Convención parlamentaria de 1689, otorgó una indudable autoridad legal a todas las disposiciones contenidas en la Declaración de Derechos que había sido presentada en febrero de 1689, al Príncipe Guillermo y a la princesa María de Orange, cuando la Convención les ofreció la Corona de Inglaterra, y que contenía todas las resoluciones principales de dicha Convención. En consecuencia, por su contenido, más que una simple declaración de derechos, ha sido considerada como un documento polí-

---

294 Véase W. Holdsworth, *op. cit.*, Vol. II, p. 209.
295 Véase E. C. S. Wade y G. Godfrey Phillips, *Constitutional and Administrative Law*, 9a edición por A. W. Bradley, Londres 1980, p. 456.

tico que-incluía "los derechos de la nación"[296] tal como fueron previamente establecidos por la legislación.[297]

En todo caso, en relación a los derechos contenidos en la *Bill of Rights* fueron mencionados en la Declaración, a través de una disposición que señalaba que:

> "todos y cada uno de los derechos y libertades afirmados y reivindicados en la mencionada declaración, son auténticos, antiguos e indudables derechos y libertades del pueblo de este Reino, y así deben ser considerados, estimados, adjudicados, vistos y tomados como tales."[298]

Pero en realidad, la Declaración de Derechos de 1689 sólo puede ser considerada como un documento que tendía únicamente a restablecer los viejos y ya reconocidos derechos de los ingleses, que habían sido violados cruelmente por el Rey Jaime II. Asimismo, podía ser considerada, al igual que la Bill of Rights, como un documento reformista radical, en el sentido de que solucionó disputas de antigua data de manera favorable al Parlamento y a los individuos, de acuerdo con los principios políticos libertarios adoptados por la Revolución.

Como lo afirmó L. G. Schwoerer en su estudio sobre la Declaración de Derechos de 1689, estas Declaración y Carta de Derechos:

---

296 Véase L. G. Schwoerer, *The Declaration of Rights*, 1689, 1981, pp. 19, 291.
297 Esta es la razón por la cual W. Holdsworth consideró que en la Carta de Derechos no había ninguna "afirmación de un principio constitucional", *op. cit.*, Vol. II, Londres 1971, p. 241.
298 Citado por P. Allot, "The Courts and Parliament: Who's Whom?", *The Cambridge Law Journal*, 38 (1), 1979, p. 98.

"se referían a prerrogativas reales qué se encuentran en el centro mismo de la soberanía; y al poder con respecto a la ley, a la autoridad militar y. a las políticas impositivas. Buscaban igualmente fortalecer el papel del Parlamento, al reclamar el derecho a elecciones libres, a la libre expresión al libre debate, a los juicios libres y reuniones frecuentes. Garantizaban los derechos del individuo a someter peticiones al Rey sin temor a represalia, a llevar armas' (con ciertas restricciones) y a gozar de protección contra ciertos procedimientos judiciales (fianzas y multas excesivas, castigos crueles e inhabituales, y la imposición de multas y confiscaciones sin previa condena)."[299]

En esta forma, este documento debe apreciarse como el ingrediente necesario de la Revolución de 1688-1689 de manera que ésta no se considere como un simple golpe de estado. Al contrario, la Revolución ha sido considerada como real, no sólo porque destruyó los elementos esenciales del antiguo régimen, sino porque, igualmente, restauró algunos derechos que habían sido pisoteados por los Estuardo; y al resolver viejas controversias, dio paso a una nueva realeza. En consecuencia, en el nuevo sistema político que emergió, sufrieron cambios radicales los principios del derecho divino de la monarquía, la idea de la sucesión hereditaria directa; las prerrogativas del Rey sobre la ley, y los procedimientos judiciales, militares e impositivos que perjudicaran al individuo. El Parlamento, por su parte, logró su supremacía definitiva en su lucha contra el Rey. Por ello, esta Revolución fue considerada por Schwoerer como "la más grande, en el sentido de que fue la más efectiva de todas las revoluciones que se sucedieron en la historia europea moderna. Su influencia se hizo sentir en la revolución (así como en el documento que la acompañó) que

---

299 Véase L. G. Schwoerer, *op. cit.*, p. 283.

se produjo a finales del Siglo XVIII en las Colonias Americanas."[300]

Por ello, la importancia de la *Bill of Rights* de 1689 reside en dos aspectos principales: en primer lugar, porque abrió el camino a la transición del antiguo sistema de derechos de clase hacia los derechos individuales modernos, declarándolos, no para algunas clases privilegiadas sino para el pueblo inglés en su conjunto; y en segundo lugar, porque tuvo influencia sobre las primeras declaraciones de derechos fundamentales de la época moderna, las de las colonias inglesas en Norteamérica.

2. *Las declaraciones americana y francesa, y su influencia en el constitucionalismo moderno*

Puede señalarse que las Declaraciones de derechos contenidas en las Cartas de las Colonias americanas constituyen las primeras declaraciones formales de derechos individuales en el sentido constitucional moderno. Estas difieren de sus predecesoras inglesas, principalmente por el hecho de que al establecer los derechos no se refirieron a derechos derivados del *common law* o la tradición, sino más bien a que los derechos consagrados en las *Bill of Rights* de estas Colonias eran derechos naturales que "pertenecen al (pueblo) y a su posteridad, como fundamento y base del gobierno", tal como lo estableció la Declaración de Derechos de Virginia, de 12 de junio de 1776.[301] En el breve Preámbulo de esta Declaración, se estableció claramente la relación entre los derechos naturales y el gobierno, de lo que resulta la influencia directa de las teorías de Locke, para quien la sociedad política debía constituirse en

---

300 *Idem.*, p. 291.
301 Véase el texto en J. Hervada y J. M. Zumaquero, *Textos Internacionales de Derechos Humanos*, Pamplona 1978, p. 25.

torno a estos derechos como fundamento y base del gobierno.

Los tres primeros capítulos de esta Declaración siguieron claramente estas ideas:

> *Sección 1*: Que todos los hombres son, por naturaleza, igualmente libres e independientes, y tienen ciertos derechos innatos, de los cuales, cuando entran en estado de sociedad, no pueden, por ningún pacto, privar o desposeer a su posteridad; a saber, el goce de la vida y de la libertad, con los medios de adquirir y poseer la propiedad, y buscar, conseguir y lograr la felicidad y la seguridad.
>
> *Sección 2*: Que todo poder está investido en el pueblo y, consecuencialmente deriva de él; que los magistrados son sus mandatarios y servidores y en todo momento responsables ante él.
>
> *Sección 3*: Que el gobierno se instituye o debería serlo, para el provecho, la protección y la seguridad comunes del pueblo, nación o comunidad; que, de todos los varios modos o formas de gobierno, el mejor es aquél que es capaz de producir mayor grado de felicidad y de seguridad, y está más eficazmente asegurado contra el peligro de la mala administración; y que, cuando un gobierno resulta inadecuado o contrario a estos principios, una mayoría de la comunidad tiene el derecho indiscutible, inalienable e irrevocable de reformarlo, modificarlo o abolirlo, en la forma que se juzgue más conveniente al bienestar público.[302]

Además, la Sección consagraba la prohibición de privilegios y la Sección 5 prescribía la separación de los poderes y el carácter temporal de los cargos públicos. De estas

---

302 *Idem.*, pp. 27-29.

Secciones de la Declaración resulta claramente expuesta la teoría del Contrato o pacto social, basado en la existencia de derechos inherentes e inalienables del hombre; igualmente la base democrática del gobierno, como la mejor y más justa, es decir, la teoría de la representación democrática mediante elecciones libres (Sección 7); y el derecho a la resistencia, producto del pacto social.

Las otras once Secciones regularon algunos derechos fundamentales entre los cuales está el derecho a un juicio rápido con las debidas garantías; el derecho a no ser condenado a multas excesivas o a penas crueles e inhabituales, y la libertad de prensa.

Los mismos principios fundamentales liberales de la Declaración de Virginia se encuentran también en la Declaración de Independencia los Estados Unidos de América, sancionada un mes más tarde (4-Julio-1776). Como ya se ha indicado, esta señaló:

> "Consideramos evidentes las verdades siguientes: que todos los hombres son creados iguales; que son dotados por el Creador de ciertos derechos inalienables; que entre éstos están la vida, la libertad y la búsqueda de la felicidad; que para garantizar estos derechos, se instituyen entre los hombres, los gobiernos, que derivan sus poderes legítimos del consentimiento de los gobernados; que, cuando quiera que una forma de gobierno se haga destructor de estos principios, el pueblo tiene el derecho de retomarla o abolirlo, e instituir un nuevo gobierno que se funde en estos principios, y a organizar sus poderes en la forma que a su juicio ofrecerá las mayores probabilidades de alcanzar su seguridad y felicidad."[303]

---

303 *Idem*, p. 37.

Estas declaraciones, sin duda, marcaron el inicio de la era democrática y liberal del moderno Estado de Derecho, y aunque la Constitución de los Estados Unidos de 1787 no incluyó una declaración de los derechos fundamentales, tal declaración llegó a constituir una de las principales características del constitucionalismo americano ejerciendo una influencia considerable en el derecho constitucional moderno.[304] Debe señalarse, en todo caso, que la Constitución de 1787 fue objeto de críticas por el hecho de no haber incluido una declaración formal de los derechos fundamentales; sin embargo esa carencia fue subsanada dos años más tarde, cuando el primer Congreso redactó diez enmiendas a la Constitución aprobadas el 25 de septiembre de 1789, exactamente un mes después de la Declaración francesa de los Derechos del Hombre y del Ciudadano.[305]

En efecto, el 27 de agosto de 1789, los representantes del pueblo francés, organizados en la Asamblea Nacional, sancionaron la Declaración de los Derechos del Hombre y del Ciudadano, donde, en diecisiete artículos,, reconocieron y proclamaron todos los derechos fundamentales del hombre. En su concepción, la, influencia de las declaraciones americanas fue decisiva, en particular, en cuanto al principio mismo de la necesidad de una declaración formal de derechos, y en cuanto a su contenido. Las influencias recíprocas entre ambos continentes en esta época son conocidas: los filósofos políticos franceses. incluyendo a Montesquieu y Rousseau, se estudiaban en Norteamérica; Francia había tenido participación directa en la Guerra de Independencia americana; Lafayette fue miembro del Comité de redacción de la Asamblea Nacional que preparó la

---

304 Véase Ch. H. McIlwain, *Constitutionalism and the Changing World*, Cambridge 1939, p. 66.

305 Véase el texto en W. Laqueur y B. Rubin, *op. cit.*, pp. 106-118. *Cfr.* A. H. Robertson, *Human Rights in the World*, Manchester, 1982, p. 7.

Declaración francesa, habiendo propuesto su propio texto basado en la Declaración de Independencia y en la Declaración de Derechos de Virginia; el relator de la Comisión Constitucional propuso "trasplantar a Francia la noble idea concebida en Norteamérica"; y Jefferson mismo, al suceder a Benjamín Franklin como Ministro americano en Francia, estuvo presente en París en 1789.[306]

En todo caso, los objetivos principales de ambas declaraciones fueron los mismos: proteger al ciudadano contra la arbitrariedad del poder y establecer el principio de legalidad.

Sin embargo, no es menos cierto que, evidentemente, la Declaración francesa recibió su mayor influencia de las ideas de Rousseau y Montesquieu. Los redactores de la Declaración tomaron de Rousseau los principios según los cuales el papel de la Sociedad está vinculado a la libertad natural del hombre, así como la idea según la cual, la ley, como expresión de la voluntad general sancionada por los representantes de la Nación, no puede convertirse en instrumento de opresión. Tomaron de Montesquieu su profunda desconfianza respecto del poder y, por lo tanto, el principio de la separación de poderes.[307] Por supuesto, los derechos proclamados en la Declaración eran derechos naturales del Hombre, es decir, inalienables y universales; no se trataba derechos concedidos por la sociedad política, sino derechos pertenecientes a la naturaleza inherente de los seres humanos.

Esta concepción quedó claramente establecida en el texto de la Declaración proclamada por los representantes del pueblo francés, "considerando que la ignorancia, el olvido

---

306 Véase J. Rivero, *Les libertés publiques*, París 1973, Vol. I, p. 45; A. H. Robertson, *op. cit.* p. 7.
307 Véase J. Rivero, *op. cit.*, pp. 41-42.

o el desprecio de los derechos humanos son las únicas causas de las desgracias públicas y de la corrupción del gobierno". La Declaración constituyó un recordatorio perpetuo del "carácter inalienable y sagrado de los derechos del hombre."[308]

Los primeros artículos de la Declaración, que reconocían y proclamaban los derechos del hombre y del ciudadano, fueron sin lugar a dudas, una especie de recopilación de los principios liberales basados en las ideas de Locke, Montesquieu y Rousseau que fueron plasmados en la Revolución Americana. Eran los siguientes:

1. Los hombres nacen y permanecen libres e iguales en derechos. Las distinciones sociales no pueden fundarse más que en la utilidad común.
2. La finalidad de toda asociación política es la conservación de los derechos naturales imprescindibles del hombre. Estos derechos son la libertad, la propiedad, la seguridad y la resistencia a la opresión.
3. El principio de toda soberanía reside esencialmente en la Nación. Ningún cuerpo, ningún individuo puede ejercer una autoridad que no emane de ella expresamente.
4. La libertad consiste en poder hacer todo lo que no perjudica a otro; así, el ejercicio de los derechos naturales de cada hombre no tiene otros límites que los que garantizan a los demás miembros de la sociedad el goce de esos derechos. Estos límites' sólo pueden ser determinados por la ley.

---

308 Véase el teto en J. Hervada y J. M. Zumaquero, *op. cit.*, pp. 39-40; W. Laqueur y B. Rubin, *op. cit.*, p. 118.

5. La Ley no tiene derecho a prohibir sino las acciones perjudiciales para la sociedad. No puede impedirse nada que no esté prohibido por la Ley, y nadie está obligado a hacer lo que ella no ordena.
6. La ley es la expresión de la voluntad general, todos los ciudadanos tienen derecho a participar personalmente, o a través de sus representantes, en su formación. Debe ser la misma para todos, así cuando protege, como cuando castiga...
16. Toda sociedad en la que no está asegurada la garantía de los derechos, ni determinada la separación de poderes, no tiene Constitución.[309]

> El resto de la Declaración se refería a los derechos individuales como por ejemplo, el principio *nullum crimen milla poena sine legge*; la presunción de inocencia hasta tanto se declare la culpabilidad; el derecho a la libre expresión y a la libre comunicación de ideas y opiniones, considerado en la Declaración como "uno de los más preciados derechos del hombre"; y el derecho a la propiedad considerado como "sagrado e inviolable".

Puede afirmarse que el proceso de desarrollo del Estado de Derecho sobre la base de esta cuarta característica general, es decir, el establecimiento de una Declaración de derechos, se inició con estas dos Declaraciones formales, la americana y la francesa, las cuales fueron posteriormente integradas a Constituciones escritas.[310] Sin embargo, estas dos declaraciones realmente tuvieron un fuerte impacto,

---

309 *Idem.*, pp. 41-49; y pp. 118-119.
310 La Declaración francesa fue integrada al Preámbulo de la Constitución de 1791.

mucho antes que en los países europeos, en América Latina.

En este sentido, puede considerarse que la tercera declaración formal de derechos, por parte de un Estado independiente en la historia constitucional, fue la Declaración de los Derechos del Pueblo adoptada por el Congreso Supremo de Venezuela en 1811, cuatro días antes del Acto formal de Independencia del 5 de julio de 1811.[311] El contenido de esta Declaración fue parecido al de la Declaración francesa aunque incluyó más detalles en la parte de enumeración de derechos, agregando algunos, en relación a las Declaraciones americana y francesa; por ejemplo, el derecho a la libertad de industria y comercio, el derecho al trabajo, el derecho a la inviolabilidad del domicilio y el derecho a reclamar ante las autoridades, sin limitaciones. Otra característica es que la Declaración fue incorporada, como Capítulo final, a la primera de todas las Constituciones latinoamericanas, la venezolana de 21 de diciembre de 1811 con 59 artículos.[312]

Posteriormente, y desde principios del siglo XIX, Declaraciones de derechos fundamentales fueron proclamadas por los nuevos Estados independientes de Latinoamérica, multiplicándose como un rasgo esencial de nuestros países.

---

311 Véase el texto en Allan R. Brewer-Carías, *Las Constituciones de Venezuela*, Madrid, 1985, pp. 175-177. Véase A. R. Brewer-Carías, *Los derechos humanos en Venezuela: casi 200 años de historia*, Caracas, 1990; y *Las declaraciones de derechos del pueblo y del hombre de 1811* (Bicentenario de la Declaración de "Derechos del Pueblo" de 1º de julio de 1811 y de la "Declaración de Derechos del Hombre" contenida en la Constitución Federal de los Estados de Venezuela de 21 de diciembre de 1811), Academia de Ciencias Políticas y Sociales, Caracas 2011.

312 Allan R. Brewer-Carías, *Las Constituciones de Venezuela*, cit., pp. 196-200.

En todo caso debe señalarse que, en términos generales, las Declaraciones americanas (norteamericana y latinoamericanas) y la francesa difieren en su contenido y significación.

En el caso de la Declaración francesa, no se trataba de crear un nuevo Estado sino de continuar con un Estado nacional ya existente. En consecuencia, el concepto de ciudadano ya estaba reconocido. En cambio, las Declaraciones americanas contribuyeron a la creación de nuevos Estados sobre una nueva base. Por lo tanto, el propósito de la Declaración francesa, tal como se indicó en su introducción, era recordar solemnemente a todos los miembros de la comunidad sus derechos y deberes. De allí que el nuevo principio de libertad individual haya aparecido solamente como un cambio significativo, dentro del contexto de una unidad política ya existente.

En cambio, en las Declaraciones norteamericanas y latinoamericanas, la proclamación de los derechos fue un factor importante en el proceso de independencia, y en consecuencia, en la construcción de nuevos Estados, sobre una nueva base; en especial, sobre el principio de la soberanía del pueblo, con todo su contenido democrático. Por ello, en el continente americano, la solemne Declaración de los derechos fundamentales significó el establecimiento de principios sobre los cuales se basó la unidad-política de las naciones, y cuya validez fue reconocida como la condición más importante en la aparición y formación de los nuevos Estados.

En todo caso, después del desarrollo de este proceso a lo largo de las primeras décadas del siglo XIX, puede afirmarse que la Declaración general de los derechos y libertades fundamentales, se convirtió en una práctica generalizada en el mundo entero. De allí que, en los siglos XIX y XX, resultaba difícil encontrar una Constitución escrita que no incluyera una Declaración o al menos una enumeración de los derechos fundamentales, no sólo de las libertades tradicionales del hombre, sino también de los nuevos derechos económicos y sociales que aparecieron en este Siglo, dentro del marco del Estado de bienestar.

La situación general, en la actualidad, es que en todos los países existen declaraciones de derechos fundamentales, en particular como parte integrante de sus Constituciones escritas, y que tras los horrores de la Segunda Guerra Mundial, tales declaraciones incluso se han internacionalizado; constituyendo no sólo simples declaraciones sin textos reales para ser respetados, como por ejemplo la Declaración Universal de los Derechos Humanos de 1945 y la Declaración Americana de los Derechos y Deberes del Hombre de 1948: sino también bajo la forma de Convenios y Tratados internacionales formales, como por ejemplo los Pactos Internacionales de Derechos Civiles y Políticos, y de Derechos Sociales y Culturales de 1966, la Convención Europea para la Protección de los Derechos Humanos y las Libertades Fundamentales de 1950, y la Convención Americana sobre Derechos Humanos de 1969, textos aprobados mediante leyes formales que forman parte del ordenamiento jurídico de los países que los han ratificado.[313]

En todo caso, lo que sí puede considerarse como una característica propia de las Declaraciones de derechos en el Estado de Derecho es que, por lo general, están normalmente incorporadas en Constituciones escritas. Además estas Constituciones escritas han sido y son rígidas, por lo que las Declaraciones de derechos fundamentales son generalmente declaraciones estables, en el sentido de que el legislador ordinario no puede eliminar ni modificar su contenido.

---

313 Véase el texto en M. Torrelli y R. Baudoin, *Les Droits de l'Homme et les Libertés publiques par les textes*, Montreal 1972, p. 388; J. Hervada y J. M. Zumaquero, *Textos Internacionales de Derechos Humanos, op. cit.*, p. 994.

Por otra parte, debe señalarse que no todos los derechos incluidos en estas declaraciones como derechos fundamentales, se establecen formalmente de la misma manera. Algunos, en especial los derechos individuales tradicionales como el derecho a la vida, están establecidos de manera absoluta, de manera que no pueda adoptarse ninguna legislación que limite su disfrute. Por el contrario, otros derechos se establecen de manera que la Constitución misma permite, dentro de los límites que ella misma fijó, que el Legislador los regule o limite. En algunos casos, incluso, esta autorización constitucional conferida al Poder Legislativo para regular algunos derechos se establece en forma tal, que dicha regulación debe ser sancionada para que su disfrute pueda ser efectivo. Esta sucede por ejemplo, en el caso del derecho a la huelga en los servicios públicos el cual sólo puede ejercerse en los casos expresamente señalados por una ley (Art. 92).

En todo caso, el establecimiento de una Declaración de derechos y libertades fundamentales en una Constitución escrita y rígida implica, que la primera y más importante garantía de los mismos, sea el principio de "reserva legal" a favor del Poder Legislativo, de manera que su regulación y limitación sólo puede realizarse conforme a lo establecido en la Constitución.

Este principio implica que, en todos los casos en los cuales la Constitución permite la regulación y limitación del ejercicio de algunos derechos, éstas sólo pueden ser establecidas mediante leyes formales del Congreso. De allí que el Poder Ejecutivo no pueda de manera alguna establecer límites a los derechos constitucionales, salvo excepcionalmente, en los sistemas constitucionales donde se permite al Congreso delegar poderes legislativos al Ejecutivo. En estos casos, podría ser posible, dentro de los límites de la delegación, que el Ejecutivo, a través de la legislación delegada y mediante un decreto-ley, pueda establecer regulaciones en relación a algunos derechos.

En consecuencia, dentro del concepto del Estado de Derecho, el principio de que la regulación de los derechos y libertades fundamentales sólo pueden realizarse mediante ley formal, tiene una especial significación. Así, un Estado sometido al Derecho, es aquél en el cual sólo es posible la limitación a las libertades individuales mediante ley formal. Este concepto de Estado de Derecho, evidentemente, que se ha desarrollado contra la Administración, tomando en cuenta que el Estado de Derecho sólo puede darse en un Estado en el que todas las acciones de la Administración están subordinadas a la ley. Por ello, es que el principio de legalidad vinculado a la Administración ha sido tan característico de esta concepción del Estado, así como también lo ha sido el establecimiento consecuente de una serie de garantías contra el abuso de poder por parte de la Administración.

Por otra parte, de este concepto del Estado de Derecho, según el cual la ley tiene supremacía en relación a la Administración y los derechos individuales sólo pueden regularse mediante la ley, surge otra característica fundamental, como lo es la independencia del Poder Judicial, el cual constituye el único instrumento capaz de garantizar un control judicial adecuado sobre el ejercicio del poder por parte de la Administración. De allí, la definición del Estado de Derecho como aquél en el cual existe control judicial de la Administración, también conocido como él "Estado de Justicia".

Consecuentemente, en el Estado constitucional de Derecho el establecimiento y la regulación de derechos constitucionales, con o sin posibilidad de que el legislador los regule, requieren de un sistema de garantías para los mismos: por una parte, tal como se explicó anteriormente, garantías de regulación y limitación mediante la llamada "reserva legal" y, por la otra, garantías contra el abuso de poder público en relación a estos derechos mediante mecanismos judiciales que garanticen su implementación, bien sea a través de recursos judiciales ordinarios o especiales, tales como la acción de habeos corpus relativo a la libertad individual, o a través de "acciones de amparo" especiales para proteger todos los derechos constitucionales o, de manera general, mediante el control judicial de la constitucionalidad de las leyes que puedan violar dichos derechos.

3. La situación de los derechos fundamentales en el sistema constitucional británico

Inglaterra ha sido denominada, con razón, el país del liberalismo: Locke fue inglés, el sistema de Montesquieu se basó en su interpretación de la Constitución inglesa, y, desde el punto de vista del derecho positivo, las declaraciones de derechos tienen sus antecedentes en la historia constitucional inglesa. Por ello, en general, todas las Constituciones democráticas y liberales del mundo contienen una Declaración de Derechos. Sin embargo, en el Reino Unido, ante la ausencia de una Constitución escrita y salvo las referencias a los estatutos histórico, no existe ni declaración ni código especial relacionado con los derechos fundamentales; por lo tanto, como lo señaló Sir Ivor Jennings, "no hay derechos fundamentales ni protección especial para éstos."[314]

En consecuencia, los derechos del pueblo inglés, equivalentes, por supuesto, a los establecidos en otros países en declaraciones constitucionales, se basan en dos presupuestos: en primer lugar, que los ciudadanos pueden decir o hacer lo que quieran, con tal de que no infrinjan una ley o los derechos de otros ciudadanos; y en segundo lugar, que las autoridades sólo pueden hacer lo que permite el *common law* o el derecho estatutario.[315] Por consiguiente, en el

---

314 Véase I. Jennings, *The Law and the Constitution*, Londres 1972, pp. 40, 259.
315 Véase M. García Pelayo, *Derecho Constitucional Comparado*, Madrid 1957, p. 278.

sistema jurídico inglés, los derechos, en principio, no se expresan de manera positiva, sino en forma negativa. De allí que, en rigor, puede decirse que se trata más bien de libertades que de derechos.

Por esta razón, como lo indicaron E. C. S. Wade y G. Godfrey Phillips, "el enfoque del derecho británico hacia la libertad del ciudadano, ha sido a menudo de carácter residual: el ciudadano puede ir donde le plazca y hacer o decir lo que quiera, siempre y cuando no cometa un delito o infrinja los derechos de otros."[316]

Por lo tanto, en el sistema inglés, puede afirmarse que el principio es que "todo es legal mientras no sea ilegal", en otras palabras "es legal hacer todo aquello que no es ilegal o lo que no está prohibido por las autoridades públicas."[317]

En consecuencia, la esencia de las disposiciones relacionadas con la regulación de los derechos fundamentales de Gran Bretaña, radica en determinar quién puede establecer acciones ilegales o prohibirlas. Por supuesto, tales limitaciones deben estar establecidas, ante todo en la legislación, es decir, en los actos del Parlamento.[318]

Este enfoque negativo hacia los derechos fundamentales en Inglaterra, fue el que, precisamente, llevó a Dicey a establecer una distinción entre las Constituciones del Continente y la británica, afirmando, como se ha visto, que en el Continente "los derechos individuales derivan, o parecen

---

316 Véase E. C. S. Wade y G. Godfrey Phillips, *Constitutional and Administrative Law*, 9ª edición por A. W. Bradley, Londres 1982, p. 441.
317 Véase I. Jennings, *op. cit.*, pp. 41, 262, proclama "el principio de la legalidad según el cual lo legal es lo que no es ilegal".
318 "La legislación delegada con respecto a derechos fundamentales sólo es posible en casos de estado de emergencia de conformidad con la Ley de Poderes de Emergencia de 1920". E. C S. Wad y G. Godfrey Phillips, *op. cit.*, p. 567.

derivarse, de los principios generales de la Constitución", mientras que en Inglaterra "los principios generales de la Constitución (como por ejemplo, el derecho a la libertad personal o el derecho de reunión pública) son... el resultado de decisiones judiciales que han determinado los derechos de las personas privadas en casos particulares planteados ante los tribunales". De allí se desprende, concluyó Dicey, que "las normas, que en otros países forman naturalmente parte de un código constitucional, no son la fuente sino la consecuencia de los derechos de los individuos, tal como son definidos y aplicados por los tribunales."[319]

Estas opiniones de Dicey con respecto a la situación en Inglaterra, fueron expresadas hace más de cien años, pues la primera edición de *An Introduction to the Study of the Law of the Constitution*, se publicó en 1885. En esa época, el papel del Parlamento y de los Tribunales, por supuesto era muy distinto: además, hay que tomar en cuenta el impacto que tuvo sobre los derechos fundamentales, el Estado de Bienestar o Estado social de Derecho tal como se lo ha denominado en Europa continental.

J. D. B. Mitchell ha señalado que: "los tribunales, como hacedores de derecho, han perdido importancia; en parte, como resultado del desarrollo del Parlamento y además, como resultado de los cambios operados con respecto a la idea que se tiene de las funciones de un Estado"; agregando que:

"el desarrollo del Estado de Bienestar ha significado que los derechos que interesan cada vez más a los individuos, como son la protección o el amparo contra la pobreza, la salud, y otros parecidos, no pueden ser el

---

319 Véase A. V. Dicey, *An Introduction to the Study of the Law of the Constitution*, con una Introducción de E. C. S. Wade, 1973, pp. 195, 196 y 203. Véase también los comentarios de Wade, p. CXVIII.

resultado de la creación por un juez, como pudiera ser el caso de la libertad de expresión, etc., derechos que preocupan a Dicey. Estos nuevos derechos sólo pueden derivarse de una compleja legislación."[320]

Y así ha sucedido, aun cuando los tribunales ordinarios siguen teniendo un papel de primera importancia como guardianes en última instancia de los derechos fundamentales, pero no como sus creadores.

En todo caso, y a pesar de toda esta tradición, en el Reino Unido se han producido debates, en especial durante las últimas dos décadas, en torno a la necesidad y posibilidad de que se pueda adoptar una Declaración obligatoria de Derechos fundamentales.

El principal argumento a favor de una Declaración de Derechos es el de restringir el abuso o exceso de poder por parte de las autoridades públicas. Se ha pensado que con una Declaración de Derechos, la posibilidad de intentar acciones legales contra el Estado y las entidades gubernamentales se incrementaría, en otras palabras, se ha considerado que una Carta de Derechos constituye una fuente potencialmente más rica de recursos.[321]

Estos argumentos a favor de la adopción de una Carta de Derechos han sido resumidos por P. S. Atiyah, de la manera siguiente:

> "que deben existir, y existen, algunos derechos fundamentales que no debieran estar a la merced de un gobierno y de la legislatura; que los gobiernos y las legislaturas derivan su poder de la voluntad del pueblo y que no puede asumirse que el pueblo haya concedido

---

[320] Véase J. D. B. Mitchell, *Constitutional Law*, Edimburgo 1968, p. 55.

[321] Véase M. Zander, A. *Bill of Rights*?, Londres 1985, p. 27.

poderes ilimitados y despóticos por el simple hecho de haber elegido un Parlamento (mediante un proceso establecido por el Parlamento mismo); que una mayoría del pueblo, sin duda, tiene la facultad de elegir un gobierno y un Parlamento mayoritarios para representar sus opiniones, pero esto no significa ni puede significar entregar al Gobierno y al Parlamento poderes ilimitados para poder oprimir a la minoría o a las minorías; y, en fin, que la estructura básica del proceso democrático (el único en otorgar legitimidad al poder de gobiernos y parlamentos) tiene que ser establecida de manera estable y rígida de manera que sea inalterable por el Parlamento."[322]

Sin embargo, estos argumentos a favor de la adopción en Gran Bretaña de una Carta de Derechos que está conforme con la tradición liberal más ortodoxa, deberían tomar en consideración el muy conocido principio de la Soberanía parlamentaria: una Carta de Derechos de carácter rígido y estable limitaría los poderes del legislador ordinario para modificarla, situación que sería contraria al principio básico de la Constitución británica. Por otra parte, una Carta de derechos formalmente incorporada en la Constitución convertiría a los jueces en los árbitros últimos de los poderes del Parlamento, lo que algunos considerarían desastroso, a menos que los Jueces modificasen sus métodos de interpretación tradicionales. "Porque como lo ha dicho P. S. Atiyah, los métodos de interpretación tradicionales y enrevesados, pueden conducir a menudo a la invalidación de una legislación que puede ser absolutamente necesaria para la adaptación a valores y condiciones cambiantes; en esos casos podrían provocarse tensiones profundas en el

---

[322] Véase P. S. Atiyah, *Law and Moderno Society*, Oxford 1983, p. 109.

sistema político y jurídico, viéndose la ley afectada por un descrédito general."³²³

Por otra parte, los principales argumentos en contra de la adopción de una Carta de Derechos en el Reino Unido fueron expuestos, y claramente resumidos y criticados por Michel Zander en su trabajo titulado *A Bill of Rights?*.³²⁴ Entre dichos argumentos pueden señalarse los siguientes:

En primer lugar, se ha dicho que una Carta de Derechos es "una manera poco británica de hacer las cosas,"³²⁵ basándose en la bien conocida desconfianza respecto de Constituciones o documentos constitucionales escritos, desconfianza que se deriva de la concepción de Dicey sobre el derecho constitucional. Ahora, afirmar que una Carta de Derechos "poco británica" es, según M. Zanders, "muestra de ignorancia histórica."³²⁶ En realidad, como se señaló anteriormente, las declaraciones de derechos se inventaron en el Reino Unido con la *Carta Magna* de 1215 y la *Bill of Right* de 1689; influyó en las Declaraciones de Derechos de 1776 de las Colonias americanas, así como en el contenido de las diez primeras enmiendas de la Constitución norteamericana (1789); más recientemente, el Reino Unido ha sido el principal exportador del concepto de derechos y libertades fundamentales establecidas de manera estable hacia los países de la Mancomunidad británica, en una escala sin precedentes en el resto del mundo.³²⁷ Así,

---

323 *Idem.*, p. 109.
324 London 1985, p. 106.
325 *Idem.*, p. 43.
326 *Ibidem*, p. 44.
327 Véase A. Lester, "Fundamental Rights: The United Kingdom Isolated?", *Public Law, Spring,* 1984, pp. 56, 57; M. Zanders, *op .cit.*, pp. 28-30. Para tener una idea de la amplitud de tal contribución basta con mencionar las enmiendas adoptadas por el Parlamento británico en 1982, con respecto a la Ley Británica-Norteamericana de 1867, que recibió en 1982 el nuevo nombre

salvo Nueva Zelanda, todos los países de la Mancomunidad británica poseen Constituciones escritas y una Declaración formal de Derechos fundamentales.

El segundo argumento en contra de la aplicación de una Carta de Derechos es que ésta no es necesaria, pues los derechos humanos gozan de una protección adecuada en Inglaterra. Este había sido también el principal argumento para justificar[328] que la Convención Europea sobre Derechos Humanos no se hubiera convertido en ley nacional del Reino Unido. "Para la época de la ratificación, señaló Drzemczewski, el gobierno de turno estimó que el derecho nacional estaba plenamente conforme a las disposiciones de la Convención y los gobiernos siguientes han seguido afirmando que los derechos y las libertades enumerados están en cualquier caso garantizados por el derecho nacional."[329]

En cuanto a este argumento, Zanders, tomando en consideración el hecho que en Gran Bretaña existe un sistema de recursos y acciones más que de derechos, ha indicado que "todas las formas existentes para obtener remedios judiciales dejan mucho que desear"[330].

De hecho, como lo señaló Anthony Lester en su artículo sobre el aislamiento del Reino Unido con respecto a los derechos fundamentales y la Convención europea, "ningún otro país perteneciente al sistema de la Convención ha tenido que enfrentar tantos casos importantes", y agregó:

---

de Ley constitucional de 1867, en la cual fue incluida la Carta canadiense de Derechos y Libertades al mismo tiempo que desaparecía el último vestigio de los lazos coloniales en relación a las enmiendas constitucionales en Canadá.

328 Véase M. Zanders, *op. cit.*, p. 45.
329 Véase Q. Z. Drzemczewski, *European Human Rights Convention in Domestic Law. A Comparative Study*, Oxford 1985, p. 178.
330 Véase M. Zanders, *op. cit.*, p. 45.

"Lo significativo no es tanto la cantidad impresionante de casos sino más bien la proporción de casos admitidos por la Comisión y resueltos de manera negativa para el Reino Unido."[331]

El tercer argumento contra la adopción de una Carta de Derechos en el Reino Unido se fundamenta en el principio de la Soberanía del Parlamento, ya comentado. Una Carta de Derechos requiere ser rígida y estable, lo que limitaría en el futuro la libertad del Parlamento para legislar.

Al respecto O. Hood Phillips ha señalado lo siguiente:

"La principal característica de nuestra Constitución es la supremacía legislativa del Parlamento. Esta significa que el Parlamento puede sancionar leyes sobre cualquier asunto, incluso de carácter constitucional y lo puede hacer mediante el procedimiento ordinario de un Acto del Parlamento... Esta facultad legalmente ilimitada del Parlamento para sancionar leyes sobre cualquier asunto, es un corolario de la ausencia de disposiciones "estables" y rígidas y del carácter flexible de la Constitución británica. También se desprende, de ello, que no tengamos, estrictamente hablando, 'derechos fundamentales.'"[332]

En el mismo sentido, H. W. R. Wade señaló:

"...la única limitación a la omnipotencia (parlamentaria) que surge a consecuencia de esta misma, es que el Parlamento de hoy no puede comprometer al Parlamento de mañana mediante tipo alguno de restricción

---

331 Véase A. Lester, *loc. cit.*, p. 71.
332 Véase O. Hood Phillips, *Reform of the Constitution, cit.*, pp. 11-12.

permanente, lo que hace imposible cualquier disposición estable."³³³

Sin embargo, en la práctica, ni siquiera este argumento formal resulta realmente un obstáculo para la adopción de una Carta de Derechos estable en el Reino Unido. En tal sentido, Anthony Lester ha señalado:

> "Sólo los muy jóvenes normalmente tienen fantasías de omnipotencia; al envejecer se admite la necesidad de leyes, normas y limitaciones. Un Parlamento maduro no insistiría en la continua afirmación fanática de sus poderes absolutos, a expensas de la justicia individual. Un Parlamento maduro emplearía sus facultades legislativas soberanas para confinar dichos poderes dentro de adecuados límites constitucionales."³³⁴

En todo caso, aun cuando se adopte una Carta de Derechos de manera estable y rígida en el Reino Unido, ello sólo implicaría que las disposiciones contenidas en la misma prevalecerían, a menos que una promulgación subsiguiente dispusiera lo contrario, lo que no impediría que, a fin de cuentas, prevaleciera la voluntad expresa del Parlamento. No obstante, ello implicaría que "los tribunales pudieran anular una ley por ser contraria a la Carta de Derechos, salvo que la misma incluya una disposición expresa que modifique en ese sentido la Carta de Derechos."³³⁵

Esto nos lleva al último de los argumentos esgrimidos en contra de la promulgación de una Carta de Derechos estable y rígida en Inglaterra, que tiene que ver con las

---

333 Véase H. W. R. Wade, *Constitutional Fundamentals*, Londres 1980, p. 25.
334 Véase A. Lester, *loc. cit.* p. 71.
335 Véase M. Zanders, *op. cit.*, p. 70.

facultades de los tribunales para controlar los Actos del Parlamento. Como lo señaló D. G. T. Williams:

> "una Carta de Derechos estable y rígida implicaría evidentemente, el ejercicio del control judicial por parte de los tribunales ingleses y de otras partes del Reino Unido", en el sentido de que "se entregaría en esta forma un cheque en blanco a los tribunales nacionales, con el fin de proteger algunas libertades fundamentales, aun en contra de la legislatura misma."[336]

Por ello, el verdadero problema de adoptar una Carta de Derechos, por la vía constitucional ordinaria, impidiendo su modificación por la legislación ordinaria, en un sistema constitucional como el británico, consiste en que los tribunales estarían facultados para controlar la conformidad de los Actos del Parlamento con la Carta de Derechos, lo que resulta inaceptable en el sistema constitucional británico, a menos que ocurra una profunda modificación de la propia Constitución.

Todos estos argumentos podrían superarse si el Reino Unido limitara la búsqueda por establecer un código positivo de derechos y libertades, aceptando como ley nacional, la Convención Europea sobre los Derechos Humanos, y por consiguiente, le diera la facultad a los tribunales de aplicar e interpretar esta Convención y garantizar recursos rápidos y efectivos a los ciudadanos del país contra la violación de sus derechos humanos fundamentales.[337]

Esta, sin duda pareciera ser la mejor alternativa[338], a pesar de que plantee varios interrogantes relativos a las rela-

---

336 Véase D. G. T. Williams, "The Constitution of the United Kingdom", *The Cambridge Law Journal*, 31, (1), 1972, p. 277.
337 Véase A. Lester, *loc. cit.* p. 66.
338 Véase M. Zanders, *op. cit.*, pp. 83-89.

ciones entre el derecho internacional y el derecho inglés, y a la interpretación de la Convención europea en el derecho inglés.[339]

En todo caso, si bien es cierto que, por la ausencia de una Declaración de derechos protegida por una supralegalidad constitucional en el Reino Unido, no existen de manera general, garantías legales de ningún tipo para estos derechos frente a la voluntad del Parlamente, hecho que puede llevar tanto la ampliación de la esfera de actividades prohibidas como al otorgamiento de amplios poderes a las autoridades, no es menos cierto que la discusión es claramente una discusión teórica.

La validez de los derechos humanos en Inglaterra, al menos desde el punto de vista externo, es inseparable de la estructura global de la Constitución británica. Por consiguiente, abolir los derechos y las libertades equivaldría a abolir la Constitución británica en su conjunto, lo cual es absurdo.

En todo caso, lo que queremos resaltar es que, en el Estado de Derecho moderno, además de la existencia de una Constitución, de limitaciones a los poderes del Estado y del sometimiento de todos los órganos del Estado a la ley, como cuarta característica principal está la existencia de una declaración formal de derechos y libertades fundamentales, normalmente dotada de un carácter estable y rígido y contenida en una Constitución escrita. Esa es la tendencia general en el derecho constitucional actual, con excepción, en cuanto a lo último, y al menos formalmente, del sistema constitucional del Reino Unido por la ausencia de una Carta de Derechos.

---

339 Véase J. Jaconelli, *Enacting a Bill of Rights*, The Legal Problems, Oxford, 1980, pp. 270-277.

4. *Las declaraciones de derechos fundamentales en la base de la Revolución hispanoamericana*

El principio de la declaración constitucional de derechos fundamentales del hombre como principio esencial del Estado de derecho, luego de las Revoluciones norteamericana y francesa, encontró su primer campo de aplicación en la América hispana a partir de 1811, donde tanto las Declaraciones de derechos adoptadas en las Colonias independientes de Norteamérica en 1776 como la Declaración de los Derechos del Hombre y del Ciudadano proclamada por la Revolución francesa, habían sido textos prohibidos.

En efecto, el mismo año de la adopción de la declaración francesa en 1789, el Tribunal de la Inquisición de Cartagena de Indias había prohibido su circulación en Hispanoamérica; lo cual se había ratificado desde el año siguiente, en 1790, por los Virreyes del Perú, de México y de Santa Fe, y por el Presidente de la Audiencia de Quito. Por su parte, el Capitán General de Venezuela, con motivo de la penetración de las ideas revolucionarias en América, participaba a la Corona de Madrid "que en la cabeza de los americanos comenzaban a fermentar principios de libertad e independencia peligrosísimos a la soberanía de España."[340]

Y así fue, las ideas penetraron y con todo peligro para el régimen colonial, terminaron por adoptarse como base para la constitución de los nuevos Estados independientes que comenzaron a florecer a partir de 1810.

A ese proceso de penetración de ideas, a pesar de las prohibiciones, contribuyeron diversas traducciones de la

---

340 Véase en J. F. Blanco y R. Azpúrua, *Documentos para la historia de la vida pública del Libertador,* Ediciones de la Presidencia de la República, Caracas, 1983, Tomo I, p. 177.

Declaración francesa, entre las cuales debe destacarse la realizada por Antonio Nariño en Santa Fe de Bogotá, en 1792. Se trataba de la traducción del texto de la Declaración que precedió a la Constitución francesa de 1791, la cual circuló en la Nueva Granada en 1794,[341] habiendo sido objeto de una famosísima causa contra Nariño de la cual fue condenado a diez años de prisión en África, a la confiscación de todos sus bienes y a extrañamiento perpetuo de la América, mandándose además a quemar por mano del verdugo el libro que contenía la traducción de los Derechos del Hombre.[342]

Por esa misma época, el Secretario del Real y Supremo Consejo de Indias había dirigido el 7 de junio de 1793 al Capitán General de Venezuela, una nota llamando su atención sobre los designios del Gobierno de Francia y de algunos revolucionarios franceses de subvertir el orden en América, como también de otros promovedores de la subversión en dominios de España en el Nuevo Mundo, que -decía- "envían allí libros y papeles perjudiciales a la pureza de la religión, quietud pública y debida subordinación de las colonias."[343]

Así fue entonces cuando tres años después, en 1796, la Declaración francesa penetraría de nuevo en las provincias de Venezuela, pero esta vez de la mano de algunos conjurados de la denominada Conspiración de San Blas, que el día 3 de febrero de 1796 debió haber provocado un movimiento revolucionario en Madrid para establecer una República en sustitución de la Monarquía. Después de haber sido detenidos, juzgados y condenados a muerte, a los conjurados, entre ellos el mallorquín Juan Bautista Mariano Picornell y Gomilla, se les conmutó la pena por prisión

---

341 *Idem.*, Tomo I, p. 286.
342 Véase los textos en *idem.*, Tomo I, pp. 257-259.
343 *Idem.*, Tomo I, p. 247.

perpetua en las mazmorras de los Castillos Puerto Cabello, Portobello y Panamá, en el Caribe.[344] Fue así que llegaron de paso al puerto de La Guaira para allí ser depositados en el Castillo del Puerto, de donde lograron escapar con la complicidad de Manuel Gual y José María España,[345] conspiradores locales que encabezarían la denominada Conspiración de Gual y España, considerada como "el intento de liberación más serio en Hispano América antes del de Miranda en 1806."[346]

Entre los papeles que quedaron de la misma y que habrían de tener la mayor influencia en el proceso constitucional de Hispanoamérica, estuvo el texto del libro intitulado *Derechos del Hombre y del Ciudadano con varias máximas Republicanas y un Discurso Preliminar dirigido a los Americanos,* probablemente impreso en Guadalupe el mismo año 1797,[347] donde había dado a parar Picornell, el cual contenía la traducción esta vez de la Declaración francesa que procedió la Constitución de 1793,[348] de la época del Terror.[349] El texto fue prohibido el 11 de diciembre de 1797 por la Real Audiencia de Caracas, por considerar que

---

344 Véase P. Grases, *La Conspiración de Gual y España...op. cit.,* pp. 14, 16,20.
345 Véase en J.F. Blanco y R. Azpúrua, *Documentos para..., op. cit.,* Tomo I, p. 287; P. Grases, *La conspiración de Gual y España..., op. cit.,* p. 26.
346 P. Grases, *La Conspiración de Gual y España. op. cit.,* p. 27.
347 A pesar de que aparece con pie de imprenta en "Madrid, En la imprenta de la Verdad, año de 1797. Véase en Pedro Grases, "Estudio sobre los 'Derechos del Hombre y del Ciudadano'," en el libro *Derechos del Hombre y del Ciudadano* (Estudio Preliminar por Pablo Ruggeri Parra y Estudio histórico-crítico por Pedro Grases), Academia Nacional de la Historia, Caracas 1959, pp. 147, 335.
348 P. Grases, *La Conspiración de Gual y España. op. cit.,* pp. 37 ss.
349 *Idem.*

llevaba "toda su intención a corromper las costumbres y hacer odioso el real nombre de su majestad y su justo gobierno; que a fin de corromper las costumbres, siguen sus autores las reglas de ánimos cubiertos de una multitud de vicios, y desfigurados con varias apariencias de humanidad...."[350]

Ese texto, en todo caso, fue la fuente de inspiración más importante de lo que luego sería la primera Declaración de Derechos que se adoptó en la América Hispana, que fue la "Declaración de los Derechos del Pueblo"[351] que sancionó la Sección Legislativa de la Provincia de Caracas del Congreso General de Venezuela el 1 de julio de 1811, antes incluso de la adopción de la Declaración de Independencia por el mismo Congreso General, el 5 de julio de 1811, siendo históricamente la tercera declaración de derechos de rango constitucional en la historia del constitucionalismo moderno luego de las dictadas después de la Revolución Francesa y de la Revolución Norteamericana. La redacción de la declaración venezolana estuvo a cargo de Juan Germán Roscio[352] (1763-1821), uno de los experimentados abogados ideólogos y próceres de la independencia.

Esa declaración de "Derechos del Pueblo", considerada por Pedro Grases, como "la declaración filosófica de la Independencia,"[353] fue un texto de 43 artículos dividido en

---

350 *Idem*, p. 30.
351 Véase Allan R. Brewer-Carías, *Las Constituciones de Venezuela, Academia de Ciencias Políticas y Sociales,* Caracas 2008, Tomo I, pp. 549-551.
352 Véase en Pedro Grases, "Estudio sobre los 'Derechos del Hombre y del Ciudadano'," en el libro *Derechos del Hombre y del Ciudadano* (Estudio Preliminar por Pablo Ruggeri Parra y Estudio histórico-crítico por Pedro Grases), Academia Nacional de la Historia, Caracas 1959, pp. 147, 335.
353 Véase P. Grases, *La Conspiración de Gual y España...*, *cit*, p. 81. En otra obra dice Grases que la declaración "Constituye una

cuatro secciones sobre: "Soberanía del pueblo", 'Derechos del Hombre en Sociedad", "Deberes del Hombre en Sociedad", y "Deberes del Cuerpo Social", que fueron precedidas de un *Preámbulo*. En las diversas secciones se enumeraron los siguientes derechos:

Sección Primera: Soberanía del pueblo: La soberanía (arts. 1-3); usurpación de la soberanía (art. 4); temporalidad de los empleos públicos (art. 5); proscripción de la impunidad y castigo de los delitos de los representantes (art. 6); igualdad ante la ley (art. 7).

Sección Segunda: Derechos del Hombre en Sociedad: Fin de la sociedad y el gobierno (art. 1); derechos del hombre (art. 2); la ley como expresión de la voluntad general (art. 3); libertad de expresión del pensamiento (art. 4); objetivo de la ley (art. 5); obediencia de la ley (art. 6); derecho a la participación política (art. 7); derecho al sufragio (arts. 8-10); debido proceso (art. 11); proscripción de actos arbitrarios, responsabilidad funcionarial, y protección ciudadana (art. 12-14); presunción de inocencia (art. 15); derecho a ser oído, art. 16; proporcionalidad de las penas (art. 17); seguridad, art. 18; propiedad, art. 19; libertad de trabajo e industria (art. 20); garantía de la propiedad y contribuciones solo mediante representantes (art. 21); derecho de petición (art. 22); derecho a resistencia (art. 23); inviolabilidad del hogar (art. 24); derechos de los extranjeros (art. 25-27).

Sección Tercera: Deberes del Hombre en Sociedad: los límites a los derechos de otros (art. 1); deberes de los ciu-

---

verdadera declaración de independencia, anticipada al 5 de julio."Véase en Pedro Grases, "Estudio sobre los 'Derechos del Hombre y del Ciudadano'," en el libro *Derechos del Hombre y del Ciudadano* (Estudio Preliminar por Pablo Ruggeri Parra y Estudio histórico-crítico por Pedro Grases), Academia Nacional de la Historia, Caracas 1959, p. 165.

dadanos (art. 2); el enemigo de la sociedad (art. 3); el buen ciudadano (art. 4) el hombre de bien (art. 5).

Sección Cuarta: Deberes del Cuerpo Social: la garantía social (art. 1); límites de los poderes y responsabilidad funcionarial (art. 2); seguridad social y socorros públicos (art. 3); instrucción pública (art. 4).

Como se dijo, la fuente de inspiración de esta declaración fue sin duda, el texto de la *"Déclaration des Droits de l'Homme et du Citoyen"* que precedió la Constitución Francesa de 1793, a través del antes mencionado texto publicado en español como *Derechos del Hombre y del Ciudadano con varias máximas republicanas, y un discurso preliminar dirigido a los americanos* de 1797, vinculado a la Conspiración de Gual y España.[354]

Pero además, sin duda, otras influencias se reflejaron en este texto de Declaración de 1811, provenientes de la sección de los "Deberes del Hombre en Sociedad" de la *"Déclaration des Droits et Devoirs de l'Homme et du Citoyen"* que precede el texto de la Constitución francesa de 1795,[355] así como de las declaraciones de derechos que se incorporaron en las Constituciones de las antiguas Colonias británicas en Norte América, entre ellas de la *Declaration of Rights* de Virginia de 12 de junio de 1776, y de la *Constitution or form of Government, agreed to and resolved upon by the Delegates and Representatives of the seve-*

---

354 Véase P. Grases, *La Conspiración de Gual y España..., cit.,* p. 147. En dicha obra puede consultarse el texto del Documento, comparándolo con el de la Declaración de 1811 y la Constitución de 1811. Igualmente en Pedro Grases, "Estudio sobre los 'Derechos del Hombre y del Ciudadano'," en el libro *Derechos del Hombre y del Ciudadano* (Estudio Preliminar por Pablo Ruggeri Parra y Estudio histórico-crítico por Pedro Grases), Academia Nacional de la Historia, Caracas 1959, pp. 168 ss.

355 Véase los textos en J. M. Roberts y J. Hardman, *French Revolution Documents,* Oxford, 1973, 2 vols.

ral Counties and Corporation of Virginia de 29 de junio de 1776.³⁵⁶ Esos textos llegaron traducidos a Caracas en el libro de Manuel García de Sena, *La Independencia de Costa Firme justificada por Thomas Paine Treinta años ha de 1811.*³⁵⁷

Por ello esta mezcla de fuentes, el orden dado a los artículos y la sistematización adoptada en la Declaración venezolana de 1811, fue distinta a la de los textos franceses, de manera que las cuatro secciones que los agrupan pueden considerarse originales del texto venezolano de 1811, con alguna inspiración adicional en los trabajos aparecidos con la firma de William Burke publicados en la *Gaceta de Caracas* entre 1810 y 1811, como por ejemplo, el título de la sección sobre "Derechos del hombre en Sociedad."³⁵⁸

La influencia norteamericana se evidencia, además, del hecho de que el propio *título* del documento no fue sobre los "Derechos del Hombre y del Ciudadano," sino sobre los "Derechos del Pueblo," expresión que no se encontraba en los textos franceses, y que en realidad venía de la traducción del inglés (*people*) de los textos de las declaraciones norteamericanas, que se encuentran además, tanto en

---

356 Véase Allan R. Brewer-Carías, *Las Declaraciones de Derechos del Pueblo y del Hombre de 1811 (Bicentenario de la Declaración de "Derechos del Pueblo" de 1º de julio de 1811 y de la "Declaración de Derechos del Hombre" contenida en la Constitución Federal de los Estados de Venezuela de 21 de diciembre de 1811)*, Prólogo De Román José Duque Corredor), Academia de Ciencias Políticas y Sociales, Caracas 2011.

357 Véase en Manuel García de Sena, *La Independencia de Costa Firme justificada por Thomas Paine treinta años ha*, Edición del Ministerio de Relaciones Exteriores, Caracas 1987, p. 90.

358 William Burke utilizó en uno de sus escritos en la *Gaceta de Caracas* en 1811, la expresión "Derechos del Hombre en Sociedad" que recogió la Declaración de 1811. Véase en William Burke, *Derechos de la América del Sur y México,* Academia Nacional de la Historia, Caracas 1959, Vol. I., p. 107.

los textos firmados por William Burke, como en los trabajos de Thomas Paine traducidos por Manuel García de Sena, igualmente en 1811.

Específicamente, en los trabajos atribuidos a William Burke, y que luego se recogieron en el libro *Derechos de la América del Sur y México,* publicado en Caracas en 1811, se utilizó constantemente la expresión "derechos del pueblo,"[359] al argumentarse sobre los derechos declarados en las Constituciones norteamericanas, considerándose que "El pueblo es, en todos los tiempos, el verdadero y legítimo soberano. En él residen y de él traen su origen todos los elementos de supremacía."[360] Refiriéndose a las Constituciones de los Estados Unidos, en los textos de Burke incluso se indicó que "declaran positiva y particularmente, que la soberanía reside esencial y constantemente en el pueblo;" que "por medio del sistema de representación asegura el pueblo real y eficientemente su derecho de soberanía;... principio que forma la principal distinción entre los gobiernos autoritarios y libres, tanto que se puede decir que el pueblo goza de libertad a proporción del uso que hace de la representación."[361]

Por otra parte, en la traducción de García de Sena sobre *La Independencia de la Costa Firme justificada por Thomas Paine Treinta años ha,* la expresión "derechos del pueblo" también fue utilizada al argumentar sobre las dos formas de gobierno posibles: "el Gobierno por sucesión hereditaria" y "el Gobierno por elección y representación," indicando su criterio de que:

> "Las Revoluciones que se van extendiendo ahora en el Mundo tienen su origen en el estado de este caso; la

---

359 Idem., Vol. I, pp. 118,123,127,141, 157,162,182, 202,205,241.
360 *Idem*, p. 113.
361 *Idem*, pp. 119, 120.

presente guerra es un conflicto entre el sistema representativo fundado en los *derechos del pueblo*; y el hereditario, fundado en la usurpación."[362].

Seguía su argumentación Paine indicando que "El carácter pues de las Revoluciones del día se distingue muy definitivamente, por fundarse en el sistema del Gobierno Representativo en oposición al hereditario. Ninguna otra distinción abraza más completamente sus principios;" y concluía señalando que: "El sistema representativo es la invención del mundo moderno."[363] Además, al referirse al gobierno representativo, Paine lo identificaba como aquél en el cual el poder soberano estaba en el Pueblo. Partía para ello de la consideración de que:

"Todo Gobierno (sea cual fuere su forma) contiene dentro de sí mismo un principio común a todos, que es, el de un poder soberano, o un poder sobre el cual no hay autoridad alguna, y que gobierna a todos los otros... En las Monarquías despóticas [ese poder] está colocado en una sola persona, o Soberano; ... En las Repúblicas semejantes a la que se halla establecida en América, el poder soberano, o el poder sobre el cual no hay otra autoridad, y que gobierna a todos los demás, está donde la naturaleza lo ha colocado, en el Pueblo; porque el Pueblo en América es el origen del poder. Él está allí como un principio de derecho reconocido en las Constituciones del país, y el ejercicio de él es

---

362 Expresado por Paine en su "Disertación sobre los Primeros principios del Gobierno" que escribió en los tiempos de la Revolución Francesa. Véase en Manuel García de Sena, *La Independencia de Costa Firme justificada por Thomas Paine treinta años ha*, Edición del Ministerio de Relaciones Exteriores, Caracas 1987, p. 90. La expresión la utilizó también en otros Discursos, pp. 111, 112.
363 *Idem,* p. 90.

Constitucional, y legal. Esta Soberanía es ejercitada eligiendo y diputando un cierto número de personas para representar y obrar por él todo, las cuales no obrando con rectitud, pueden ser depuestas por el mismo poder que las colocó allí, y ser otras elegidas y disputadas en su lugar."[364]

De estos conceptos de Paine, que sin duda influyeron en la concepción de la declaración de los "Derechos del Pueblo" de decretada por el Congreso general de Venezuela en 1811, se comprende porqué la misma se inicia en la Sección Primera con las previsiones sobre la soberanía como poder que radica en el pueblo -no en la Nación como en Francia-, el cual la ejerce mediante representantes, apartándose así del orden de las Declaraciones francesas donde los artículos sobre la soberanía no están al inicio de las mismas.

Después de adoptada la Declaración de Derechos del Pueblo, como se dijo, el 5 de julio de ese mismo año, el Congreso General de las Provincias de Venezuela aprobó la Declaración de Independencia pasando a denominarse la nueva nación, como Confederación Americana de Venezuela[365]; y en los meses siguientes, también bajo la inspiración de los principios del constitucionalismo moderno que habían sido moldeados en las Constituciones norteamericanas y francesas,[366] el 21 de diciembre de 1811 se san-

---

364 *Idem,* pp. 118, 119.
365 Véase el texto Acta de la Declaración de la Independencia, cuya formación se encomendó a Juan Germán Roscio, en Francisco González Guinán, *Historia Contemporánea de Venezuela,* Caracas, 1954, Tomo I, pp. 26 y ss.; y el Allan R. Brewer-Carías, *Las Constituciones de Venezuela, cit.,* Tomo I, pp. 545-548.
366 *Cf.* José Gil Fortoul, *Historia Constitucional..., op. cit.,* Tomo Primero, pp. 254 y 267.

cionó la primera Constitución de Venezuela y la de todos los países latinoamericanos.[367]

En su Capítulo *VIII* se incorporó la declaración de los "Derechos del Hombre que se reconocerán y respetarán en toda la extensión del Estado," que se subdividió igualmente en cuatro secciones como en la Declaración de 1811: *Soberanía del pueblo* (Arts. 141 a 159), *Derechos del hombre en sociedad* (Arts. 151 a 191), *Derechos del hombre en sociedad* (Arts. 192 a 196) y *Deberes del cuerpo social* (Arts. 197 a 199), complementándose además, con diversas previsiones incorporadas en el Capítulo IX sobre Disposiciones Generales. En este Capítulo VIII se recogieron, enriquecidos, los artículos de la Declaración de los Derechos del Pueblo de 1811, por lo que puede decirse que en su redacción se recibió la influencia directa del texto de las Declaraciones de las antiguas colonias norteamericanas, de las Enmiendas a la Constitución de los Estados Unidos de América y de la Declaración Francesa de los Derechos del Hombre y del Ciudadano, y en relación con esta última, de los documentos de la conspiración de Gual y España de 1797.[368] Las diversas secciones regularon los derechos así:

En la *Primera Sección* sobre "Soberanía del pueblo," se precisaron los conceptos básicos que en la época originaban una república, comenzando por el sentido del "pacto social" (artículos 141 y 142), continuando con el concepto de soberanía (art. 143) y de su ejercicio mediante representación (art. 144-146); el derecho al desempeño de empleos

---

367 Véase el texto de la Constitución de 1811, en *La Constitución Federal de Venezuela de 1811 y Documentos afines* (Estudio Preliminar de C. Parra Pérez), Caracas, 1959, pp. 151 y ss., y en Allan R. Brewer-Carías, *Las Constituciones de Venezuela, cit.*, Tomo I, pp. 555-579.

368 Véase Allan R. Brewer-Carías, *Los Derechos Humanos en Venezuela: casi 200 años de Historia,* Academia de Ciencias Políticas y Sociales, Caracas 1990, pp. 101 y ss.

públicos en forma igualitaria (art. 147), con la proscripción de privilegios o títulos hereditarios (art. 148); la noción de la ley como expresión de la voluntad general (art. 149), y la nulidad de los actos dictados en usurpación de autoridad (art. 150).

En la Segunda Sección sobre "Derechos del hombre en sociedad," al definirse la finalidad del gobierno republicano (art. 151), se enumeran como tales derechos a la libertad, la igualdad, la propiedad y la seguridad (art. 152), y a continuación se detalla el contenido de cada uno: se define la libertad y sus límites solo mediante ley (art. 153-156), la igualdad (art. 154), la propiedad (art. 155) y la seguridad (art. 156). Además, en esta sección se regulan los derechos al debido proceso: el derecho a ser procesado solo por causas establecidas en la ley (art. 158), el derecho a la presunción de inocencia (art. 159), el derecho a ser oído (art. 160), el derecho a juicio por jurados (art. 161). Además, se regula el derecho a no ser objeto de registro (art. 162), a la inviolabilidad del hogar (art. 163) y los límites de las visitas autorizadas (art. 165), el derecho a la seguridad personal y a ser protegido por la autoridad en su vida, libertad y propiedades (art. 165), el derecho a que los impuestos sólo se establezcan mediante ley dictada por los representantes (art. 166), el derecho al trabajo y a la industria (art. 167), el derecho de reclamo y petición (art. 168), el derecho a la igualdad respecto de los extranjeros (art. 168), la proscripción de la irretroactividad de la ley (art. 169), la limitación a las penas y castigos (art. 170) y la prohibición respecto de los tratos excesivo y la tortura (arts. 171-172), el derecho a la libertad bajo fianza (art. 174), la prohibición de penas infamantes (art. 175), la limitación del uso de la jurisdicción militar respecto de los civiles (art. 176), la limitación a las requisiciones militares (art. 177), el régimen de las milicias (art. 178), el derecho a portar armas (art. 179), la eliminación de fueros (180) y la libertad de expresión de pensamiento (art. 181). La Sección concluye con la enumeración del derecho de petición de las Legislaturas provinciales (art. 182) y el derecho de reunión y petición de los ciudadanos (art. 183-184), el poder exclusivo de las Legislaturas de suspender las leyes o detener su ejecución (art. 185), el poder de legislar atribuido al Poder Legislativo (art. 186), el derecho del pueblo a participar en la legislatura (art. 187), el principio de la alternabilidad republicana (art. 188), el principio de la separación de poderes entre el Legislativo, el Ejecutivo y el Judicial (art. 189), el derecho al libre tránsito entre las provincias (art. 190), el fin de los gobiernos y el derecho ciudadano de abolirlos y cambiarlos (art. 191).

En la *Sección Tercera* sobre "Deberes del hombre en sociedad," donde se establece la interrelación entre derechos y deberes (art. 192), la interrelación y limitación entre los derechos (art. 193), los deberes de respetar las leyes, mantener la igualdad, contribuir a los gastos públicos y servir a la patria (art. 194), con precisión de lo que significa ser buen ciudadano (art. 195), y de lo que significa violar las leyes (art. 196).

En la Sección Cuarta sobre "Deberes del Cuerpo Social," donde se precisa las relaciones y los deberes de solidaridad social (art. 197-198), y se establece en el artículo 199, la declaración general sobre la supremacía y constitucional y vigencia de estos derechos, y la nulidad de las leyes contrarias a los mismos.

Estos primeros textos constitucionales de la América hispana, marcaron el inicio de un proceso sucesivo de constitucionalización de los derechos fundamentales, de manera que todas las Constituciones de los países latinoamericanos dictadas durante el siglo XIX, incluyeron siempre una declaración de derechos, la cual se ha conservado siempre hasta nuestros días, agregándose a partir de los inicios del Siglo XX, a los derechos individuales y políticos iniciales, los derechos sociales y económicos.

5. *La constitucionalización y la internacionalización de las declaraciones de derechos fundamentales*

En efecto, el signo contemporáneo de mayor relieve de las declaraciones de derechos fundamentales como pilar del Estado de derecho, ha sido el de su progresiva ampliación en el texto mismo de las respectivas Constituciones.

Cuando la Declaración Universal de los Derechos del Hombre y del Ciudadano se adoptó en 1789, expresando que "el fin de toda asociación política la conservación de los derechos naturales e imprescriptibles del hombre," los derechos que se declaraban abarcaban en realidad un ámbito reducidos referidos a la libertad, a la igualdad ante la ley, a la seguridad personal y a la propiedad privada.

Ese puede decirse que era el ámbito de los derechos humanos en una primera etapa del régimen de los mismos, cuando los derechos individuales y libertades puede decirse que eran el objeto exclusivo de regulación por el derecho constitucional, y así fue hasta la primera mitad del Siglo XX, cuando se produjo una considerable ampliación en cuanto al ámbito de los mismos.

Ello ocurrió con motivo de los postulados que se incorporaron en las Constituciones de Querétaro, en México, de 1917, de la Unión Soviética del mismo año, y de Weimar, en Alemania, de 1919, con las cuales puede decirse que comenzó el proceso de constitucionalización de los derechos sociales y se formuló, además, el principio de la función social de los derechos económicos, particularmente del derecho de propiedad. Posteriormente se produjo, además, la ampliación de los derechos políticos en función del afianzamiento de la propia democracia, desembocando en el derecho a la participación política.

En esta forma, en el mundo contemporáneo puede decirse que se ha producido un tránsito en las declaraciones de derechos humanos, desde los derechos de la llamada primera generación del constitucionalismo clásico, reducidos a los derechos individuales, que más bien son libertades con su peculiar tratamiento; hacia los derechos de una segunda generación, comprensivos de derechos de carácter económico, sociales y cultural, los cuales conllevan más bien obligaciones prestacionales del Estado. Además, en las declaraciones de derecho, progresivamente se han venido incorporando los derechos de la llamada tercera generación, donde se ubican el derecho de los pueblos y de las personas al desarrollo, a una determinada calidad de vida, a la protección del medio ambiente, a gozar de un patrimonio cultural e, incluso, el derecho a la paz, como ha sido consagrado expresamente por ejemplo en la Constitución de Colombia de 1991, y que van caracterizando el constitucionalismo latinoamericano.

Esta ampliación progresiva de derechos se puede apreciar, en Latinoamérica, por ejemplo, entre otras, en cinco Constituciones de finales del siglo XX y comienzos del siglo XXI que se pueden citar como ejemplos de una enumeración extensísima de derechos, como es el caso, inicialmente de la Constitución de Brasil (1988), y luego, de las Constituciones de Colombia (1991), de Venezuela (1999), de Ecuador y de Bolivia, las cuales destinan una gran cantidad de artículos a la enumeración y regulación de los derechos individuales, políticos, económicos, sociales, educacionales, culturales, ambientales, de los pueblos indígenas, y muchos de los de la tercera generación.

Lo que es importante señalar respecto de estas declaraciones, es que ante todo, desde el punto de vista jurídico, aún incorporados en normas constitucionales e internacionales, no son declaraciones constitutivas de los derechos, como lo dice su propia denominación, tienen carácter declarativo, de reconocimiento de mismos, por lo que no excluyen todos aquellos no enumerados que sean inherentes a la persona humana.

Por ello, incluso, siguiendo la orientación de la Enmienda Novena de la Constitución de los Estados Unidos, en América Latina también se ha incorporado en las Constituciones la cláusula enunciativa de los derechos de las personas, ratificando que los derechos constitucionales no se agotan en los enumerados expresamente en la declaración constitucional, sino que también se consideran como tales derechos constitucionales todos los otros inherentes a la persona humana, o los declarados en instrumentos internacionales. En esta forma, también, los derechos humanos establecidos en los instrumentos internacionales pasan a integrarse dentro de los derechos constitucionales con su mismo valor y rango, como una estrategia para utilización desde la perspectiva constitucional, del sistema interamericano de protección de los derechos humanos.

Pero el signo de nuestro tiempo no solo ha sido la constitucionalización de las declaraciones de derechos, sino su internacionalización, particularmente después de la Segunda Guerra Mundial.

Ese grave acontecimiento y los horrores que lo provocaron, que pusieron al descubierto las más aberrantes violaciones a los derechos humanos nunca imaginadas, fue lo que provocó que se comenzara a buscar un necesario ámbito universal en la lucha por la protección de los mismos, imponiéndose además, la consecuente y progresiva recomposición del concepto mismo de soberanía, clave en la configuración del derecho constitucional de la época.

El derecho internacional, así, comenzó a jugar un rol significativo en el establecimiento de límites al propio derecho constitucional, con motivo de los nuevos principios y compromisos internacionales que se fueron conformando para asegurar la paz. Por ello no es de extrañar que de la Segunda Guerra Mundial surgiera, precisamente, el proceso de internacionalización de los derechos humanos, con la adopción tanto de la Declaración Americana de los Derechos y Deberes del Hombre por la Organización de Estados Americanos, como de la Declaración Universal de los Derechos Humanos por la Organización de las Naciones Unidas, ambas en 1948 y, en 1950, con la adopción de la Convención Europea de Derechos Humanos. Ese proceso se consolidó en las décadas de los sesenta y setenta del siglo pasado, con la adopción del Pacto Internacional de Derechos Civiles y Políticos y del Pacto Internacional de Derechos Económicos, Sociales y Culturales en el ámbito de las Naciones Unidas y, en 1969, de la Convención Americana sobre Derechos Humanos en el ámbito interamericano.

En esta forma, a la constitucionalización inicial de los derechos humanos marcada por las declaraciones nacionales, siguió una segunda etapa marcada por el proceso de la internacionalización de los mismos. Su desarrollo, como instrumento de protección de tales derechos, incluso ha contribuido al desarrollo de una tercera etapa de la protección de los derechos, consistente ahora en la constitucionalización de la internacionalización de los derechos humanos, que ha sido provocada, precisamente, por la introducción en los derechos internos de los sistemas internacionales de protección.

Este proceso se ha manifestado, en primer lugar, por el otorgamiento de un determinado rango normativo en el derecho interno a los instrumentos internacionales, es decir en la precisión, en las Constituciones, del principio de que la norma –la internacional o la interna- relativa a los derechos humanos debe prevalecer en caso de conflicto entre las mismas; lo que no sólo se ha declarado en las Constituciones otorgando rango supra-constitucional, rango constitucional, rango supra legal o solamente rango legal[369] a los instrumentos internacionales, sino al establecimiento en las Constituciones de principios de interpretación constitucional para hacer prevalecer a los instrumentos internacionales sobre el derecho interno.

---

369 Véase en general sobre esta clasificación lo expuesto por Rodolfo E. Piza R., *Derecho internacional de los derechos humanos: La Convención Americana*, San José 1989; y por Carlos Ayala Corao, *La jerarquía constitucional de los tratados sobre derechos humanos y sus consecuencias*, México, 2003.

VI

EL CONTROL JURISDICCIONAL DE LA LEGALIDAD Y DE LA CONSTITUCIONALIDAD DE LAS ACTUACIONES DEL ESTADO

De lo antes expresado sobre los principios fundamentales que caracterizan al Estado de Derecho en el derecho constitucional contemporáneo, el elemento común más importante entre todos ellos es que el mismo es ante todo, un Estado con poderes limitados para poder garantizar la libertad; limitación que se establece a través de un sistema de distribución del poder.

Bajo esta perspectiva, el Estado de Derecho es contrario al del Estado Absoluto, presentándose la limitación de los poderes del Estado en tres tipos de distribución del Poder: *Primero,* la distinción entre los poderes del Estado y un área de derechos y libertades de los ciudadanos fuera del campo de acción del Estado. *Segundo,* la distinción, dentro del mismo Estado, entre, por una parte el poder constituyente, atribuido al pueblo como elector soberano, el cual se ejerce, normalmente a través de una Constitución escrita y, por otra parte, los poderes constituidos, representados por los órganos del Estado, incluyendo el legislador, sometidos a la voluntad del poder constituyente. Y *tercero,* una separación de poderes entre los órganos constituidos, de manera vertical y horizontal. En forma vertical, la distribución del poder lleva a un sistema de descentralización política a nivel territorial, a través de diferentes órganos estatales, incluyendo la forma federal del Estado; y en forma horizontal, la separación de poderes conduce a la clásica división entre órganos legislativos, ejecutivos y judiciales, con sus poderes respectivos v dentro de un sistema controlado y equilibrado donde se establecen interferencias y restricciones mutuas.

De lo anterior deriva además, como nota del Estado limitado, que el Estado de Derecho es ante todo un Estado sometido al principio de la legalidad, en el sentido de que todos los órganos del Estado están subordinados a las limitaciones normativas establecidas en una Constitución escrita y en las leyes que la ejecutan.

En relación a los órganos del Estado, en todo caso, el principio de la legalidad implica que éstos están necesariamente sometidos a la ley, aun cuando el alcance o ámbito de esta legalidad varía según el nivel que tengan los actos estatales en el sistema graduado y jerarquizado de normas que en general existe en todos los sistemas jurídicos. En este sentido, hemos dicho que la legalidad respecto de los actos de los órganos del Estado significa "ordenamiento jurídico" y no simplemente la ley como acto del órgano legislativo.

Por lo tanto, legalidad puede significar "constitucionalidad" o sometimiento a la Constitución si el acto es realizado en ejecución directa de ésta; o "legalidad" en un sentido más amplio, entendida como subordinación al ordenamiento jurídico si el acto es realizado en ejecución indirecta de la Constitución. En relación a la Administración, sin duda, este es el significado tradicional de legalidad. Finalmente, además de los principios de distribución del poder y del sometimiento del Estado al principio de la legalidad, también nos referimos a una tercera característica del Estado de Derecho moderno, la cual es la adopción de una Carta de Derechos, como garantía para los individuos frente a los órganos del Estado, normalmente incorporada de manera estable en una Constitución escrita y rígida.

En el derecho constitucional contemporáneo, estas notas características del Estado de derecho han sido formalmente establecidas en una Constitución escrita y rígida, lo que implica que los principios de distribución y separación de poderes, del sometimiento de los órganos del Estado al principio de la legalidad y de la declaración de los deberes y libertades en el mismo siempre están incorporados en una Constitución escrita, formulada de manera estable y rígida, a fin de protegerla contra eventuales cambios por parte del legislador ordinario.

Ahora bien, estos principios del Estado de Derecho y su establecimiento en una Constitución escrita y rígida, necesitan medios de protección para garantizar la existencia de las limitaciones impuestas a los órganos del Estado y al goce de los derechos individuales. En este sentido, fue muy preciso el argumento de John Marshall en el conocido caso *Marbury vs Madison* de 1803 resuelto por la Corte Suprema de los Estados Unidos:

> "¿Con qué propósito se limitan los poderes y dichas limitaciones se establecen por escrito, si esos límites, en cualquier momento, pueden ser traspasados por aquellos a quienes debían supuestamente limitar? La diferencia entre un gobierno con poderes limitados y uno con poderes ilimitados deja de existir, cuando las limitaciones no obligan a las personas sobre las cuales se imponen y cuando los actos prohibidos y los permitidos son de igual obligatoriedad."[370]

Por esto, en el mismo sentido, podemos preguntarnos ¿para qué limitar los poderes del Estado, para qué establecer el principio de la legalidad, para qué declarar formalmente los derechos y libertades fundamentales, y para qué

---

370 *Marbury vs. Madison*, 5. U.S. (1 Cranch) 137; 2 L, Ed. 60 (1803). Véase el texto en R. A. Rossum and G. A. Tarr, *American Constitutional Law, Cases and Interpretation*, Nueva York 1983, p. 70.

poner por escrito todos estos principios en una Constitución considerada como Ley Fundamental, si no existiesen los medios para garantizar la existencia y permanencia de dichas limitaciones, el sometimiento de los órganos del Estado a la legalidad y el goce efectivo por parte de los ciudadanos de los derechos y libertades?

En consecuencia, el Estado de Derecho, con todas sus características, sólo existe en la medida en que se establecen estos medios de protección y de control de la Constitución y la legalidad y donde el Poder Judicial está encargado de hacerlos cumplir.[371] Por ello, en el Estado de Derecho, los tribunales deben garantizar la efectividad de las limitaciones impuestas a los órganos del Estado, su sometimiento a la norma Constitucional y al principio de legalidad, así como el goce de los derechos y libertades fundamentales de los individuos.

Por consiguiente, no puede existir un Estado de Derecho cuando los Tribunales del Estado no tienen la facultad para controlar el sometimiento de los actos de los órganos del Estado al principio de la legalidad. Así, puede afirmarse que el elemento básico del Estado de Derecho o del Estado sometido al principio de la legalidad, es la existencia de un sistema de control judicial con el objeto de controlar la subordinación de todos los actos estatales, y en especial los actos legislativos, administrativos e incluso judiciales al derecho. Los dos objetivos esenciales de este sistema de control judicial son: primero, asegurar que todos los actos del Estado se adopten o ejecuten de conformidad con la ley del mismo Estado, y segundo, garantizar que los actos del

---

371 Véase en general, H. Kelsen, "La garantie juridictionnelle de la Constitution (La justice constitutionnelle)", *Revue du Droit Public et de la Science Politique en France et à l'étranger*, T. XLV, París 1928, pp. 197-257.

Estado respeten los derechos y libertades fundamentales de los ciudadanos.

Ahora bien, se pueden distinguir dos grandes sistemas de control judicial en el Estado de Derecho contemporáneo: por una parte, un sistema creado para controlar que todos los actos emanados del Estado estén conformes a la ley, y, por la otra, un sistema que intenta garantizar los derechos y libertades de los individuos. Ambos deben garantizar el derecho fundamental de todos los individuos a tener acceso a la justicia a través de las acciones legales que se intenten para lograr dicho control.

1. *El control judicial y la conformidad de los actos del Estado al principio de la legalidad*

Como se dijo anteriormente, el control judicial tiene como objetivo hacer que se cumpla de manera efectiva el sometimiento de los actos del Estado al principio de legalidad. Sin embargo, hemos visto que la esfera de legalidad u obligatoriedad no es la misma para todos los actos estatales, es decir que "legalidad" no significa lo mismo para todos estos actos. Su significado u obligatoriedad varía según el rango del acto específico dentro del ordenamiento jurídico y en particular con relación a la Constitución o a la ley suprema de la nación.

En esta forma, en los ordenamientos jurídicos donde existe una Constitución escrita, se puede hacer la distinción entre aquellos actos del Estado que han sido dictados en ejecución directa de la Constitución y los actos dictados en ejecución indirecta de la Constitución. Esta distinción lleva naturalmente a otra entre los sistemas de control judicial que se aplican.

En efecto, como hemos dicho, algunos actos estatales se adoptan en ejecución directa de la Constitución, en el sentido de que son dictados por los órganos del Estado, en uso de facultades otorgadas para ello, directamente en la Constitución, debiendo someterse a la misma. Con respecto a estos actos, el sistema de control judicial tiene y sólo puede tener como objetivo garantizar que dichos actos sean dictados o adoptados de conformidad con la Constitución. En este caso, como lo señaló Hans Kelsen en 1928, la "garantía de la Constitución significa garantía en cuanto a la regularidad de las normas subordinadas inmediatamente a ella, es decir fundamentalmente, garantía de la constitucionalidad de las leyes."[372] Por consiguiente, en lo que se refiere a estos actos del Estado, "legalidad" tal como la entendemos, es sinónimo de "constitucionalidad", y el control judicial de la legalidad es equivalente a control judicial de la constitucionalidad dé los mencionados actos.

Por supuesto, esta distinción entre actos dictados en ejecución directa e indirecta de la Constitución, al igual que la distinción entre control judicial de la legalidad y control judicial de la constitucionalidad, sólo existe, en el sentido estricto de la palabra, en los sistemas jurídicos que tienen una Constitución escrita como ley fundamental y fuente superior del ordenamiento jurídico en su conjunto. En cambio, en los sistemas donde no existe una Constitución escrita y en los cuales los actos del Parlamento son la ley suprema, esta distinción no se puede hacer, así como tampoco puede existir un sistema de control judicial de la constitucionalidad.

Por el contrario, este control de la constitucionalidad en. los sistemas jurídicos con Constituciones escritas ha sido desarrollado especialmente con referencia a los actos legislativos, es decir a los actos legislativos del Parlamento. De allí que se suela hablar de "control judicial de la constitucionalidad de las leyes."[373]

---

372 Véase H. Kelsen, *loc. cit.*, p. 201.
373 Véase M. Cappelletti, *Judicial Review in the Contemporary World*, Indianapolis 1971, p. VII.

En efecto, si el Parlamento, el Congreso o la Asamblea Nacional en su calidad de representante del pueblo soberano es y debe ser el intérprete supremo de la ley y, a través de ésta, de la voluntad general, debe hacerlo a través de la ejecución de normas constitucionales, en especial en aquellos casos en que existe una Constitución escrita y rígida la cual, por consiguiente, no puede ser modificada por el legislador ordinario. De allí que la ley formal, como acto del Parlamento, esté siempre sometida a la Constitución, y en caso de que exceda las limitaciones establecidas por la Constitución, estará viciada de inconstitucionalidad y por lo tanto podrá ser anulada. En el caso *Marbury vs Madison*, la Corte Suprema de los Estados Unidos indicó en 1803:

> "No cabe la menor duda de que todos los que tienen una Constitución escrita y estable la consideran como la ley fundamental y suprema de la nación, y por consiguiente, para estos gobiernos, un acto legislativo contrario a la Constitución es nulo."[374]

Por lo tanto, el control judicial de la constitucionalidad de las leyes, brinda a los tribunales la posibilidad de determinar su inconstitucionalidad, y decidir no aplicarlas dando preferencia a las disposiciones de la Constitución, y en algunos casos permitiendo que algunos tribunales especiales declaren la nulidad de la ley que ha sido considerada inconstitucional, con efectos generales.

Ahora bien, este control judicial de la constitucionalidad de los actos estatales, puede decirse que es una de las características más resaltantes del sistema constitucional norteamericano.[375] A este respecto, podemos agregar que, de hecho, se trata de la característica más resaltante de todos

---

374 *Marbury vs Madison*, 5.U.S. (1 Cranch), 137, 2 L, Ed. 60, 1803.
375 Véase E. S. Corwin, "Judicial Review", *Encyclopaedia of the Social Sciences*, Vol. VII-VII, p. 457.

los sistemas constitucionales del mundo actual. Los tribunales, en todas partes del mundo, de manera similar o no al sistema norteamericano de control judicial, sean tribunales constitucionales especiales o tribunales ordinarios, tienen la facultad de declarar las leyes como inconstitucionales y, por consiguiente, pueden negarse a aplicarla por considerarla nula, y en algunos casos, dichos tribunales tienen la facultad de anular de dichas leyes inconstitucionales.

Como se sabe, en el Reino Unido el sistema es diferente, e incluso se puede afirmar que la principal característica que diferencia el sistema constitucional británico es precisamente, la ausencia de control judicial de la constitucionalidad de las leyes. Por ello, D. G. T. Williams ha señalado que:

> "la mayoría de los jueces británicos así como la gran mayoría de abogados tienen poco o ningún contacto con las situaciones inherentes al control judicial de constitucionalidad."[376]

Esta diferencia sustancial entre el sistema constitucional de Gran Bretaña y los demás sistemas del mundo, proviene de algunos principios muy importantes, únicos en la Constitución británica, como el principio de la soberanía del Parlamento, o como Dicey lo ha denominado, la "fuente secreta del poder de la Constitución británica" o "el elemento de poder que ha constituido su verdadera fuente de vida y desarrollo."[377]

Este principio, con toda la importancia que tienen en el derecho constitucional de Gran Bretaña, al mismo tiempo constituye el obstáculo más poderoso para el control judi-

---

[376] Véase D. G. T. Williams, "The Constitution of the United Kingdom", *Cambridge Law Journal,* N° 31, 1972-B, p. 277.

[377] Véase Dicey, *England's Case against Home Rule*, (3rd. ed. 1887), p. 168, citado por D. G. T. Williams, *loc. cit*, p. 277.

cial de la constitucionalidad de las leyes. Esto implica que aun cuando es cierto que los tribunales británicos son los máximos garantes del principio de la legalidad, estos se ven obligados a aplicar los actos del Parlamento, independientemente de la opinión que tengan los jueces sobre su moralidad o justicia, o sobre sus efectos en relación con las libertades individuales o los derechos humanos.[378] Esto se debe a la ausencia de una Constitución escrita en la forma constitucional moderna, con su debida declaración de derechos y libertades fundamentales.

En este aspecto basta citar a Lord Wilberforce en el caso *Pickin vs British Railways Board*, de la Cámara de los Lores, en 1974, con respecto a las consecuencias de la soberanía parlamentaria y a la ausencia de control judicial de la constitucionalidad de las leyes:

> "la idea... de que un acto del Parlamento, sea público o privado, o una disposición de un acto del Parlamento, pueda ser declarada inválida o inaplicable por los tribunales a causa de alguna irregularidad en el procedimiento parlamentario, o sobre la base de un error en su aprobación en el Parlamento, o porque se obtuvo de manera fraudulenta; ha sido formalmente repudiada por las más altas autoridades desde 1842 en adelante.
>
> La solución a un error parlamentario, en caso de que se llegue a cometer, debe ser tratado en el Parlamento y no en los tribunales."[379]

---

[378] Véase T. R. S. Allan, "Legislative Supremacy and the Rule of Law's Democracy and Constitutionalism", *Cambridge Law Journal*, N° 441, 1985, p. 116.

[379] Citado por P. Allot, "The Court and Parliament: Who Whom?", *Cambridge Law Journal*, N° 38, I, 1979, pp. 80-81; véase igual-

Por ello el control judicial de la constitucionalidad de las leyes y otros actos legislativos, requiere la presencia de, al menos, tres condiciones para que funcione en un sistema constitucional dado; en primer lugar, requiere de la existencia de una Constitución escrita, concebida como una ley superior y fundamental, con una clara supremacía sobre las demás leyes; en segundo lugar, este tipo de Constitución debe ser de carácter "rígido", lo que implica que las enmiendas y reformas introducidas sólo pueden ser puestas en práctica a través de un proceso particular y especial, a fin de evitar que cualquier acto del legislador ordinario lo haga; y en tercer lugar, el establecimiento, dentro de esa misma Constitución escrita y rígida, de los medios legales para garantizar la supremacía de la Constitución, por encima de los demás actos del Estado, incluyendo los actos legislativos.

El control judicial de control de la constitucionalidad de las leyes, como facultad de los tribunales para decidir sobre ello, ha sido considerado como una de las principales contribuciones del sistema constitucional norteamericano a las ciencias política y constitucional.[380] Sin embargo, el llamado "sistema americano" de control judicial no es el único que existe en el derecho constitucional actual. Existe igualmente, lo que se conoce como el "sistema austríaco" de control de constitucionalidad, establecido en Europa, originalmente, en la Constitución austríaca en 1920, pero con existencia previa en los sistemas mixtos en América Latina, que adoptaron las características principales tanto del sistema "americano" como del "austríaco".

---

mente O. Hood Phillips, *Leading Cases in Constitutional and Administrative Law*, Londres 1979, pp. 1-6.

380 Véase F. A. C. Grant, "El control jurisdiccional de la constitucionalidad de las leyes: una contribución de las Américas a la Ciencia Política", *Revista de la Facultad de Derechos de México*, N° 45, México 1962, pp. 417-437.

La principal diferencia entre ambos sistemas de control judicial de la constitucionalidad de las leyes radica, básicamente, en los órganos judiciales que pueden ejercer esta facultad de control constitucional: el "sistema americano" confía la facultad de control a todos los tribunales de un país dado. Es por ello que este sistema se considera descentralizado o difuso. Por el contrario, el "sistema austríaco" confía el poder de control de la constitucionalidad de las leyes a un tribunal existente (Corte Suprema) o a un tribunal constitucional especial, y por lo tanto, se considera este sistema como centralizado o concentrado.

En todo caso, en aquellos sistemas jurídicos donde existe un control judicial de la constitucionalidad de las leyes, todos los demás actos legislativos que no sean leyes formales, y que también son dictados por el Parlamento en ejecución directa de la Constitución, pueden ser sometidos al control judicial de la constitucionalidad. Este es el caso, por ejemplo, de las regulaciones internas para el funcionamiento dé los cuerpos legislativos y de los actos parlamentarios que se dictan para un fin específico; por ejemplo, autorizar o aprobar algún acto ejecutivo, como el nombramiento de algunos funcionarios o la adopción de modificaciones al presupuesto. En los sistemas jurídicos de Constitución escrita, todos estos actos están sometidos a la Constitución y deben adoptarse de conformidad con la misma. Es decir, pueden ser controlados judicialmente para garantizar que cumplen con las normas establecidas en la Constitución.

Además, no sólo los actos de los cuerpos legislativos están sometidos a un control judicial de constitucionalidad; en general, todos los de los órganos y cuerpos estatales, dictados en ejecución directa de la Constitución, también pueden estar sometidos a este control. En especial, los actos de gobierno, con o sin fuerza de ley formal, dictados por el Jefe del Estado o del Gobierno, previamente autorizados para ello por la Constitución, y los cuales, por la separación de poderes, no pueden ser regulados por el Parlamento.

En pocas palabras, el sistema de control judicial de la constitucionalidad de los actos emanados del Estado es el medio a través del cual se garantiza el sometimiento efectivo de los órganos del Estado a la Constitución, cuando la ejecutan directamente.

Sin embargo, esto sólo es posible en sistemas legales con Constituciones escritas, donde los tribunales tienen la facultad de ejercer el control judicial de la constitucionalidad.

En consecuencia, tanto cuando no hay Constitución escrita o cuando, a pesar de que exista una ley fundamental, los tribunales no tienen la facultad de controlar la constitucionalidad de los actos legislativos, la situación jurídica es muy similar.

Como lo señaló J. D. B. Mitchell:

> "El simple hecho de que exista una Constitución escrita no significa por sí solo y necesariamente, que los tribunales desempeñan un papel más significativo en la protección de los derechos individuales o en el resguardo de la Constitución. Donde existe este tipo de Constitución pero donde los tribunales no tienen la facultad de declarar una ley inconstitucional, el único medio mediante el cual los tribunales pueden proteger los principios prácticos de la Constitución contra usurpaciones y violaciones, es la interpretación restrictiva de la legislación. En esas circunstancias, la posición de los tribunales y la protección de los principios constitucionales fundamentales, no difieren materialmente de las que existen cuando no hay Constitución escrita."[381]

---

381 Véase J. D. B. Mitchell, *Constitutional Law*, Edimburgo 1968, p. 13.

Por lo tanto, la diferencia real entre un sistema jurídico con Constitución escrita y uno sin Constitución escrita reside en las facultades concedidas a los tribunales para controlar la constitucionalidad de los actos del Estado. Así lo ha indicado también Mitchell con relación al sistema constitucional británico:

> "El contraste real con nuestro sistema está en un sistema en el cual no sólo existe una Constitución escrita sino también la facultad reconocida para los tribunales de declarar una ley inválida por inconstitucional."[382]

En todo caso, el control de la constitucionalidad de las leyes formales, o de cualquier otro acto del Estado dictado en ejecución directa de la Constitución, sólo es posible en aquellos sistemas constitucionales regidos por una Constitución escrita y rígida, es decir, que no puede ser modificada a través de la legislación ordinaria.

Las normas establecidas en este tipo de Constitución deben ser aplicadas directamente, y la Constitución misma ocupa un rango predominante en la jerarquía del ordenamiento jurídico. Al respecto, es precisamente en los países en los cuales se ha concedido a los tribunales el poder de controlar la constitucionalidad de las leyes, donde la naturaleza jurídico-normativa de las Constituciones y su carácter obligatorio se evidencian con mayor claridad. Igualmente, es en estos países donde se origina el principio de la supremacía jerárquica (le la Constitución, con respecto a las leyes ordinarias.

Este primer sistema de control judicial de la constitucionalidad, particularmente de las leyes, como se ha dicho, se presenta de dos maneras: concediendo esta facultad de decisión a todos los tribunales de un país, o reservando esta

---

382 *Idem.*, p. 13.

facultad a un solo órgano judicial como es la Corte Suprema de Justicia, o a una Corte o Tribunal constitucional especial, dando así lugar a la distinción entre los sistemas concentrado y difuso del control judicial de la constitucionalidad.

Sin embargo, además de los actos emanados por los órganos del Estado, adoptados en ejecución directa de los poderes constitucionales que les han sido otorgados, en especial los actos legislativos y actos de gobierno, existen otros actos que son dictados en ejecución directa de la "legislación", como primer nivel de ejecución constitucional y cuya legalidad implica el sometimiento a la Constitución, además de a todas las demás normas contenidas en el ordenamiento jurídico. Por consiguiente, en relación a estos actos y particularmente los actos administrativos y judiciales, "legalidad" significa sometimiento al ordenamiento jurídico en su conjunto, y el Estado de Derecho debe proporcionar los medios para un control judicial y garantizar de manera efectiva que los actos dictados por los órganos del Estado estén sometidos al principio de legalidad. Esto ha llevado a que en el Estado de Derecho se hayan establecido sistemas de control judicial de los actos administrativos y de las propias decisiones judiciales.

En cuanto al control judicial de la acción administrativa, o de la Administración, puede afirmarse que, dentro del derecho administrativo y constitucional moderno, éste se ha desarrollado sobre todo como resultado del sometimiento de la Administración al principio de legalidad. Este sistema de control judicial ha adquirido tal importancia que puede decirse que el control judicial sobre los actos administrativos ha dado lugar al desarrollo del derecho administrativo mismo, no sólo en los países de Europa continental sino también en los países del *common law*. Los principios fundamentales del derecho administrativo se han desarrollado, en especial en el presente siglo, a través del ejercicio de la facultad inherente de los tribunales de controlar la legalidad de la acción administrativa.

En consecuencia, el control judicial de los actos administrativos es el poder que tienen los tribunales para decidir acerca de la legalidad de las actividades realizadas por los órganos administrativos del Estado; en otras palabras, para decidir si las actividades de los órganos ejecutivos del Estado están sometidos a la ley o, mejor dicho, al ordenamiento jurídico. En este contexto por "ley" se entiende el ordenamiento jurídico, es decir, no solamente las leyes formales sino también las normas y reglas contenidas en el ordenamiento jurídico, incluyendo por supuesto la Constitución.

En relación a la organización del sistema de control judicial de los actos administrativos, existe una diferencia sustancial entre los sistemas jurídicos influenciados por los países de Europa continental, principalmente de Francia, y los sistemas influenciados por los países del *common law* anglo-americanos. En la tradición latina y germánica, el control judicial es la facultad que tienen algunos tribunales especiales de decidir acerca de la legalidad de los actos administrativos, siempre y cuando se haya requerido tal decisión a través de los medios judiciales o acciones concedidas a los individuos investidos de la legitimidad necesaria para introducir una acción de nulidad con respecto a un acto particular.

Esto ha llevado al desarrollo de los llamados recursos contencioso-administrativo en Europa continental, los cuales deben ser decididos por tribunales judiciales-administrativos especiales. En algunos casos, estos tribunales especiales han sido creados separadamente del Poder Judicial ordinario, como en Francia, con la jurisdicción del contencioso administrativo; en otros casos, los tribunales judiciales-administrativos especiales se establecen dentro del orden judicial ordinario, de la misma manera que existen tribunales especiales en derecho laboral, derecho civil o derecho mercantil. En todos estos casos, no sólo los recursos de control judicial son especiales, sino que también son especiales los tribunales que deben ejercer la facultad de control.

En cambio, la tradición del *common law* en cuanto al control judicial, implica generalmente que los tribunales de justicia ordinarios sean los únicos facultados para ejercer el poder de control judicial de la acción administrativa a través de recursos ordinarios establecidos en el *common law* y empleados también en el derecho privado, aun cuando no cabe la menor duda de que últimamente se han desarrollado recursos especiales de derecho público. En todo caso, en todas partes del mundo, el control judicial más tradicional y popular referido al sometimiento del Estado al principio de la legalidad es el control judicial de la acción administrativa.

No obstante, la expresión Estado de Derecho, no implica solamente, la existencia de sistemas de control judicial de la constitucionalidad de la legislación y de los actos de gobierno, y de control judicial de la acción administrativa, en otras palabras, el control judicial de la acción legislativa y administrativa con el fin de garantizar su conformidad al principio de la legalidad, sino también el establecimiento de un sistema de control judicial de las propias decisiones judiciales.

En efecto, los tribunales son órganos "ejecutivos" típicos del Estado. Por consiguiente, todas sus actividades tendientes a la aplicación de la ley deben someterse al ordenamiento jurídico en su conjunto incluyendo la Constitución, las leyes formales, los decretos-leyes, los reglamentos y demás actos normativos de los órganos del Estado. De allí que, en el Estado de Derecho, las decisiones de los tribunales también deben someterse al control judicial el cual se aplica normalmente de dos maneras.

Por una parte, los sistemas ordinarios de apelación que permiten el control de las decisiones de tribunales inferiores por parte de tribunales superiores; y por la otra, el sistema de control de la legalidad de decisiones judiciales mediante recursos extraordinarios, como sucede en el sistema de derecho de Europa continental, por ejemplo con el "recurso de casación", desarrollado en los sistemas influenciados por el derecho procesal de Europa continental.

A través de este medio de control, la Corte Suprema tiene la facultad de verificar la legalidad de las decisiones tomadas por los tribunales inferiores; y de decidir, tomando en cuenta los méritos de la decisión apelada, o simplemente controlar los aspectos legales de la decisión en el recurso de casación. En este caso, se trata también de un control de la legalidad de actos del Estado.

Estos tres sistemas de control del sometimiento de los órganos y actos del Estado al principio de la legalidad, a saber el control de la constitucionalidad de las leyes, el control judicial de los actos administrativos y el control judicial de las decisiones de los tribunales, son fundamentalmente sistemas de control formal que buscan determinar la conformidad de las decisiones estatales a las normas superiores contenidas en el ordenamiento jurídico aplicable al acto concreto.

2. *Garantías judiciales de los derechos fundamentales*

Además de estos sistemas de control judicial de los actos del Estado para garantizar su sometimiento al principio de la legalidad existe otro sistema de control de las acciones del Estado para proteger en especial los derechos y libertades fundamentales, generalmente establecidos en la Constitución como una garantía al cumplimiento efectivo de estos derechos y libertades.

Hemos visto que el principio de distribución del poder en el Estado de Derecho se manifiesta de distintas maneras. Entre otras, en un sistema de distribución de poder, por una parte, entre la esfera de acción del ciudadano y de los individuos a quienes atribuyen constitucionalmente, derechos y libertades fundamentales que no pueden ser eliminados ni restringidos por otros medios que no sean aquellos previstos en la Constitución; y, por la otra, los poderes de los órganos del Estado. Esta distribución del poder suele estar establecida en una Constitución escrita o en una Carta de Derechos estable, para que las violaciones a estos derechos y libertades fundamentales por parte del Estado de cualquier individuo puedan ser objeto de control o protección judicial.

Esta protección judicial de los derechos fundamentales resulta ser, a fin de cuentas, un amparo de la Constitución misma, ya que estos derechos y libertades están consagrados en ella, y por lo tanto, cualquier violación o restricción a ellos constituye una violación de la Constitución. El Estado de Derecho ha desarrollado mecanismos específicos con el fin de garantizar la protección de estos derechos y libertades fundamentales y evitar su violación principalmente, por entes públicos, ya sea mediante acciones intentadas ante los tribunales ordinarios a través de medios judiciales, recursos ordinarios, o mediante acciones especiales de amparo intentadas ante tribunales ordinarios o ante una Corte constitucional especial.[383]

Al tratar el tema del control judicial de la constitucionalidad de las leyes, necesariamente hay que referirse también a la protección judicial estos derechos fundamentales, y en particular, a las acciones especiales de control judicial que los tribunales deben ejercer, para ampararlos.

En esta forma, el concepto de Estado de Derecho está estrechamente relacionado con el control judicial de la legalidad, de manera que no existe el Estado de Derecho si no existe control judicial de la legalidad de sus actos. Asi-

---

[383] Véase en general sobre el amparo en el derecho comparado: Allan R. Brewer-Carías, *Constitutional protection of human rights in Latin America. A Comparative Study of the Amparo Proceedings*, Cambridge University Press, New York 2008.

mismo, el control judicial de la legalidad de los actos del Estado sólo puede existir dentro del marco del Estado de Derecho.

Cómo se ha visto anteriormente, el Estado de Derecho implica el sometimiento de todos los órganos y actos del Estado al ordenamiento jurídico, el cual tiene en su cúspide a la Constitución. Esta es la ley suprema a la que deben someterse todos los actos del Estado. Por ello, el control del sometimiento de los actos del Estado a la Constitución, cuando lo ejercen los tribunales, es uno de los aspectos esenciales del Estado de Derecho.

3. *Garantías constitucionales de la Constitución*

Ahora bien, en el mundo contemporáneo, el signo más característico del Estado de derecho o del Estado sometido al derecho, además de la existencia de un sistema de control judicial de la conformidad con el derecho de los actos administrativos, a través del tradicional control contencioso administrativo, es la existencia de un sistema de control de constitucionalidad de las leyes y demás actos estatales de similar rango, a través del sistema de justicia constitucional.[384] De allí la acertada consideración de Jean Rivero de estimar, particularmente en Francia, que el último paso en la construcción del Estado de derecho, es que el Legis-

---

384 Véase Allan R. Brewer-Carías, "La justicia constitucional como garantía de la Constitución," en Armin von Bogdandy, Eduardo Ferrer Mac-Gregor y Mariela Morales Antoniazzi (Coord.), *La Justicia Constitucional y su Internacionalización. ¿Hacia un Ius Constitucionale Commune en América Latina?*, Instituto de Investigaciones Jurídicas, Instituto Iberoamericano de Derecho Constitucional, Max Planck Institut Für Ausländisches Öffentliches Rechts Und Völkerrecht, Universidad Nacional Autónoma de México, México 2010, Tomo I, pp. 25-62. También publicado en la *Revista de Derecho Público*, N° 9-10, Asociación Costarricense de Derecho Administrativo, San José, Costa Rica 2010, pp. 9-28.

lador mismo esté sometido a una norma superior, a la Constitución.[385]

Este principio, que puede hoy considerarse elemental y que tiene sus raíces en el constitucionalismo norteamericano,[386] sin embargo, solo se consolidó en Europa continental hace pocas décadas, con las adopción de la noción de Constitución rígida, el principio de su supremacía, la garantía de la nulidad de los actos estatales que la vulneren, la consagración constitucional de los derechos fundamentales, y la consideración de la Constitución como norma de derecho positivo directamente aplicable a los ciudadanos,[387] cuya aceptación, incluso, fue calificada hacia finales del siglo XX como producto de una "revolución,"[388] que

---

385 Por eso Jean Rivero estimó que el último paso en la construcción del Estado de derecho, es que el Legislador mismo esté sometido a una norma superior, la Constitución, en "Rapport de Synthèse", en L. Favoreu (ed.), *Cours constitutionnelles européennes et droits fundamentaux,* París, 1982, p. 519. Así mismo P. Lucas Murillo de la Cueva, calificó a la justicia constitucional como "la culminación de la construcción del Estado de derecho", en "El Examen de la Constitucionalidad de las Leyes y la Soberanía Parlamentaria", en *Revista de Estudios Políticos,* N° 7, Madrid 1979, p. 200.

386 Véase en particular A. Hamilton, *The Federalist* (ed. B. F. Wright), Cambridge Mass. 1961, *letter* N° 78, pp. 491–493. Véanse además, los comentarios de Alexis de Tocqueville, *Democracy in America* (ed. J. P. Mayer and M. Lerner), London 1968, vol. I, p. 120.

387 Véase Eduardo García de Enterría, *La Constitución como norma y el Tribunal Constitucional,* Madrid 1981.

388 Véase J. Rivero, "Rapport de Synthèse", en L. Favoreu (ed.), *Cours constitutionnelles européennes et droits fundamentaux,* París 1982, p. 520, donde califica la aceptación de muchos de esos principios por el Consejo Constitucional como una "revolución".

los países europeos sólo en las últimas décadas de dicho siglo comenzaron a "redescubrir."[389]

Ahora bien, la justicia constitucional, es decir, la posibilidad de control judicial de la constitucionalidad de las leyes y demás actos estadales, deriva precisamente de esa idea de la Constitución como norma fundamental y suprema, que debe prevalecer sobre toda otra norma o acto estatal; lo que implica el poder de los jueces o de ciertos órganos constitucionales en ejercicio de funciones jurisdiccionales, de controlar la constitucionalidad de los actos estatales, incluidas las leyes, declarándolos incluso nulos cuando sean contrarios a la Constitución. Ese fue el gran y principal aporte de la Revolución Norteamericana al constitucionalismo moderno, y su desarrollo progresivo ha sido el fundamento de los sistemas de justicia constitucional en el mundo contemporáneo.

Como lo expresó en su momento Manuel García Pelayo:

"La Constitución, en tanto que norma fundamental positiva, vincula a todos los poderes públicos incluidos el Parlamento y por tanto, la ley no puede ser contraria a los preceptos constitucionales, a los principios de que éstos arrancan o que se infieren de ellos, y a los valores

---

389 El término lo usó con razón Louis Favoreu, al señalar que ha sido sólo después de la Primera Guerra Mundial, y particularmente, después de la Segunda Guerra Mundial, que los países europeos han "redescubierto" la Constitución como texto de carácter jurídico y como norma fundamental, en "Actualité et légitimité du contrôle juridictionnel des lois en Europe Occidentale", *Revue du Droit Public et de la Science Politique en France et á l'étranger*, Paris 1984, p. 1.176.

a cuya realización aspira. Tal es lo que configura la esencia del Estado constitucional de derecho..."³⁹⁰

Es decir, como en su momento también lo señaló Mauro Cappelletti, la Constitución concebida "no como una simple pauta de carácter político, moral o filosófico, sino como una ley verdadera, positiva y obligante, con un carácter supremo y más permanente que la legislación positiva ordinaria."³⁹¹ O como lo puntualizó Eduardo García de Enterría al iniciarse el proceso democrático en España en las últimas décadas del siglo xx, las Constituciones son normas jurídicas efectivas, que prevalecen en el proceso político, en la vida social y económica del país, y que sustentan la validez a todo el orden jurídico.³⁹² Se trata, siempre, de una ley suprema, real y efectiva, que contiene normas directamente aplicables tanto a los órganos del Estado como a los individuos.

Este concepto, si bien fue novedoso en la práctica de la España democrática, fue el concepto adoptado en los Estados Unidos de América desde los inicios del constitucionalismo, el cual desde el siglo XIX se siguió en los países de América Latina. Fue también el concepto que se adoptó en Europa después de la Revolución Francesa, y que luego de haber sido abandonado durante el siglo XIX, fue redescu-

---

390 Véase Manuel García Pelayo, "El Status del Tribunal Constitucional", en *Revista Española de Derecho Constitucional,* N° 1, Madrid 1981, p. 18.

391 Véase Mauro Cappelletti, *Judicial Review of Legislation and its Legitimacy. Recent Developments.* General Report. International Association of Legal Sciences. Uppsala 1984 (mimeo), p. 20; también publicado como "Rapport général" en L. Favoreu y J.A. Jolowicz (ed), *Le contrôle juridictionnel des lois Légitimité, effectivité et développements récents,* París 1986, pp. 285–300.

392 Véase Eduardo García de Enterría, *La Constitución como norma y el Tribunal Constitucional,* Madrid 1981, pp. 33, 39, 66, 71, 177 y 187.

bierto durante el siglo XX, particularmente después de la Segunda Guerra Mundial.

En efecto, originalmente la Constitución fue concebida como una ley fundamental que limitaba a los órganos del Estado y proclamaba los derechos fundamentales de los individuos, producto de un consenso político logrado por el pueblo mismo, y por lo tanto, directamente aplicable por los tribunales. Este concepto de Constitución, adoptado por algunos países de Europa continental luego de la Revolución Francesa, sin embargo, fue modificado posteriormente por la restauración del principio monárquico, el cual transformó la Constitución en un código formal y abstracto del sistema político, otorgado por el Rey y no directamente impuesto por los tribunales. En este contexto, la Constitución no incluía normas directamente aplicables a los individuos, quienes sólo estaban sometidos a las leyes, y aun cuando contenía una parte orgánica, la falta de medios de control de la constitucionalidad de los actos estatales, trajo como consecuencia la pérdida de su carácter normativo.

Ese concepto de Constitución en los sistemas jurídicos de Europa continental, como se dijo, cambió después de la Segunda Guerra Mundial, volviéndose nuevamente a la concepción original de ley suprema, con normas directamente aplicables tanto a los órganos del Estado como a los individuos, juzgadas por los Tribunales, y no como simples buenas intenciones. Tal como lo consideró la Corte Suprema de los Estados Unidos, por ejemplo, en el caso *Trop vs. Dulles,* 356 US 86 (1958), en la cual expresó, en relación al carácter normativo de la Constitución, que:

> "Las disposiciones de la Constitución no son adagios trillados ni contraseñas vacías. Son principios vitales y vivos que autorizan y limitan los poderes gubernamentales de nuestra Nación. Son normas de Gobierno. Cuando se cuestiona ante este Tribunal la constitucionalidad de una ley del Congreso, debemos aplicar dichas normas. De lo contrario, los términos de la

Constitución se convertirían en poco más que buenas intenciones".

Por ello, en los sistemas jurídicos contemporáneos las Constituciones tienen un carácter normativo, principio que incluso rige en Francia gracias a la labor del Consejo Constitucional, y que contrasta con el sistema constitucional tradicional que se había instaurado por las Leyes constitucionales de 1875, en el cual debido a la inexistencia de una declaración de derechos del hombre en el texto de la Constitución,[393] sus disposiciones habían sido consideradas como no directamente aplicables a los individuos. Fue precisamente gracias a varias decisiones del Consejo Constitucional adoptadas en los años setenta del siglo XX, que el "bloque de la constitucionalidad"[394] fue progresivamente ampliado para incluir en el mismo, a la Declaración de los Derechos del Hombre y del Ciudadano de 1789, a los principios de los Preámbulos de las Constituciones de 1946 y 1958, y a los principios fundamentales reconocidos por las leyes de la República.[395] Esto llevó a Jean Rivero a afirmar, en relación con la creación del derecho por el juez constitucional, que con las decisiones del Consejo Constitucional basadas en "la Constitución y, en particular, en su

---

393 Véase Jean Rivero, *Les libertés publiques,* Vol. 1, París 1973, p. 70.
394 Véase Louis Favoreu, "Le principe de constitutionalité. Essai de définition d'après la jurisprudence du Conseil constitutionnel" en *Recueil d'études en l'honneur de Charles Eisenmann,* París 1977, p. 33.
395 Véase Louis Favoreu, *Le contrôle juridictionnel des lois et sa légitimité. Développements récents en Europe occidentale,* Association Internationale des Sciences Juridiques, Colloque d'Uppsala, 1984 (mineo), p. 8; también publicado en L. Favoreu y J. A. Jolowicz, *Le contrôle juridictionnel des lois Légitimité, effectivité et développements récents,* París 1986, pp. 17 ss.

Preámbulo", en Francia se había producido "una revolución":

"He allí, de una sola vez, la Declaración de 1789, el Preámbulo de 1946, los principios fundamentales reconocidos por las leyes de la República, integrados a la Constitución francesa, aun cuando la Constituyente no lo quiso. La Constitución francesa duplicó de tamaño por simple voluntad del Consejo Constitucional."[396]

La Constitución así configurada, en un Estado de derecho, en todo caso y por sobre todo tiene que ser dotada de supremacía en relación con cualquier otra norma jurídica o cualquier acto que emane del Estado, lo que implica que los actos del Parlamento y de absolutamente todos los demás órganos del Estado no pueden violar las normas de la Constitución, y los principios constitucionales que de ellos derivan.

No hay que olvidar que las Constituciones contemporáneas contienen, al mismo tiempo, una parte orgánica y una parte dogmática; la primera referida a la organización del Estado, la distribución y la separación del Poder Público y los mecanismos relativos a su funcionamiento; la segunda, a los derechos fundamentales y a las limitaciones impuestas a los órganos del Estado por su respeto y prevalencia. Por ello, la preeminencia de la Constitución significa no sólo la estricta observancia de las normas y procedimientos establecidos en la Constitución para regular el funcionamiento de los órganos del Estado, sino también el respeto de los derechos fundamentales de los ciudadanos, declarados o implícitos en la misma. Todo ello implica, por supuesto y por ejemplo en lo que respecta al Parlamento, no

---

396 Véase Jean Rivero, "Rapport de Synthèse" in L. Favoreu (ed), *Cours Constitutionnelles Européennes et Droit Fondamental*, Aix–en–Provence 1982, p. 520.

sólo la obligación de respetar las normas constitucionales que rigen la separación de poderes y evitar usurpar las atribuciones del Ejecutivo y del Poder Judicial, sino además, la necesidad de actuar de conformidad con los procedimientos para la elaboración de las leyes que prevé la Constitución, en los cuales no puede, en ningún caso, violar los derechos fundamentales que garantiza la Constitución. Lo mismo se aplica a la actuación de los demás órganos del Estado, en particular del Ejecutivo y de los propios tribunales, incluyendo los Tribunales Constitucionales que como garantes de la Constitución están, por sobre todo, sometidos a la misma.

La sujeción a la supremacía de la Constitución por todos los órganos del Estado, por otra parte, no sólo implica sumisión a las normas de carácter orgánico y de procedimiento, sino también a las de orden sustantivo. Por ello es que una ley puede ser inconstitucional no sólo por vicios en el procedimiento de formación de las leyes que afecten su elaboración, sino por razones de fondo, cuando su contenido es contrario a las normas o principios enunciados en la Constitución incluido los relativos a los derechos fundamentales o derivados de los mismos. Por tanto, la inconstitucionalidad de los actos estatales puede ser de forma o de fondo.[397]

4. *La supremacía constitucional y sus garantías*

Por supuesto, como toda supremacía normativa, para ser efectiva requiere ser garantizada, es decir, requiere de ser dotada de las necesarias garantías jurídicas, que tratándose de la Constitución como norma suprema resultan ser la culminación de la construcción del Estado de derecho. En-

---

[397] Véase H. Kelsen. "La garantie juridictionnelle de la Constitution (La justice constitutionnelle)", en *Revue du Droit public et de la Science politique en France et à l'étranger,* París 1928, p. 202.

tre ellas, está precisamente el sistema de justicia constitucional, concebido precisamente por Hans Kelsen en las primeras décadas del siglo pasado, como la garantía jurisdiccional por excelencia del principio de la supremacía constitucional.[398]

Y efectivamente, la supremacía de la Constitución sería imperfecta e inoperante desde el punto de vista jurídico, si no se establecieran las necesarias garantías que la protejan frente a los actos inconstitucionales del Estado o de cualquier ruptura del ordenamiento constitucional, es decir, los medios para protegerla tanto en su parte orgánica, incluyendo los procesos y procedimientos constitucionales; como en la dogmática que se refiere a los derechos fundamentales. En general, e históricamente, se han distinguido dos tipos de garantías de la supremacía de la Constitución: las políticas y las jurisdiccionales. Las primeras se atribuyen, en general, a los órganos políticos supremos de carácter representativo del Estado, y fue la que existió, en general, en los regímenes jurídicos donde se impuso una interpretación extrema tanto del principio de la separación de poderes, como del principio de la unidad del Poder del Estado. En el primer caso, esa fue tradicionalmente la situación en Francia hasta la creación del Consejo Constitucional, donde la Asamblea Nacional era el único poder del

---

[398] Idem., p. 214. Véase además, Allan R. Brewer–Carías, "La Justicia Constitucional", en *Revista Jurídica del Perú*, N° 3, 1995, Trujillo, Perú, pp. 121 a 160; Allan R. Brewer–Carías, Control de la constitucionalidad. La justicia constitucional" en *El Derecho Público de finales de Siglo. Una perspectiva iberoamericana*, Fundación BBV, Editorial Civitas, Madrid 1996, pp. 517–570; Allan R. Brewer–Carías, *Instituciones Políticas y Constitucionales, Tomo VI: La Justicia Constitucional*, Universidad Católica del Táchira– Editorial Jurídica Venezolana, Caracas, San Cristóbal, 1996, 21 ss.; Allan R. Brewer-Carías, *La Justicia Constitucional. Procesos y procedimientos constitucionales*, UNAM, México 2007.

Estado con facultad de velar por la constitucionalidad de las leyes. En el segundo caso, se trata del sistema que fue adoptado en la casi totalidad de los antiguos Estados socialistas del este de Europa, y que en el Continente americano aún existe en Cuba, donde el órgano supremo y políticamente representativo es el único que puede ejercer el control de la constitucionalidad de las leyes.

En los sistemas europeos, donde la garantía política de la constitucionalidad le correspondía a los órganos políticos representativos, se tendía a asimilar los órganos controlados y los órganos de control,[399] lo que suscitó críticas incluso en el mundo socialista, al considerarse el sistema inadecuado o por lo menos "poco satisfactorio." En todo caso, el argumento en favor de este tipo de garantía o medio de protección de la Constitución se basaba en el principio de la unidad del poder del Estado (y el rechazo del principio de la separación de poderes) que caracterizó el régimen jurídico de derecho público de los países socialistas, lo que implicaba, siempre, la supremacía del poder del órgano políticamente representativo del Estado. La consecuencia lógica de esta preeminencia fue la imposibilidad de confiar el poder de control de la constitucionalidad de las leyes a otro órgano, y considerar como ilegítimo cualquier otro control que pudiese ser ejercido por un órgano del Estado diferente del órgano supremo representativo, incluyendo la autoridad judicial.[400] Antes de los cambios consti-

---

[399] Véase P. Biscaretti di Ruffia, "Les Constitutions européennes: notions introductives" en P. Biscaretti di Ruffia y S. Rozmaryn, *La Constitution comme loi fondamentale dans les Etats socialistes,* Torino, 1966, p. 70.

[400] Véase P. Nikolic, *Le contrôle juridictionnel des lois et sa légitimité. (Dévenloppement récents dans les pays socialistes),* Informe, Association Internationale des Sciences juridiques, Uppsala, 1984 (mimeo), pp. 14–217. Publicado también en L. Favoreu and J. A. Jolowicz (ed) *Le contrôle juridictionnel des lois. Légitimité, effectivité et développements récents,* París 1986, pp. 1–115.

tucionales que se produjeron en el mundo socialista a partir de 1990, sin embargo, sólo tres países, Yugoslavia, Checoslovaquia y Polonia habían instituido una garantía jurisdiccional de la Constitución, confiando el poder de control de la constitucionalidad de las leyes a Tribunales Constitucionales especiales, inspirándose en el principio de la supremacía de la Constitución y en el principio de la separación de poderes del Estado. Esta tendencia se ha seguido posteriormente en el proceso de transformación política y democratización del antiguo mundo socialista, continuando con el modelo de tribunales constitucionales, por ejemplo, en la República Checa y en Polonia.

Por otra parte, en los regímenes en los cuales se siguió una interpretación rigurosa del principio de la separación de poderes o que adoptaron el principio de la supremacía y soberanía del Parlamento, evidentemente que no pudo haber un sistema de control judicial de la constitucionalidad de las leyes. Este fue el caso de todos los países de Europa continental después de la Revolución Francesa y de la restauración de la Monarquía, y es aún el caso de Inglaterra. En Europa, la Monarquía y el principio de la representación basado en la elección del cuerpo legislativo, tuvo como consecuencia la adopción del principio de la supremacía del Parlamento sobre los demás poderes del Estado y, por consiguiente, la primacía de las leyes o actos del Parlamento sobre todas las demás normas y actos estatales.

En el siglo XIX, por tanto, en Europa era inconcebible suponer cualquier alteración del principio de la supremacía de la ley, producto de la voluntad general. Este principio, sencillamente, hacía inconcebible cualquier incumplimiento de la Constitución por parte del Parlamento. A los ojos del liberalismo formal, en el siglo XIX, el verdadero enemigo del ciudadano era el Ejecutivo (el Monarca) quien podía caer en la tentación de hacer prevalecer su propia voluntad sobre la del pueblo, encarnada por el Parlamento. Por ello, era inconcebible que el Parlamento pudiera equivocarse o fallar. Este mito de la Asamblea como expresión absoluta de la voluntad popular, fuente segura e infalible de la voluntad colectiva, fue, sin duda, el fruto histórico del jacobinismo francés, del cual, basado en el principio absoluto de la representación de la voluntad nacional, nacería el dogma de la soberanía parlamentaria; dogma en virtud del cual en Francia se proscribía en forma absoluta todo poder por encima de la Asamblea, y se hacía, naturalmente, del Poder Judicial, un simple instrumento de ejecución de las leyes sancionadas por la Asamblea, quitándole hasta la facultad de interpretarlas. De allí el conocido procedimiento del *"référé législatif"* que imponía a los jueces la obligación de consultar a la Asamblea Nacional, en caso de duda en la interpretación de las leyes.[401]

Esta obligación derivaba de la más pura tradición de las teorías de Montesquieu, según las cuales los jueces no eran más que "la boca que pronuncia la palabra de ley"; por tanto, meros seres pasivos, incapaces ni siquiera de moderar la fuerza o rigor de dichas leyes.[402] Por otra parte, dicha obligación ocupaba un lugar predominante en la famosa Ley del 16–24 de agosto de 1790 sobre la organización judicial, en cuyo artículo 10 del Título II se estableció el principio de la separación de los poderes legislativo y judicial en los términos siguientes: "Los tribunales no podrán participar ni directa ni indirectamente en el ejercicio del poder legislativo; ni impedir ni suspender la ejecución de los decretos del cuerpo legislativo..." Y el artículo 12 del mismo Título agregaba: "Ellos (los tribunales) no podrán hacer reglamentos sino que se dirigirán al cuerpo legislativo cada vez que crean necesario, sea interpretar una ley o

---

[401] Véase Art. 2 de la Ley del 16–24 agosto 1790; y Art. 21 de la Ley de 27 de noviembre–1° diciembre 1790. Véase las referencias en M. Troper, *La séparation des pouvoirs et l'histoire constitutionnelle française,* París 1980, pp. 58 ss.

[402] Citado por Ch. H. Mc Ilwain, *The High Court of Parliament and its Supremacy,* Yale 1910, p. 323.

hacer una nueva". El *référé législatif* como se dijo, constituía en ese entonces, el instrumento mediante el cual el cuerpo legislativo podía interpretar las leyes, interpretación a la que los jueces ni siquiera podían proceder. Por ello, Robespierre decía que la palabra "jurisprudencia" debía ser eliminada de la lengua francesa, agregando:

> "En un Estado que tiene una Constitución, una legislación, la jurisprudencia de los tribunales no es otra cosa que la ley... si una autoridad distinta del legislador podría interpretar las leyes, ella elevaría su voluntad por encima de la del legislador."[403]

En nombre de este principio jacobino de la Asamblea, producto de la Revolución, en Francia, durante mucho tiempo se rechazó la posibilidad de que las autoridades judiciales pudieran anular las decisiones que emanaban de la Asamblea.

En el Reino Unido, este fue precisamente el mismo principio de la soberanía del Parlamento, fruto de la "Gloriosa Revolución" de 1688, que aún impide en la actualidad, a las instancias judiciales, poder velar por la constitucionalidad de las leyes. De acuerdo con este principio, la tarea de los jueces es sólo aplicar las leyes y, por supuesto, interpretarlas, pero éstos no tienen poder alguno para controlarlas, pues las decisiones del cuerpo legislativo traducen la voluntad soberana del pueblo.

Partiendo de esta concepción tradicional de la separación de los poderes, todo sistema de control judicial de la constitucionalidad de las leyes era considerado atentatorio al principio de la soberanía del Parlamento, que se basaba en la preeminencia del Legislador sobre los demás poderes

---

403 Citado por M. Troper, *La séparation des pouvoirs et l'histoire constitutionnelle française*, París 1980, *cit.*, p. 60.

del Estado. Esta concepción se apoyaba en la idea de que el Parlamento estaba compuesto por representantes del pueblo, quienes, como tales, en el seno de un régimen democrático representativo, representaban al soberano. En este sentido, se consideraba inadmisible toda intervención de una instancia constitucional cualquiera tendiente a limitar la autonomía del órgano representativo supremo del Estado, razón por la cual el control de la constitucionalidad de las leyes sólo podía ser ejercido por ese órgano.

En todo caso, debe tenerse en cuenta que el principio de la soberanía del pueblo, como dogma fundamental de todo Estado de derecho democrático, y que está a la base de las Constituciones modernas, es un principio político inherente al poder constituyente del Estado, no al poder de los cuerpos constituidos del mismo, que ejercen el Poder Público. Por consiguiente, en nuestro criterio, no tenía sentido que se pudiera haber continuado con el debate sobre la soberanía relativa de los cuerpos constituidos del Estado, ya que todos emanan del soberano que es el pueblo, y son sus representantes. Asimismo, actualmente no puede tener sentido alegar la soberanía del Parlamento para frenar la instauración de un mecanismo jurisdiccional capaz de garantizar la Constitución, a la cual también está subordinado el Parlamento.

Para retomar el argumento desde otro punto de vista, no hay que olvidar que en los regímenes democráticos tanto de tipo presidencial como parlamentario, el Presidente de la República o el Jefe de Gobierno son elegidos por el pueblo o surgen de la soberanía popular, al igual que los miembros del Parlamento. A partir del momento en que la Constitución reconoce la soberanía del pueblo, resulta totalmente claro que esta calidad no puede ser conferida a un órgano del Estado. No hay que olvidar que todos los poderes del Estado y todos los órganos que los ejercen derivan su legitimidad del pueblo; por consiguiente, ningún órgano constitucional es ni puede ser verdaderamente soberano, ni siquiera una Asamblea Constituyente designada por el pueblo ni el Parlamento, y todos están sujetos a la Constitución.

Además, tampoco debe olvidarse que en las democracias contemporáneas, la relación entre las fuerzas políticas y sociales tiende a relativizar las funciones constitucionales de los órganos del Estado, transformando en muchos casos al Parlamento en una especie de foro de los partidos políticos en el cual se obliga al gobierno a negociar con ellos, tal y como lo hace con los sindicatos y los grupos de presión. Esta primacía fáctica de los partidos políticos en algunos casos ha erosionado el principio mismo de la separación de poderes y, por el contrario, ha llevado a que los poderes se concentren en manos del gobierno o de los mismos partidos políticos.[404] Por ello, incluso, ha surgido la necesidad de adoptar medidas a fin de orientar, por vías constitucionales, las actividades de los órganos del Estado y las de los mismos partidos,[405] de manera que no es incluso infrecuente que los órganos de control de la constitucionalidad, además de controlar la constitucionalidad de las leyes, puedan controlar la constitucionalidad de la actuación de los partidos políticos.

5. *El control jurisdiccional de la constitucionalidad y el fin del absolutismo parlamentario*

Ahora bien, salvo en el Reino Unido, puede decirse que en Europa se disipó en gran medida el mito de la soberanía del Parlamento, con algunas excepciones como en Holanda, cuya Constitución expresamente establece que "la

---

404 Véase Manuel García Pelayo, *El Estado de Partidos,* Madrid, 1986; Allan R. Brewer–Carías, *Problemas del Estado de Partidos,* Caracas 1988.

405 Véase P. Lucas Murillo de la Cueva, "El examen de la constitucionalidad de las leyes y la soberanía parlamentaria," en *Revista de Estudios Políticos,* Nº 7, Madrid 1979, p. 212.

constitucionalidad de los actos del parlamento y de los tratados, no pueden ser revisados por los tribunales" (artículo 120). En contraste, puede decirse que el control jurisdiccional de la constitucionalidad de las leyes apareció en Europa luego de la gran crisis que se produjo al finalizar la primera guerra mundial y como consecuencia de las tragedias posteriores que hicieron desaparecer los derechos individuales. Ello condujo no sólo a la transformación de la Constitución en un verdadero código normativo, directamente aplicable y obligante, sino a la creación de órganos constitucionales cuya tarea fue la protección jurisdiccional del orden constitucional y la garantía de la supremacía de la Constitución, no sólo en relación al Poder Ejecutivo (controlado, en forma separada, por otro tipo de instancia judicial o jurisdiccional contencioso administrativa), sino esencialmente en relación al Parlamento, es decir, particularmente sobre las leyes y demás actos legislativos. En consecuencia, la soberanía del Parlamento dejó de ubicarse sobre la justicia, y el control jurisdiccional de la constitucionalidad se convirtió en el instrumento que permitió la sujeción del Parlamento a la Constitución, sobre todo cuando la formación de mayorías efímeras desequilibran los poderes del Estado o cuando la irracionalidad de las relaciones políticas y sociales puedan afectar los principios y valores superiores de la sociedad. De hecho, las terribles lecciones que se aprendieron resultantes de los abusos de los regímenes nazi y fascista en Europa, tal vez fueron las que permitieron derrumbar los mitos y teorías de la época en cuanto al carácter infalible de la ley. Por ello, como lo destacó Louis Favoreu, "el mito de Rousseau sobre el carácter infalible de la ley y del Parlamento por el que se expresa la voluntad general, se ha derrumbado", por lo que la célebre fórmula según la cual "el legislador no puede actuar mal" *(ne peut mal faire)* tuvo que ser revisada.[406]

---

406 Véase L. Favoreu, "Europe occidentale," en L. Favoreu y J. A.

En efecto, la experiencia europea del siglo pasado adquirida durante el período comprendido entre las dos guerras, hizo que naciera un sentimiento de prudencia, marcado de escepticismo, con referencia a los Parlamentos y su pretendida soberanía y al mito de la representatividad. Tal y como lo resaltó Mauro Cappelletti, los europeos se dieron cuenta de que se habían hecho "demasiadas ilusiones sobre la teoría democrática liberal" en vista de que a menudo "la realidad se alejaba del mito de la supremacía de la voluntad del pueblo"; que "los Parlamentos y su legislación podían transformarse en los instrumentos de regímenes despóticos, y de que las mayorías podían ser brutalmente opresivas."[407] De hecho, los legisladores de la República de Weimar y de la Italia de Mussolini no sólo fracasaron como garantes de la libertad, sino que, al contrario, se transformaron en el instrumento de mayorías circunstanciales en beneficio de la consolidación de regímenes totalitarios.

Por supuesto, puede afirmarse que estos dos países aprendieron la lección, y no sólo introdujeron en sus nuevas Constituciones sancionadas después de la Segunda Guerra Mundial, valores fundamentales con raíces sólidas y derechos fundamentales que quedaron fuera del alcance del Parlamento, sino que también elaboraron un principio de control jurisdiccional de la constitucionalidad de las

---

Jolowicz. (ed) *Le contrôle juridictionnel des lois. Légitimité, effectivité et développements récents,* París 1986, p. 43. Publicado como "Actualité et légitimité du contrôle juridictionnel des lois en Europe occidentale," en *Revue du Droit publie et de la Science politique en France et à l'étranger,* París 1984 (5), pp. 1.147 y 1.201.

407 Véase M. Cappelletti, "Rapport général" en L. Favoreu y J. A. Jolowicz. (ed) *Le contrôle juridictionnel des lois. Légitimité, effectivité et développements récents,* París 1986, pp. 293–294.

leyes creando Cortes y Tribunales Constitucionales, como lo había hecho Austria en los años veinte del siglo pasado.

En este sentido, se tomó conciencia de la necesidad de proteger las libertades no sólo contra el Ejecutivo sino también contra el Legislador. Tal como lo señaló Jean Rivero:

> "La vieja idea, que domina todo el siglo XIX liberal, de la protección de la libertad *por la ley* tiende a sustituirse por la idea experimental de la necesidad de la protección de las libertades *contra la ley*. Y esta evolución ha hecho posible este fenómeno extraordinario, de aceptación de una autoridad superior al legislador mismo, de una autoridad encargada de imponer al legislador el respeto de la Constitución."[408]

En consecuencia, los países de Europa continental adoptaron un sistema de control jurisdiccional de la constitucionalidad de las leyes tomando caminos diferentes al del sistema norteamericano y latinoamericano de control judicial, y por otros motivos. Según Louis Favoreu, el fenómeno europeo se produjo no tanto por un problema de lógica jurídica del constitucionalismo, que a la luz del caso *Marbury vs. Madison,* una ley contraria a la Constitución no puede ser aplicada; sino por un problema de lógica política. Se trató más bien:

> "Del temor a la opresión por una mayoría parlamentaria, lo que fue determinante en el cambio de posición

---

[408] Véase J. Rivero, "Rapport de Synthèse" in L. Favoreu (ed)., *Cours constitutionnelles européenes et Droits fondamentaux,* Aix–en–Provence 1982, p. 519.

de los países de Europa occidental en cuanto al control jurisdiccional de la constitucionalidad de las leyes."[409]

Igualmente, es posible, encontrar una explicación a esta lógica política del control jurisdiccional de la constitucionalidad de las leyes, en el hecho de que un gran número de países, la representatividad de la voluntad general expresada por los elegidos, se desmitificó, sobre todo porque el cuerpo legislativo se ha conformado la mayoría de las veces por individuos escogidos por los partidos políticos, por lo que al ser indiscutiblemente una emanación de esos mismos partidos, de hecho no han representado verdaderamente a la voluntad popular.

En todo caso, la idea de introducir en el bloque de la constitucionalidad un cierto número de valores fuera del alcance de mayorías circunstanciales o pasajeras, contribuyó, de una forma u otra, a transferir el carácter tradicionalmente sagrado de la ley, a la Constitución. En otras palabras, se desacralizó a la Ley en beneficio de la Constitución.

En consecuencia, después de la Segunda Guerra Mundial puede decirse que en los países de Europa continental se produjo "un redescubrimiento de la Constitución como texto de carácter jurídico"[410] o más bien, que esos países comenzaron a descubrir la verdadera naturaleza fundamental de la Constitución, viendo en ella una ley superior y suprema, aplicable a todos los órganos del Estado y a los individuos, e imponible por los tribunales. Tal y como lo puso de manifiesto Mauro Cappelletti, un hecho totalmente novedoso en el constitucionalismo europeo moderno:

---

409 Véase L. Favoreu, "Europe occidentale" en L. Favoreu y J. A. Jolowicz. (ed) *Le contrôle juridictionnel des lois. Légitimité, effectivité et développements récents,* París 1986, p. 43.

410 *Idem.*

"...Es el serio esfuerzo por concebir la Constitución, no como una simple guía de carácter moral, política o filosófica, sino como una ley verdadera, ella misma *positiva y obligatoria*, pero de una naturaleza superior, más permanente que la legislación ordinaria."[411]

Y, por supuesto, esta ley positiva y superior debía aplicarse a todos los órganos del Estado, en especial, al Parlamento y al Gobierno.

En este sentido es que se ha dicho, como lo destacamos al inicio, que el control jurisdiccional de la constitucionalidad de los actos del Estado es la consecuencia última de la consolidación del Estado de derecho en el cual los órganos del Estado, no siendo soberanos, están sujetos a los límites impuestos por una Constitución, que tiene fuerza de ley suprema.

Este argumento ya había sido puesto de manifiesto, en Francia, hace casi una centuria, Paul Duez, al señalar lo siguiente:

"El derecho público moderno establece, como axioma, que los Gobiernos no son soberanos y que, en particular, el Parlamento está limitado en su acción legislativa por normas jurídicas superiores que no puede infringir; los actos del Parlamento están sujetos a la Constitución, y ningún acto del Parlamento puede ser contrario a la Constitución."[412]

---

411 Véase M. Cappelletti, "Rapport général" en L. Favoreu y J. A. Jolowicz. (ed) *Le contrôle juridictionnel des lois. Légitimité, effectivité et développements récents*, París 1986, p. 294.

412 Véase P. Duez, "Le contrôle juridictionnel de la constitutionalité des lois en France" en *Mélanges Hauriou*, París 1929, p. 214.

En esa forma, al proclamar el principio de que todos los órganos del Estado están sujetos a límites impuestos por la Constitución como norma suprema, Duez añadió:

> "No vasta proclamar tal principio, éste debe ser organizado, y deben adoptarse medidas prácticas y efectivas para poder garantizarlo."[413]

Más adelante, Duez destacó la importancia, en Francia, del sistema de control jurisdiccional contencioso administrativo referido a la Administración Pública y a los actos administrativos, agregando que:

> "El espíritu de legalidad exige que se establezca un control con respecto a los actos legislativos";

concluyendo de la manera siguiente:

> "No hay una verdadera democracia organizada ni un Estado de derecho, salvo cuando existe y funciona este control de la legalidad de las leyes."[414]

La lógica del razonamiento de Duez, totalmente extraño en 1929 y en las décadas subsiguientes al pensamiento dominante en Francia, era y sigue siendo impecable: ningún órgano del Estado puede ser considerado soberano, y todos los órganos del Estado, en particular el Legislador, en sus actividades, están sujetos a los límites establecidos por las normas superiores, contenidas en la Constitución.

Por ello, las leyes y demás actos del Parlamento siempre deben estar sujetos a la Constitución, y no pueden ser contrarios a la misma. En consecuencia, el espíritu de legalidad impone la existencia y funcionamiento no sólo del control de la legalidad de los actos administrativos, sino

---

[413] *Idem.*, p. 21.
[414] *Ibid.*, p. 215.

también del control de la constitucionalidad de las leyes. Por ello, solamente en aquellos países donde existe este tipo de control, puede decirse que existe este tipo de control, puede decirse que existe verdadera democracia organizada y un Estado de derecho.

En todo caso, el control jurisdiccional de la "legalidad de las leyes" al que se refería Duez es, precisamente, el control jurisdiccional de la constitucionalidad de las leyes y de los otros actos del Estado dictados en ejecución directa de la Constitución, donde "legalidad" significa "constitucionalidad".

La tesis de Duez, en todo caso, fue acogida en Francia cincuenta años después, por el Consejo Constitucional francés, en su decisión sobre las nacionalizaciones del 16 de enero de 1978, al indicar lo siguiente:

> "Considerando que si el artículo 34 de la Constitución coloca dentro del dominio de la ley a "las nacionalizaciones de empresas y las transferencias de empresas del sector público al sector privado", esta disposición, al igual que la que confía a la ley la determinación de los principios fundamentales del régimen de la propiedad, no podría dispensar al legislador, en el ejercicio de su competencia, del respeto de los principios y de las reglas de valor constitucional que se imponen a todos los órganos del Estado."[415]

Refiriéndose a esta decisión del Consejo Constitucional, Louis Favoreu la calificó con respecto a la situación anterior, como "la afirmación fundamental de la plenitud de la

---

415 Véase L. Favoreu y L. Philip, *Les grandes décisions du Conseil constitutionnel, cit.,* p. 527. L. Favoreu, "Les décisions du Conseil constitutionnel dans l'affaire des nationalisations", en *Revue du droit public et de la science politique en France et à l'étranger*, T. XCVIII, n° 2, Paris 1982, p. 400.

realización del Estado de derecho en Francia en la medida en que el legislador, hasta una época reciente, escapaba, de hecho o de derecho, a la sumisión a una regla superior."[416]

La supremacía de la Constitución sobre el Parlamento marcó, además, el fin del absolutismo parlamentario,[417] modificó el antiguo concepto de soberanía parlamentaria y, con la creación del Consejo Constitucional, abrió paso a la justicia constitucional en Francia, la cual después de varias décadas de funcionar en forma a priori, y por tanto limitada, en 2008 he ha ampliado al adoptarse el control a posteriori de constitucionalidad de las leyes. Este proceso, en todo caso, como se ha dicho antes, ya se había iniciado antes de manera más amplia en otros países de Europa continental como Austria, Alemania e Italia.

Otro factor que contribuyó a la aparición de mecanismos de control jurisdiccional de la constitucionalidad de las leyes fue la transformación de la noción de "ley" como acto del Parlamento. De hecho, las leyes, antiguamente consideradas en la tradición del siglo XIX, como el fruto de la tarea del legislador como expresión de la voluntad general, con la evolución de los regímenes parlamentarios realmente se habían convertido en actos de la mayoría parlamentaria y del propio Gobierno, mediante un sistema de vasos comunicantes a través de los partidos políticos. En esta forma, las leyes no siempre han sido, necesariamente, la expresión de la voluntad de todos los ciudadanos, ni han sido sancionadas por una mayoría sólida y mítica; en muchos casos sólo han sido, como lo señaló Jean Rivero, "la expresión de la voluntad gubernamental aprobada por una

---

416 *Idem*, *loc. cit.*, p. 400.
417 Véase J. Rivero, "Fin d'un absolutisme", *Pouvoirs*, 13, París 1980, pp. 5–15.

mayoría solidaria."⁴¹⁸ Además, teniendo en cuenta la evolución de las tareas del Estado, la ley ha tendido a convertirse en un producto mucho más técnico, cuyo contenido, incluso, escapa con frecuencia al control efectivo de los miembros del Parlamento, puesto que son los tecnócratas en el seno de la Administración los que a veces la conciben y fijan su contenido, sin la participación efectiva de aquellos. Por ello, en virtud de que en muchos casos las leyes traducen más la voluntad gubernamental que la voluntad general, el control jurisdiccional constituye un instrumento eficaz que permite velar por su constitucionalidad.

En todo caso, la supremacía de la Constitución y su influencia sobre el Legislativo hizo que la misma Constitución se dotara de garantías jurisdiccionales en vez de políticas, sobre todo cuando en Francia, la experiencia del Senado Conservador de 1799 y de la Constitución de 1852 había demostrado que estas últimas eran ineficaces. En general, como se dijo, las Constituciones habían fijado la distribución de los poderes públicos entre los diferentes órganos del Estado y esencialmente habían otorgado poderes fundamentales al Legislativo, cuerpo que tradicionalmente había sido considerado como infalible puesto que era la expresión misma de la voluntad popular. Sin embargo, desde el punto de vista político, el auto control del Parlamento fue ilusorio.

Por otra parte, las Constituciones comenzaron a establecer progresivamente declaraciones de derechos fundamentales de los individuos y de las minorías, incluso contra la voluntad de la mayoría. Por ello, como lo señaló Mauro Cappelletti, "ningún sistema eficaz de control de los derechos puede estar confiado a los electores o a las personas y

---

418 J. Rivero, "Rapport de synthése", en L. Favoreu (ed.), *Cours constitutionnelles européennes et droits fundamentaux,* París 1982, p. 519.

órganos dependientes y estrechamente tributarios, de la voluntad de la mayoría,"[419] en otros términos, del Legislativo propiamente dicho.

Esta es la razón por la cual, contrariamente a los sistemas de control político de la constitucionalidad de las leyes, la tendencia general del constitucionalismo contemporáneo en los regímenes constitucionales dotados de una Constitución escrita, fue prever la existencia de medios de protección judicial o jurisdiccional de la Constitución, otorgando poderes efectivos de control de la constitucionalidad de las leyes sea a los tribunales o a las autoridades judiciales ordinarias, sea a los Tribunales especiales.

Debe decirse, en efecto, que en la mayoría de los países contemporáneos, la justicia constitucional, es decir, el poder de controlar la constitucionalidad de las leyes y proteger los derechos fundamentales, es hoy día conferida constitucionalmente a los órganos que ejercen el Poder Judicial. En estos países, puede decirse que el juez constitucional es el Poder Judicial. En otros países, en cambio, particularmente de Europa continental, las autoridades judiciales no ejercen completamente la justicia constitucional sino que ésta está conferida, en algunos casos, a órganos constitucionales diferentes e independientes del Poder Judicial, especialmente creados para ello, en la forma de Cortes, Tribunales o Consejos Constitucionales. Por lo tanto, en estos países, el juez constitucional no siempre es una autoridad judicial, sino un órgano constitucional que no depende del Poder Judicial ni de ningún otro poder del Estado.

Evidentemente, en ambos sistemas, el juez constitucional ejerce una función jurisdiccional, en el sentido de declarar el derecho con fuerza de verdad legal en calidad de

---

419 M. Cappelletti, "Rapport général", en L. Favoreu y J. A. Jolowicz. (ed) *Le contrôle juridictionnel des lois. Légitimité, effectivité et développements récents,* París 1986, p. 295.

órgano independiente en el seno del Estado, de los órganos de los poderes legislativo y ejecutivo. En ambos sistemas, la justicia constitucional es la expresión más elocuente de la supremacía de la Constitución y de su garantía. La diferencia entre ellos estriba en el hecho de que en el primer sistema, es decir, en aquellos países en los cuales el Poder Judicial es juez constitucional, la garantía jurisdiccional de la supremacía de la Constitución es una garantía judicial, mientras que, en los demás sistemas, sólo se trata de una garantía jurisdiccional, pero no judicial. Pero por supuesto, en ambos casos, para que la justicia constitucional sea efectiva, los órganos encargados de ejercerla tienen que estar dotados de autonomía e independencia.

Ahora bien, de acuerdo con los principios del constitucionalismo moderno que se desprendieron de la Revolución Norteamericana, el Poder Judicial debe considerarse como el poder del Estado que tiene, por excelencia, la función de ser juez constitucional, es decir, el poder del Estado que de conformidad con el principio de la separación de los poderes debe velar por la supremacía de la Constitución, tanto desde un punto de vista orgánico como dogmático; estando por tanto facultado para controlar la constitucionalidad de las leyes y proteger los derechos fundamentales establecidos en la Constitución.

Puede decirse que este es el principio en casi todos los países del mundo contemporáneo que han tenido la influencia del constitucionalismo moderno, sin las desviaciones relativas a la separación de los poderes emanadas de la Revolución Francesa. Esta es la razón por la cual el principio general en el ámbito del control de la constitucionalidad de las leyes, salvo en los países europeos, es la atribución de la función de juez constitucional al Poder Judicial. En cambio, en cuanto a la protección de los derechos y garantías constitucionales, en todos los países del mundo contemporáneo, el Poder Judicial, es decir, la autoridad judicial, es a quien corresponde la tarea de ser guardián de las libertades y de los derechos constitucionales de los individuos.[420]

Por otra parte, debe destacarse que cuando el control jurisdiccional de la constitucionalidad de las leyes se atribuye al Poder Judicial, éste puede ser tarea de todos los jueces o de algunos de ellos. En el primer caso, el sistema de control judicial de la constitucionalidad es el sistema difuso, el más difundido en el mundo contemporáneo; en el segundo caso, el sistema de control de la constitucionalidad de las leyes es el sistema concentrado ya que la tarea de controlar se concede a un solo órgano judicial, bien sea la Corte Suprema del país o a un Tribunal constitucional perteneciente al Poder Judicial. En algunos países, incluso, ambos sistemas de control coexisten.[421]

En todo caso, el control jurisdiccional de la constitucionalidad de las leyes, es decir, este poder de controlar la conformidad de actos del Estado con la Constitución, especialmente los actos legislativos y aquellos dictados en ejecución directa de la Constitución, como hemos señalado, sólo puede darse en sistemas jurídicos en los cuales existe una Constitución escrita, que impone límites a las actividades de los órganos del Estado y, en particular, al Parlamento, y donde la separación de poderes está garantizada. En consecuencia, incluso en los sistemas de control judicial, el poder de los tribunales para controlar la constitucionalidad de los actos del Estado no es necesariamente una consecuencia de la existencia de un Poder Judicial autónomo e independiente, sino de los límites jurídicos impuestos en

---

420 Allan R. Brewer-Carías, *Constitutional Protection of Human Rights in Latin America,* Cambridge University Press, New York 2009.

421 Allan R. Brewer-Carías, *Judicial Review in Comparative Law,* Cambridge University Press, Cambridge 1989.

una Constitución sancionada como ley suprema a los órganos constituidos del Estado.

6. La justicia constitucional y las limitaciones constitucionales a los órganos estatales

Como se ha señalado, para que exista control jurisdiccional de la constitucionalidad de las leyes, no sólo es necesario que exista una Constitución escrita, como norma suprema que consagre los valores fundamentales de una sociedad, sino además, es necesario que esa norma superior se establezca en forma rígida y estable, en el sentido de que no puede ser modificada por la legislación ordinaria. En un sistema de este tipo, todos los órganos del Estado están limitados por la Constitución y están sujetos a la misma, por lo que sus actividades deben ser llevadas a cabo de conformidad con esta ley suprema.

Esto implica, por supuesto, no sólo que la Administración y los jueces, como órganos de ejecución de la ley, están sujetos a la legalidad (Constitución y "legislación"), sino también que los órganos que crean la "legislación", especialmente los cuerpos legislativos, también están sujetos a la Constitución.

En todo caso, una Constitución escrita y rígida, ubicada en la cúspide de un sistema jurídico, no sólo exige que todos los actos dictados por los órganos del Estado en ejecución directa o indirecta de la misma la respeten y no la violen, sino también, una garantía que prevenga y sancione dicha violación.[422] Precisamente, el control jurisdiccional de la constitucionalidad es el poder atribuido, generalmente, a los órganos que ejercen el Poder Judicial, de controlar

---

[422] Véase H. Kelsen, "La garantie juridictionnelle de la Constitution (La Justice Constitutionnelle, en *Revue du Droit public et de la Science politique en France et à l'étranger*, París 1928, pp. 197–257.

el cumplimiento de la ley suprema de un país, por parte de los órganos del Estado.

Ahora bien, en todos los sistemas jurídicos dotados de Constituciones escritas y rígidas, puede decirse que siempre existe un sistema jerarquizado de normas y actos jurídicos, por lo que no todos los actos del Estado tienen el mismo nivel de derivación en la creación de normas jurídicas. Al contrario, en primer lugar, existen actos que ejecutan directa e inmediatamente la Constitución y que sólo están sujetos a esta norma suprema, a los cuales se denomina genéricamente como "legislación"; y en segundo lugar, existen actos del Estado que ejecutan indirectamente la Constitución, y que se producen al mismo tiempo en ejecución directa e inmediata de la "legislación", y por consiguiente, directamente sujeta a ella. Entre los primeros se encuentran, básicamente, las leyes formales, los otros actos del Parlamento, incluyendo los *interna corporis,* y los actos de gobierno dictados de conformidad con los poderes constitucionales que le han sido conferidos al Jefe de Gobierno. Entre los segundos se encuentran los actos administrativos y los actos judiciales.

En un Estado de derecho, la garantía del principio de legalidad está establecida respecto de los dos niveles de creación o derivación de las normas jurídicas, a través de tres sistemas de control jurisdiccional: primero, el control jurisdiccional de la constitucionalidad establecido para controlar los actos del Estado dictados en ejecución directa de la Constitución; segundo, el control jurisdiccional contencioso administrativo establecido básicamente respecto de los actos administrativos; y tercero, con respecto a los actos judiciales dictados por los Tribunales, los sistemas de control judicial de apelación o casación.

Además, en el Estado de derecho en el cual la Constitución establece los derechos y libertades fundamentales, también existen mecanismos de control judicial o amparo a fin de garantizar y proteger dichos derechos contra cualquier acto del Estado que pueda violarlos, e incluso, contra actos de los particulares que puedan afectarlos.

Ahora bien, la justicia constitucional o si se quiere los sistemas de control jurisdiccional de la constitucionalidad, tienen particular relevancia respecto de los actos de los órganos constitucionales del Estado, donde el principio de "legalidad" se convierte en "constitucionalidad", pues se trata de actos que ejecutan directa e inmediatamente la Constitución.

En efecto, entre los actos estatales sujetos al control de la constitucionalidad están las leyes formales, y precisamente por ello es por lo que la justicia constitucional se identifica normalmente con el control jurisdiccional de la constitucionalidad de las leyes.[423] Sin embargo, las leyes no son los únicos actos del Estado dictados en ejecución directa e inmediata de la Constitución y en ejercicio de poderes constitucionales. Además, existen otros actos de los cuerpos legislativos, como los Reglamentos Internos y de Debates e, incluso, otros actos parlamentarios sin forma de ley y de contenido no normativo, como los que regula la Constitución y mediante los cuales el Congreso o la Asamblea o sus Cámaras legislativas se relacionan con otros órganos constitucionales del Estado (aprobaciones de Tratados, u otros actos políticos, por ejemplo). Todos estos actos adoptados por el Parlamento están sujetos a la Constitución porque se dictan en virtud de poderes que le están atribuidos directamente por el texto fundamental. Por ello,

---

423 Véase por ejemplo, M. Cappelletti, *Judicial Review in Contemporary World*, Indianapolis, 1971; Allan R. Brewer–Carías, *Judicial Review in Comparative Law*, Cambridge 1989.

en un Estado de derecho, estos actos también están sometidos al control de la constitucionalidad.[424]

Además de estos actos del Parlamento, el Gobierno, en un Estado de derecho, también dicta actos que ejecutan directamente la Constitución, que en el sistema jurídico jerarquizado tienen el mismo rango que las leyes y en algunos casos, incluso tienen la misma fuerza que una ley formal.

En efecto, en el derecho constitucional contemporáneo, en una variedad de formas, el gobierno dicta actos que tienen la misma fuerza que una ley formal bien sea mediante una legislación delegada o en virtud de poderes establecidos directamente en la misma Constitución. En esos casos, se trata de actos ejecutivos con contenido normativo y la misma jerarquía, fuerza y poder de derogación que la ley formal dictada por el parlamento. Por ello, estos decretos-leyes dictados en ejecución directa de la Constitución, no son actos administrativos, sino actos de contenido normativo y rango legislativo. En consecuencia, también están sujetos al control jurisdiccional de la constitucionalidad.[425]

Por otra parte, el Presidente de la República o el Gobierno también tiene poderes establecidos en la Constitución para dictar ciertos actos políticos sin ninguna interferencia legislativa, como por ejemplo, cuando declara el estado de sitio o emergencia, o la restricción o suspensión de las garantías constitucionales, cuando dirige las relaciones internacionales o cuando veta una ley sancionada en el Parlamento. Todos estos actos, denominados en Europa continental como "actos de gobierno", también están sujetos al control de la constitucionalidad. Es cierto que con-

---

424 Véase. H. Kelsen, "La garantie juridictionnelle de la Constitution (La Justice Constitutionnelle, en *Revue du Droit public et de la Science politique en France et à l'étranger*, París 1928, p. 228.

425 *Idem.*, p. 229.

forme al criterio tradicional del derecho administrativo francés, esos "actos del gobierno" se configuraron con miras a ser excluidos del control contencioso administrativo, sea por su contenido político, por sus motivos o porque eran dictados por el gobierno en sus relaciones con otros órganos constitucionales, especialmente, con el Parlamento.[426] Sin embargo, como lo hemos indicado, estos actos también están sujetos a la Constitución, y por consiguiente, también están sometidos al control jurisdiccional de la constitucionalidad.[427]

Por último, en los sistemas jurídicos contemporáneos, y dejando de lado los problemas que derivan de las concepciones monistas y dualistas, los tratados y acuerdos internacionales también están sujetos al control jurisdiccional de la constitucionalidad,[428] bien sea directamente o a través del control sobre las leyes del Parlamento o los actos de gobierno que los incorporan al orden jurídico interno. Excepciones hay, sin embargo, como en el caso de Holanda, donde la Constitución excluye de todo control de constitucionalidad además de sobre las leyes, sobre los tratados (art. 120); lo que por otra parte se mitigaron la previsión en la Constitución del control de conformidad de todos los actos estatales, incluyendo las leyes, con respecto de los tratados de aplicación general e inmediata (artículo 94), como los relativos a los derechos humanos, lo cual ha originado un importante sistema de control de "convencionalidad" de las leyes, con efectos similares al control de constitucionalidad pero básicamente en materia de derechos humanos.

---

426 Véase la obra clásica de P. Duez, *Les actes de gouvernement*, París 1953.
427 Véase H. Kelsen, "La garantie juridictionnelle de la Constitution (La Justice Constitutionnelle, en *Revue du Droit public et de la Science politique en France et à l'étranger*, París 1928, p. 230.
428 *Idem.*, p. 231.

En todo caso, lo que es general, es que en los sistemas jurídicos con una Constitución escrita, todos los actos del Estado dictados en ejecución de la Constitución están sujetos al control jurisdiccional de la constitucionalidad.

7. La legitimidad del control jurisdiccional de la constitucionalidad y los sistemas de distribución del Poder Público

Como antes hemos señalado, puede afirmarse que en el constitucionalismo moderno, el Poder Judicial, supuestamente el "menos peligroso"[429] de todos los poderes del Estado, recibió la tarea de defender la Constitución y velar por la constitucionalidad de las leyes. Ese es el caso en los Estados Unidos de América y en los países de América Latina. En otros casos, como en Europa, la función jurisdiccional del control de la constitucionalidad ha sido atribuida a órganos o tribunales constitucionales especiales independientes del Poder Judicial.

Tanto en uno como en otro caso, este hecho, particularmente en Europa, desencadenó en el pasado un debate interminable referente al "gigantesco problema del control judicial", según la expresión utilizada por Cappelletti, centrándose la discusión en torno a la legitimidad o ilegitimidad del poder conferido a órganos estatales que no son responsables ante el pueblo ni electos por éste, de controlar los actos de otros que, en cambio, sí son políticamente responsables y elegidos democráticamente;[430] o desde otro

---

[429] Véase A. Bickel, *The Least Dangerous Branch. The Supreme Court at the Bar of Politics,* Indianapolis 1962.

[430] Véase M. Cappelletti, "El formidable problema del control judicial y la contribución del análisis comparado", *Revista de Estudios Políticos,* N° 13, Madrid 1980, pp. 61–103 ("The mighty problem of Judicial Review and the contribution of comparative analysis", en *Southern California Law Review,* 1980, p. 409

punto de vista, en torno al carácter democrático o no democrático del control jurisdiccional.[431]

En este debate, en los regímenes en los que prevalecía la soberanía del Parlamento, las posiciones se alternaron, sea para justificar la ausencia de control jurisdiccional o judicial de la constitucionalidad, sea para criticar dicho control, porque los jueces habrían demostrado un activismo desmesurado en la adaptación de la Constitución, estableciendo normas constitucionales no escritas o atribuyendo a ciertas normas un carácter constitucional. En esas condiciones, se estimó que el control jurisdiccional podía ser "ilegítimo," pues se pensaba que los órganos estatales no elegidos no debían controlar a los cuerpos elegidos del Estado, y porque los órganos públicos no elegidos no podían tener la facultad para determinar qué norma podía tener fuerza de ley, es decir, pronunciarse sobre su constitucionalidad o su inconstitucionalidad.

En todo caso, este debate puede considerarse no sólo como interminable y abstracto, sino bizantino, particularmente porque se basa en un supuesto problema de legitimidad abstracta del control jurisdiccional, que sólo podría resolverse de forma abstracta.[432] El problema del control jurisdiccional de la constitucionalidad o de los poderes otorgados a los jueces o a órganos constitucionales de naturaleza jurisdiccional para velar por la constitucionalidad de las leyes, no puede ser tratado o discutido bajo el ángulo de la legitimidad o ilegitimidad partiendo del principio de que la democracia sólo se basa en la representatividad. La democracia va más allá del marco de la sola representativi-

---

431 Véase M. Cappelletti, "Rapport Général", en L. Favoreu y J. A. Jolowicz. (ed) *Le contrôle juridictionnel des lois. Légitimité, effectivité et développements récents,* París 1986, pp. 296 ss.

432 Véase Allan R. Brewer–Carías, *Judicial Review in Comparative Law, cit.,* pp. 116 ss.

dad y de las elecciones, porque se trata más bien de un modo político de vida y de un sistema montado necesariamente, además, en el principio de la separación de poderes y en el control del poder, en el pluralismo político, y la existencia y garantía de las libertades individuales y los derechos fundamentales de los seres humanos que tienen primacía.[433] Ello es así, al punto de que se puede decir que un sistema de control jurisdiccional efectivo de la constitucionalidad de las leyes no es viable en regímenes no democráticos, sobre todo porque en esos sistemas no puede existir una verdadera independencia y autonomía de los jueces;[434] siendo absolutamente claro que no se puede ejercer un control judicial efectivo en sistemas en los que no se garantiza la autonomía e independencia del Poder Judicial.[435] En esos sistemas, por más elecciones que pueda haber, y por mas "representativos" que puedan ser los miembros del Parlamento, no hay efectiva democracia y en ellos, el juez constitucional sometido al poder, es más bien un instrumento de consolidación del autoritarismo.

Fue por esta razón por la cual muchos países europeos instauraron un control jurisdiccional en materia de constitucionalidad luego de períodos de dictadura, como fue el

---

433 Como por ejemplo, se ha establecido expresamente en los artículos 3 y 4 de la Carta Democrática Interamericana de 2001

434 Véase M. Cappelletti, "Rapport Général", en L. Favoreu y J. A. Jolowicz. (ed) *Le contrôle juridictionnel des lois. Légitimité, effectivité et développements récents,* París 1986, p. 29.

435 Véase J. Carpizo y H. Fix–Zamudio, *The necessily for and the Legitimacy of the Judicial Review of the Constitutionality of the Laws in Latin America, Developments.* International Association of Legal Sciences. Uppsala Colloquium 1984 (mineo), p. 22. Publicado también en L. Favoreu y J. A. Jolowicz (ed). *Le contrôle juridictionnel des lois. Légitimité effectivity et et développements récents,* París 1986, pp. 119–151.

caso en Alemania, Italia, España y Portugal.[436] De allí, por supuesto, no puede deducirse que la justicia constitucional sea sólo un sistema propio de nuevas democracias, o de Estados cuya tradición democrática es más débil y quebradiza.[437]

En consecuencia, en todo régimen representativo y democrático porque está garantizada la separación de poderes y el control del poder, el poder otorgado a los jueces o a ciertos órganos constitucionales independientes y autónomos para vigilar las anomalías del Legislativo y las infracciones del órgano representativo contra los derechos fundamentales, debe considerarse como completamente democrático y legítimo.[438] Como lo puso de manifiesto Jean Rivero en su Informe final en el Coloquio Internacional de Aix–en–Provence en 1981 sobre la protección de derechos fundamentales por parte de los Tribunales constitucionales en Europa:

> "Creo, incluso, que el control marca un progreso en el sentido de la democracia, que no es solamente un modo de atribución del poder, sino también un modo de ejercicio del poder. Y pienso que todo lo que re-

---

436 Véase L. Favoreu, "Europe occidentale", en L. Favoreu y J. A. Jolowicz. (ed) *Le contrôle juridictionnel des lois. Légitimité, effectivité et développements récents,* París 1986, p. 44. *Cfr.* P. de Vega García, "Jurisdicción constitucional y Crisis de la Constitución", en *Revista de Estudios políticos,* N° 7, Madrid 1979, p. 108.

437 Como lo afirmó Francisco Rubio Llorente, "Seis tesis sobre la jurisdicción constitucional en Europa", en *Revista Española de Derecho Constitucional,* N° 35, Madrid 1992, p. 12.

438 Véase E. V. Rostow, "The Democratic Character of Judicial Review", en *Harvard Law Review,* 193, 1952, p. 193.

fuerce las libertades fundamentales del ciudadano va en el sentido de la democracia."[439]

En este orden de ideas, Eduardo García de Enterría, refiriéndose a las libertades constitucionales y a los derechos fundamentales como límites impuestos a los poderes de Estado, observó lo siguiente:

> "Si la Constitución los consagra, es obvio que una mayoría parlamentaria ocasional que los desconozca o los infrinja, lejos de estar legitimada para ello por el argumento mayoritario, estará revelando su abuso de podar, su posible intento de postración o de exclusión de la minoría. La función protectora del Tribunal Constitucional frente a este abuso, anulando los actos legislativos atentatorios de la libertad de todos o de algunos ciudadanos, es el único instrumento eficaz frente a ese atentado; no hay alternativa posible si se pretende una garantía efectiva de la libertad, que haga de ella algo más que simple retórica del documento constitucional."[440]

Este mismo argumento lo expuso Hans Kelsen en 1928, para refutar la tesis referente a la fuerza de la mayoría. A este respecto escribió:

> "Si se ve la esencia de la democracia, no en el poder todo poderoso de la mayoría, sino en el compromiso constante entre los grupos representados en el Parla-

---

439 Véase J. Rivero, "Rapport de Synthèse", en L. Favoreu (ed.), *Cours constitutionnelles européennes et droits fundamentaux*, París, 1982, pp. 525-526. *Cfr.* M. Cappelletti "Rapport Général", en L. Favoreu y J. A. Jolowicz. (ed) *Le contrôle juridictionnel des lois. Légitimité, effectivité et développements récents*, Paris 1986, p. 300.

440 Véase E. García de Enterría, *La Constitución como norma y el Tribunal constitucional*, Madrid 1985, p. 190.

mento por la mayoría y la minoría, y luego en la paz social, la justicia constitucional surge como un medio particularmente adecuado para llevar a cabo esta idea. La simple amenaza de recurso a un tribunal constitucional puede ser, en manos de la minoría, un instrumento para impedir a la mayoría violar inconstitucionalmente intereses jurídicamente protegidos, y, para oponerse eventualmente a la dictadura de la mayoría, que no es menos peligrosa para la paz social, que la de la minoría."[441]

Pero la legitimidad democrática del control jurisdiccional de la constitucionalidad de las leyes no sólo proviene de la garantía de protección de los derechos fundamentales, sino también de los aspectos orgánicos de la Constitución, es decir, de los sistemas de distribución y separación de poderes adoptados por la Constitución.

En este respecto cabe destacar que el problema de la legitimidad de dicho control nunca se ha planteado en el caso de la distribución vertical del Poder del Estado, propio de los regímenes políticamente descentralizados o de tipo federal. Al contrario, puede afirmarse que el control jurisdiccional de la constitucionalidad de las leyes está estrechamente ligado al federalismo.[442]

En efecto, el federalismo exige la imposición de un cierto grado de supremacía de las leyes federales sobre la legislación local, regional o de los Estados miembros. Por ello, no es casualidad que los países dotados de una estructura federal y políticamente descentralizados, hayan sido

---

[441] Véase H. Kelsen, "La garantie juridictionnelle de la Constitution (La justice constitutionnelle)", en *Revue du Droit public et de la Science politique en France et à l'étranger,* París 1928, p. 253.

[442] Véase W. J. Wagner, *The Federal States and their Judiciary,* The Hague 1959, p. 85.

los primeros en instaurar un control judicial de la constitucionalidad de las leyes. Ese fue el caso, durante el siglo XIX, de los Estados Unidos de América, y de todos los Estados federales de América Latina (Argentina, Brasil, México y Venezuela), los cuales instauraron un sistema de control judicial de la constitucionalidad de las leyes y demás actos del Estado. De igual modo, en Europa, al haber Alemania adoptado un modelo de Estado federal, Italia un sistema regional descentralizado y España el sistema de comunidades autónomas, estos tres países establecieron un sistema de control jurisdiccional de la constitucionalidad de las leyes.

En todos estos casos, la necesidad de instaurar un control judicial o jurisdiccional de la constitucionalidad de las leyes se justificaba, precisamente, con miras a resolver los conflictos de poder que pudieran surgir entre las diversas instancias políticas nacionales y regionales. Una de las tareas fundamentales de las Cortes y Tribunales Constitucionales en Austria, Alemania, Italia y España, y del control judicial de la constitucionalidad que ejercen las Cortes Supremas y Tribunales Constitucionales en América Latina es, precisamente, la resolución de los conflictos y colisiones entre las instancias Político Administrativas nacionales y los Estados miembros de la federación, las regiones o entidades locales políticas o las comunidades autónomas, según los países. En el caso de los Estados Federales o regionalizados, la descentralización política contribuyó a la aparición y consolidación de Cortes o Tribunales Constitucionales encargados, precisamente, de velar por la constitucionalidad de las leyes, para garantizar el equilibrio constitucional entre el Estado y las otras entidades territoriales. Por ello, en los Estados federales y los políticamente descentralizados, no puede haber duda en cuanto a la legitimidad del control jurisdiccional de la constitucionalidad de las leyes, ni puede haber debate al respecto, salvo para justificar su existencia y necesidad.

Por consiguiente, los problemas de legitimidad que plantea el control jurisdiccional de la constitucionalidad de las leyes no pueden tener relación alguna ni con la garantía de la Constitución referente a la forma del Estado, al federalismo o la descentralización política, ni tampoco con la que se refiere a los derechos fundamentales del individuo. En estos casos, ello constituye un freno para el poder legislativo, por lo que dicho control jurisdiccional se ejerce legítimamente sin ninguna duda.

Sin embargo, no puede decirse lo mismo respecto de la distribución horizontal o la separación de poderes. Aun cuando este principio también le impone límites al poder legislativo, en este caso, la aceptación del control judicial de la constitucionalidad de las leyes ha suscitado polémicas en cuanto a su legitimidad, en particular, debido a que ese control se enfrentaba al principio de la supremacía del Parlamento sobre los demás poderes del Estado. Por otra parte, ello mismo ha proporcionado argumentos en favor del control judicial, como elemento de contrapeso esencial entre los diferentes poderes del Estado, para garantizar la Constitución.

En efecto, la separación de poderes, consecuencia de la distribución horizontal de los poderes del Estado entre sus órganos, entre otras cosas ha exigido esencialmente un mecanismo independiente para garantizar el contenido orgánico de la Constitución. Tal sistema de control siempre ha sido indispensable, en particular, en cuanto a la delimitación de poderes entre el Legislativo y el Ejecutivo. En este caso, en particular, ha sido necesario intercalar un sistema de contrapeso con miras a mantener el equilibrio que plantea la Constitución. Por ello, por ejemplo, los poderes otorgados a los órganos judiciales para controlar la constitucionalidad y la legalidad de los actos administrativos siempre fueron aceptados sin discusión, como poderes estrechamente relacionados al concepto de Estado de derecho.

Sin embargo, como se ha señalado, los principios tradicionales de la supremacía del Parlamento, por un lado, y, por el otro, de la separación de poderes, fueron tan importantes en Europa, que tuvieron como consecuencia impedir a las autoridades judiciales toda posibilidad de ejercer su poder de control, no sólo sobre la legalidad de los actos administrativos, sino también sobre la constitucionalidad de las leyes. Esa fue la razón por la que en Francia se creó la Jurisdicción Contencioso Administrativa independiente del Poder Judicial, y en general, en Europa se hubieran desarrollaron sistemas de control jurisdiccional de la constitucionalidad, pero tomando la precaución de confiarlos a nuevos órganos constitucionales, distintos y separados del Poder Judicial. En esta forma, la necesidad ineludible de instaurar un control jurisdiccional de la constitucionalidad de las leyes como garantía de la Constitución, se adaptó a la interpretación extrema del principio de la separación de poderes conforme al cual, tradicionalmente se consideraba toda tentativa de control judicial de la constitucionalidad de las leyes, como una injerencia inadmisible de las autoridades judiciales en el campo del Legislador.

Esta confrontación entre la necesidad de instaurar un control jurisdiccional de la Constitución y el principio de la separación de poderes fue, precisamente, lo que llevó a la creación de Tribunales constitucionales en Europa continental, con la atribución jurisdiccional particular y específica de velar por la constitucionalidad de las leyes, sin que ello se atribuyera, sin embargo, al orden judicial tradicional. En esta forma, se puso fin a la antinomia, creándose nuevos Tribunales o Cortes constitucionales, ubicadas jerárquicamente por encima de los órganos que ejercen los poderes públicos horizontalmente; en consecuencia ubicados por encima del Parlamento, del Ejecutivo y de las autoridades judiciales, con miras a velar por la supremacía de la Constitución sobre todos los órganos del Estado.

El llamado "sistema austriaco" de control jurisdiccional de la constitucionalidad o el "modelo Europeo", como también se lo ha llamado,[443] se caracteriza así, por el hecho de que la justicia constitucional fue confiada a un órgano constitucional en algunos casos estructuralmente independiente de las autoridades judiciales ordinarias, es decir del Poder Judicial y de su organización. Además, en general, los miembros de los Tribunales Constitucionales no pertenecen a la carrera judicial y son más bien, nombrados por los órganos políticos del Estado, en particular por el Parlamento y el Ejecutivo. Este sistema dio origen a órganos constitucionales especiales que, como se dijo, en algunos casos no pertenecen al Poder Judicial, pero que en todo caso, ejercen una actividad jurisdiccional propiamente dicha.

Estas Cortes, Consejos y Tribunales Constitucionales fueron considerados como los "intérpretes supremos de la Constitución", según el calificativo que le atribuyó la Ley Orgánica que creó el Tribunal Constitucional en España[444] o como los "guardianes de la Constitución."[445] Eduardo García de Enterría, al hablar del Tribunal Constitucional español, lo calificó de "comisario del poder constituyente, encargado de defender la Constitución y de velar por que todos los órganos constitucionales conserven su estricta calidad de poderes constituidos"[446] y el antiguo presidente de ese mismo Tribunal español, Manuel García Pelayo vio

---

443 Véase L. Favoreu, "Actualité et légitimité du contrôle juridictionnel des lois en Europe occidentale", en *Revue du Droit Public et de la Science Politique en France et á l'étranger,* Paris 1984, p. 1.149.

444 Art. 1. Ley Orgánica del Tribunal constitucional. Oct. 1979, *Boletín Oficial del Estado,* N° 239.

445 Véase G. Leibholz, *Problemas fundamentales de la Democracia,* Madrid 1971 p. 15.

446 Véase E. García de Enterría, *La Constitución como norma y el Tribunal constitucional,* Madrid 1985, p. 198.

en él "un órgano constitucional instituido y directamente estructurado por la Constitución" y que:

"Como regulador de la constitucionalidad de la acción estatal, está destinado a dar plena existencia al Estado de derecho y a asegurar la vigencia de la distribución de poderes establecida por la Constitución, ambos componentes inexcusables, en nuestro tiempo, del verdadero "Estado constitucional."[447]

8. El juez constitucional y la protección de derechos fundamentales

Por otra parte, debe señalarse que la defensa de la Constitución como función esencial de la justicia constitucional no sólo tiene como objetivo garantizar los diferentes modos de distribución del poder entre los cuerpos constituidos del Estado y así, la estabilidad y continuidad política del Estado, sino que además, tiene la función de garantizar los derechos y libertades individuales fundamentales. Se trata, sin duda, de otro elemento esencial del Estado de derecho y uno de los argumentos de peso empleados para defender la legitimidad del control jurisdiccional de la constitucionalidad de los actos del Estado.

En efecto, la justicia constitucional o el control jurisdiccional de la constitucionalidad de las leyes están estrechamente relacionados con la declaración constitucional y efectiva de los derechos fundamentales. Precisamente, cuando existen declaraciones de derechos y libertades fundamentales con respecto a los valores constitucionales de una sociedad determinada, es que más surge la necesidad de ins-

---

447 Véase M. García Pelayo, "El Status del Tribunal constitucional", en *Revista Española de Derecho Constitucional,* N° 1, Madrid 1981, p. 15.

taurar un sistema de control jurisdiccional de la constitucionalidad.

Ahora bien, aun cuando la idea de declarar y establecer derechos fundamentales en una Constitución tenga sus antecedentes históricos en las Revoluciones Americana y Francesa y haya sido práctica normal en toda América Latina desde comienzos del siglo XIX, en realidad, ésta sólo surgió en Europa después de la Segunda Guerra Mundial. Precisamente, la creación de sistemas de control jurisdiccional de la constitucionalidad en Europa, salvo los implantados en Austria y Checoslovaquia en los años veinte del siglo pasado, como medios para defender los derechos del hombre, sólo se desarrollaron después de la Segunda Guerra Mundial debido, precisamente, a las graves violaciones de los mismos que se produjeron. En este caso, por ejemplo, el hecho de que en Italia y en Austria se hubiera incluido por primera vez en su Constitución, una declaración de los derechos humanos y paralelamente se hubiera admitido la necesidad de establecer mecanismos adecuados que asegurasen su defensa, entre los cuales figuraba el control de la constitucionalidad de las leyes, no fue producto de una mera casualidad.

En cambio, la ausencia de una declaración constitucional de los derechos individuales o fundamentales como un medio para limitar la acción del legislador, ha sido una de las razones primordiales que explican la inexistencia de cualquier sistema de control judicial o jurisdiccional de la constitucionalidad de las leyes, tal y como lo ilustra el caso británico. Esta situación condujo a D.G.T. Williams, con razón, a expresar que "el problema de fondo en cuanto a la consagración constitucional de los derechos fundamentales o de una estructura federal en el Reino Unido, es el control judicial", puesto que "la adopción de una declaración constitucional de derechos fundamentales supondría naturalmente el ejercicio por los tribunales ingleses de sus poderes de control", es decir, que le correspondería a los tribunales ordinarios "garantizar o proteger ciertas libertades fundamentales contra el legislador propiamente dicho."[448] Sin embargo, en cierta forma ello se logró en el reino Unido y en países como Holanda, que excluyen el control judicial de la constitucionalidad de las leyes, con el control de la conformidad de las leyes con la Convención Europea de Derechos Humanos.

En todo caso, es evidente que en los regímenes dotados de Constituciones escritas, si la Constitución se rige en la ley suprema, con fuerza directamente obligatoria, el sistema constitucional debe establecer expresamente los medios para defenderla y garantizarla. En caso contrario, como lo puso de manifestó Kelsen:

> "Una Constitución en la cual no exista la garantía de la anulación de actos inconstitucionales, no es, en sentido técnico, plenamente obligatoria... Una Constitución en la cual los actos inconstitucionales y, en particular, las leyes inconstitucionales, permanezcan igual de válidas –porque su inconstitucionalidad no permita anularlas– equivale, desde el punto de vista propiamente jurídico, más o menos a un acto sin fuerza obligatoria."[449]

Las garantías jurisdiccionales de la Constitución, es decir, el poder conferido a las autoridades judiciales ordinarias o a instancias constitucionales especiales, según el caso, para declarar inconstitucionales los actos de los órganos que ejercen los poderes públicos que violen la Constitución o para incluso, anular los que tienen efectos generales, son los mecanismos esenciales del Estado de derecho

---

448 Véase D. G. T. Williams, "The Constitution of the United Kingdom", en *Cambridge Law Journal,* 31, 1972, pp. 278–279.
449 Véase H. Kelsen, "La garantie juridictionnelle de la Constitution (La justice constitutionnelle)", en *Revue du Droit public et de la Science politique en France et à l'étranger,* París 1928, p. 250.

para asegurar el respeto de la ley, por parte de todos los órganos del Estado; el respeto que les impone la Constitución conforme a los sistemas de distribución del poder del Estado en vigencia,[450] y, además, el respeto de los derechos y libertades fundamentales que consagra la Constitución.

9. *El control de convencionalidad en materia de protección de los derechos fundamentales*

A raíz del proceso de la internacionalización de la constitucionalización de los derechos humanos, estando los mismos ahora declarados en general en instrumentos internacionales, sobre todo cuando en los mismos se establecen órganos judiciales internacionales para su protección, ha venido adquiriendo en el mundo contemporáneo un enorme interés, lo que se ha denominado como el control de convencionalidad[451] el cual por lo que respecta a América

---

450 Véase M. Hiden, "Constitutional Rights in the Legislative process: the Finish system of advance control of Legislation", en *Scandinavian Law,* 17, Estocolmo 1973, p. 97.

451 Véase Ernesto Rey Cantor, *Control de Convencionalidad de las Leyes y Derechos Humanos*, México, Editorial Porrúa-Instituto Mexicano de Derecho Procesal Constitucional, 2008; Juan Carlos Hitters, "Control de constitucionalidad y control de convencionalidad. Comparación," en *Estudios Constitucionales*, Centro de Estudios Constitucionales de Chile, Universidad de Talca, Año 7, No. 2, 2009, pp. 109-128; Susana Albanese (Coordinadora), El control de convencionalidad, Buenos Aires, Ed. Ediar, 2008; Eduardo Ferrer Mac-Gregor, "El control difuso de convencionalidad en el Estado constitucional", en Fix-Zamudio, Héctor, y Valadés, Diego (Coordinadores), *Formación y perspectiva del Estado mexicano,* México, El Colegio Nacional-UNAM, 2010, pp. 151-188; Eduardo Ferrer Mac-Gregor, "Interpretación conforme y control difuso de convencionalidad el nuevo paradigma para el juez mexicano," en *Derechos Humanos: Un nuevo modelo constitucional*, México, UNAM-IIJ, 2011, pp. 339-429; Carlos Ayala Corao, *Del diálogo jurisprudencial al control de convencionalidad*, Editorial Jurídica venezolana, Caracas 2013, pp. 113 y ss. *V.,* además, Jaime Orlando Santofimio y Allan R. Brewer-

Latina ha venido desarrollando desde la entrada en vigencia de la Convención Americana sobre Derechos Humanos.[452]

Ese control de convencionalidad, en efecto, ha sido y es el control que usualmente ha realizado y realiza la Corte Interamericana de Derechos Humanos en sus sentencias, cuando al juzgar las violaciones a la Convención Americana sobre Derechos Humanos cometidas por los actos u omisiones de los Estados, habiendo tenido que confrontar las normas de la misma con las previsiones del derecho interno, de manera que en los casos en los cuales ha encontrado que estas son contrarias o incompatibles con aquella, ha ordenando a los Estados realizar la corrección de la inconvencionalidad, por ejemplo modificando la norma cuestionada.[453]

Carías, *Control de convencionalidad y responsabilidad del Estado*, Universidad Externado de Colombia, Bogotá 2013.

452 Véase en el mismo sentido, Karlos A. Castilla Juárez, "El control de convencionalidad. Un nuevo debate en México a partir de la sentencia del caso *Radilla Pacheco*", en Eduardo Ferrer Mac Gregor (Coordinador), *El control difuso de convencionalidad. Diálogo entre la Corte Interamericana de Derechos Humanos y los jueces nacionales)*, FUNDAp, Querétaro, México 2012, pp. 83-84

453 Por ello, el juez Eduardo Ferrer Mac-Gregor ha señalado que el "control concentrado de convencionalidad" lo venía realizando la Corte IDH desde sus primeras sentencias, sometiendo a un examen de convencionalidad los actos y normas de los Estados en un caso particular". Véase su Voto razonado a la sentencia de la Corte Interamericana en el caso *Cabrera García y Montiel Flores vs. México* de 26 de noviembre de 2010 (Párr. 22), en http://www.corteidh.or.cr/docs/casos/articulos/seriec_220_esp.pdf. También ha dicho con razón que "el control de convencionalidad constituye la razón de ser de la Corte Interamericana. *V.*, en Eduardo Ferrer Mac Gregor, "Interpretación conforme y control difuso de convencionalidad. El nuevo paradigma para el juez mexicano", en Eduardo Ferrer Mac Gregor (Coordinador), *El*

Ese también ha sido el control que han ejercido y ejercen los jueces o tribunales nacionales cuando han juzgado la validez de los actos del Estado, al confrontarlos no sólo con la Constitución respectiva de cada Estado, sino con el elenco de derechos humanos y de obligaciones de los Estados contenidos en la Convención Americana, o al aplicar las decisiones vinculantes de la Corte Interamericana, decidiendo en consecuencia, conforme a sus competencias, la anulación de las normas nacionales o su desaplicación en el caso concreto.

Sin embargo, en realidad, tuvieron que pasar casi cuarenta años desde que la Convención fuera suscrita (1969) para que gracias a la importante conceptualización efectuada en 2003 por el juez Sergio García Ramírez de la Corte Interamericana de Derechos Humanos, se captara en sus propios contornos el control que la propia Corte y los jueces y tribunales nacionales venían ejerciendo con anterioridad.

En esta materia, por tanto, lo que realmente es nuevo, ha sido por una parte, la afortunada acuñación de un término como ha sido el de "control de convencionalidad,"[454] que Sergio García Ramírez propuso en su Voto razonado a la

---

control difuso de convencionalidad. Diálogo entre la Corte Interamericana de Derechos Humanos y los jueces nacionales), FUNDAp, Querétaro, México 2012, p. 132.

[454] Como lo ha destacado Juan Carlos Hitters, "Claro está que cuando se utiliza la terminología de control de convencionalidad, no se quiere decir que recién a partir del citado asunto la Corte IDH haya ejercido tal potestad, porque desde siempre el cuerpo hace una comparación entre ambos esquemas, destacando por supuesto la prioridad de la regla supranacional; lo que en verdad ha sucedido es que desde ese momento se utiliza tal fraseología". *V.,* Juan Carlos Hitters, "Control de constitucionalidad y control de convencionalidad. Comparación," en *Estudios Constitucionales*, Centro de Estudios Constitucionales de Chile, Universidad de Talca, Año 7, N° 2, 2009, pp. 109-128.

sentencia del caso *Myrna Mack Chang vs. Guatemala*, de 25 de noviembre de 2003;[455] y por la otra, la clarificación de que dicho control de convencionalidad se efectúa en dos vertientes, dimensiones o manifestaciones, por un lado a nivel internacional por la Corte Interamericana, y por el otro, en el orden interno de los países, por los jueces y tribunales nacionales[456]. Estas dos vertientes las han identificado: Sergio García Ramírez distinguiendo entre "el control propio, original o externo de convencionalidad" que

---

[455] Véase Voto Concurrente Razonado del Juez Sergio García Ramírez a la sentencia en el caso *Myrna Mack Chang vs. Guatemala*, de 25 de noviembre de 2003, Serie C N° 101, http://www.corteidh.or.cr/docs/casos/articulos/seriec_101_esp.pdf, donde se refirió al "'control de convencionalidad' que trae consigo la jurisdicción de la Corte internacional" (Párr. 27). *V.*, el comentario del propio Sergio García Ramírez sobre dicho voto y la evolución de su aporte al desarrollo de la noción en Sergio García Ramírez, "El control judicial interno de convencionalidad," en Eduardo Ferrer Mac Gregor (Coordinador), *El control difuso de convencionalidad. Diálogo entre la Corte Interamericana de Derechos Humanos y los jueces nacionales)*, FUNDAp, Querétaro, México 2012, pp. 230 ss. *V.*, igualmente los comentarios a los criterios de García Ramírez en Karlos A. Castilla Juárez, "El control de convencionalidad. Un nuevo debate en México a partir de la sentencia del caso *Radilla Pacheco*," en Eduardo Ferrer Mac Gregor (Coordinador), *El control difuso de convencionalidad. Diálogo entre la Corte Interamericana de Derechos Humanos y los jueces nacionales)*, FUNDAp, Querétaro, México 2012, pp. 87 y ss.

[456] Algunos autores, sin embargo, niegan que existan estas dos vertientes en el control de convencionalidad, argumentando que el mismo está reservado a la Corte Interamericana, negando la posibilidad de que los jueces y tribunales nacionales lleven a cabo dicho control. Karlos A. Castilla Juárez, "El control de convencionalidad. Un nuevo debate en México a partir de la sentencia del caso *Radilla Pacheco*", en Eduardo Ferrer Mac Gregor (Coordinador), *El control difuso de convencionalidad. Diálogo entre la Corte Interamericana de Derechos Humanos y los jueces nacionales)*, FUNDAp, Querétaro, México 2012, pp. 88 y ss.

ejerce la Corte Interamericana, y el "control interno de convencionalidad" que ejercen los tribunales nacionales;[457] y Eduardo Ferrer Mac Gregor, distinguiendo entre el "control concentrado" de convencionalidad" que ejerce la Corte Interamericana, en sede internacional, y el "control difuso" de convencionalidad, a cargo de los jueces nacionales, en sede interna[458].

Estas dos vertientes, en efecto, las detectó el propio Juez García Ramírez en 2004, en otro Voto razonado, esta vez a la sentencia del Caso *Tibi vs. Ecuador* de 7 de diciembre de 2004, cuando efectuó una comparación entre el control de constitucionalidad y el control de convencionalidad, considerando en cuanto a la función de la Corte Interamericana, que la misma se asemejaba a la de los tribunales constitucionales cuando juzgan la inconstitucionalidad de las leyes y demás actos normativos conforme a las reglas, principios y valores constitucionales; agregando que dicha Corte analiza los actos de los Estados que llegan a su conocimiento "en relación con normas, principios y valores de los tratados en los que funda su competencia contenciosa;" y que si bien "los tribunales constitucionales controlan la 'constitucionalidad', el tribunal internacional de dere-

---

457 Véase Sergio García Ramírez, "El control judicial interno de convencionalidad", en Eduardo Ferrer Mac Gregor (Coordinador), *El control difuso de convencionalidad. Diálogo entre la Corte Interamericana de Derechos Humanos y los jueces nacionales)*, FUNDAp, Querétaro, México 2012, pp. 213.

458 Véase Eduardo Ferrer Mac Gregor, "Interpretación conforme y control difuso de convencionalidad. El nuevo paradigma para el juez mexicano", en Eduardo Ferrer Mac Gregor (Coordinador), *El control difuso de convencionalidad. Diálogo entre la Corte Interamericana de Derechos Humanos y los jueces nacionales)*, *FUNDAp,* Querétaro, México 2012, p. 132.

chos humanos resuelve acerca de la 'convencionalidad' de esos actos."[459]

Por otra parte, en cuanto al control de constitucionalidad que realizan los órganos jurisdiccionales internos, de acuerdo con lo expresado por el mismo García Ramírez, estos "procuran conformar la actividad del poder público -y, eventualmente, de otros agentes sociales- al orden que entraña el Estado de Derecho en una sociedad democrática," en cambio, "el tribunal interamericano, por su parte, pretende conformar esa actividad al orden internacional acogido en la Convención fundadora de la jurisdicción interamericana y aceptado por los Estados partes en ejercicio de su soberanía."[460]

A raíz de estas reflexiones quedó claro en el mundo internacional de los derechos humanos que bajo la misma denominación de "control de convencionalidad" se han venido ejerciendo dos tipos de controles, por dos tipos de órganos jurisdiccionales distintos ubicados en niveles dife-

---

[459] Voto razonado del Juez Sergio García Ramírez a la sentencia en el caso *Tibi Vs. Ecuador*, Sentencia de 7 de septiembre de 2004, Serie C N° 114 (Párr. 3), en http://www.corteidh. or.cr/docs/casos/articulos/seriec_114_esp.pdf. Véanse los comentarios sobre las dos vertientes del control de convencionalidad en Víctor Bazan y Claudio Nash (Editores), *Justicia Constitucional y derechos Fundamentales. El Control de Convencionalidad 2011*, Centro de Derechos Humanos Universidad de Chile, Konrad Adenauer Stiftung, 2011, pp. 24, 59; y Víctor Bazán, "Estimulando sinergias: de diálogos jurisprudenciales y control de convencionalidad", en Eduardo Ferrer Mac Gregor (Coordinador), *El control difuso de convencionalidad. Diálogo entre la Corte Interamericana de Derechos Humanos y los jueces nacionales), FUNDAp*, Querétaro, México 2012, pp. 14 ss.

[460] Voto razonado del Juez Sergio García Ramírez a la sentencia en el caso *Tibi vs. Ecuador*, Sentencia de 7 de septiembre de 2004, Serie C No. 114 (Párr. 4), en http://www.corteidh. or.cr/docs/casos/articulos/seriec_114_esp.pdf.

rentes, uno en el ámbito internacional y otros en el ámbito nacional, y con dos efectos jurídicos completamente distintos, lo que amerita realizar algunas puntualizaciones sobre uno y otro a los efectos de podernos centrar en el objeto específico de esta exposición que es sobre las perspectivas del control de convencionalidad en materia de amparo de los derechos fundamentales[461].

10. *El juez constitucional como guardián de la Constitución, y el problema del control del guardián*

Ahora bien, volviendo al tema de la justicia constitucional, tal como Eduardo García de Enterría calificó al Tribunal Constitucional español, el órgano estatal de control de la constitucionalidad de las leyes se ha constituido en "comisario del poder constituyente, encargado de defender la

---

461 En cuanto a las leyes de reguladoras del amparo que se mencionan sólo con el nombre de cada país, son las siguientes: ARGENTINA. Ley Nº 16.986. Acción de Amparo, 1966; BOLIVIA. Ley Nº 1836. Ley del Tribunal Constitucional, 1998; BRAZIL. Lei Nº 12.016 Mandado de Segurança, 2009; COLOMBIA. Decretos Ley No. 2591, 306 y 1382. Acción de Tutela, 2000; COSTA RICA. Ley Nº 7135. Ley de la Jurisdicción Constitucional, 1989; ECUADOR. Ley Nº 000. RO/99. Ley de Control Constitucional, 1997; EL SALVADOR. Ley de Procedimientos Constitucionales, 1960; GUATEMALA. Decreto Nº 1-86. Ley de Amparo. Exhibición personal y Constitucionalidad, 1986; HONDURAS. Ley sobre Justicia Constitucional, 2004; MÉXICO. Ley de Amparo, reglamentaria de los artículos 103 y 107 de la Constitución Política, 1936 (última reforma, 2011); NICARAGUA. Ley Nº 49. Amparo, 1988; PANAMÁ. Código Judicial, Libro Cuarto: Instituciones de Garantía, 1999; PARAGUAY. Ley Nº 1.337/88. Código Procesal Civil, Titulo II. El Juicio de Amparo, 1988; PERÚ. Ley Nº 28.237. Código Procesal Constitucional, 2005; REPÚBLICA DOMINICANA. Ley Orgánica del Tribunal Constitucional y de los Procesos Constitucionales, 2011; URUGUAY. Ley Nº 16.011. Acción de Amparo, 1988; VENEZUELA. Ley Orgánica de Amparo sobre Derechos y Garantías Constitucionales, 1988.

PRINCIPIOS DEL ESTADO DE DERECHO

Constitución y de velar por que todos los órganos constitucionales conserven su estricta calidad de poderes constituidos."[462] Si las Constituciones son normas jurídicas efectivas, que prevalecen en el proceso político, en la vida social y económica del país, y que sustentan la validez a todo el orden jurídico,[463] la solución institucional para preservar su vigencia y la libertad, está precisamente en establecer estos comisarios del poder constituyente, como guardianes de la Constitución, que al tener por misión asegurar que todos los órganos del Estado la acaten, también tienen que adaptarse a lo que el texto fundamental establece, sometiéndose a su normativa, estándole vedado mutarla.

Es decir, como tal guardián de la Constitución, y como sucede en cualquier Estado de derecho, el sometimiento del tribunal constitucional a la Constitución es una preposición absolutamente sobreentendida y no sujeta a discusión, ya que sería inconcebible que el juez constitucional pueda violar la Constitución que está llamado a aplicar y garantizar. Esa la podrían violar los otros poderes del Estado, pero no el guardián de la Constitución.

Sin embargo, para garantizar que ello no ocurra, otra garantía adicional se establece en todos los sistemas jurídicos, y es que el tribunal constitucional debe gozar de absoluta independencia y autonomía frente a todos los poderes del Estado, pues un tribunal constitucional sujeto a la voluntad del poder, en lugar de ser el guardián de la Constitución se convierte en el instrumento más atroz del autoritarismo. El mejor sistema de justicia constitucional, por tanto, en manos de un juez sometido al poder, es letra muerta para los individuos y es un instrumento para el fraude a la Constitución. En todo caso, para garantizar esa autonomía

---

[462] Véase E. García de Enterría, *La Constitución como norma y el Tribunal constitucional,* Madrid 1985, p. 198.

[463] *Idem,* pp. 33, 39, 66, 71, 177 y 187.

e independencia, en todas las Constituciones donde se han establecido sistemas de justicia constitucional, se han dispuesto, entre otros aspectos, mecanismos tendientes a lograr una elección de los miembros o magistrados de los tribunales, de manera de neutralizar las influencias políticas no deseadas en una democracia.[464] Con ello se busca asegurar, por la forma de selección de sus integrantes, que los poderes atribuidos a un órgano estatal de esta naturaleza quien no tiene quien lo controle, no sean distorsionados y abusados La pregunta, en todo caso, en este campo de los tribunales constitucionales, *Quis custodies ipso custodiem*? siempre hay que hacerla, aunque no tenga respuesta.[465] Por ello, George Jellinek decía que la única garantía del guardián de la Constitución al final radica en su "conciencia moral;"[466] y Alexis de Tocqueville fue tan preciso

---

464 Véase Allan R. Brewer-Carías, "The question of Legitimacy: How to choose the Supreme Court Judges, en Ingolf Pernice, Julianne Kokott, Cheryl Sauders (eds), *The Future of the European Judicial System in Comparative Perspective*. 6th International ECLN Colloquium / IACL Round Table, Berlin, 2-4 November 2005, European Constitutional Law Network Series, Vol. 6, Nomos, Berlin 2006, pp. 153-182.

465 Véase Jorge Carpizo, *El Tribunal Constitucional y sus límites*, Grijley Ed., Lima 2009, pp. 44, 47, 51; Allan R. Brewer-Carías, "*Quis Custodiet Ipsos Custodes*: De la interpretación constitucional a la inconstitucionalidad de la interpretación", en *Revista de Derecho Público*, N° 105, Editorial Jurídica Venezolana, Caracas 2006, pp. 7-27; y en *VIII Congreso Nacional de derecho Constitucional, Perú*, Fondo Editorial 2005, Colegio de Abogados de Arequipa, Arequipa, septiembre 2005, pp. 463-489.

466 Véase George Jellinek, *Ein Verfassungsgerichtshof fur Österreich*, Alfred Holder, Wien 1885, citado por Francisco Fernández Segado, "Algunas reflexiones generales en torno a los efectos de las sentencias de inconstitucionalidad y a la relatividad de ciertas fórmulas esterotipadas vinculadas a ellas," in *Anuario Iberoamericano de Justicia Constitucional*, Centro de Estudios Políticos y Constitucionales, No. 12, 2008, Madrid 2008, p. 196.

al observar cuando analizó la Constitución federal de los Estados Unidos que:

"La paz, la prosperidad, y la existencia misma de la Unión están depositados en manos de siete Jueces Federales. Sin ellos, la Constitución sería letra muerta...,

No solo los Jueces federales deben ser buenos ciudadanos, y hombres con la información e integridad indispensables en todo magistrado, sino que deben ser hombres de Estado, suficientemente sabios para percibir los signos de su tiempo, sin miedo para afrontar obstáculos que puedan dominarse, no lentos en poder apartarse de la corriente cuando el oleaje amenaza con barrerlos junto con la supremacía de la Unión y la obediencia debida a sus leyes.

El Presidente, quien ejerce poderes limitados, puede fallar sin causar gran daño en el Estado. El Congreso puede errar sin que la Unión se destruya, porque el cuerpo electoral en el cual se origina puede provocar que se retracte en las decisiones cambiando sus miembros. Pero si la Corte Suprema alguna vez está integrada por hombres imprudentes y malos, la Unión caería en la anarquía y la guerra civil."[467]

Esto es particularmente importante a tener en cuenta en regímenes democráticos, donde la tentación de los tribunales constitucionales en convertirse en legisladores e incluso en poder constituyente, resquebraja el principio de la separación de poderes, pues cumplirían funciones estatales sin

---

[467] Véase Alexis de Tocqueville, *Democracy in America*, Chapter VIII "The Federal Constitution," de la traducción de Henry Reeve, revisada y corregida en 1899, en http://xroads.virginia.edu/~HYPER/DETOC/1_ch08.htm Véase igualmente la referencia en Jorge Carpizo, *El Tribunal Constitucional y sus límites*, Grijley Ed., Lima 2009, pp. 46-48.

estar sometidos a control alguno ni del pueblo ni de otros órganos estatales. En otras palabras, la usurpación incontrolada por el juez constitucional de poderes normativos "podría transformar al guardián de la Constitución en soberano."[468]

Y la verdad es que lamentablemente, en muchos países, por el régimen político desarrollado o por la condición de los integrantes de los tribunales constitucionales, estos importantes instrumentos diseñados para garantizar la supremacía de la Constitución, para asegurar la protección y el respeto de los derechos fundamentales y asegurar el funcionamiento del sistema democrático, algunas veces se han convertido en uno de los más diabólicos instrumentos del autoritarismo, legitimando las acciones de las otras ramas del poder público contrarias a la Constitución,[469] y en algunos casos, por propia iniciativa, en fieles servidores de quienes detentan el poder, configurándose lo que podría denominarse la "patología" de la justicia constitucional.[470] Esta afección ocurre, precisamente, cuando los tribunales constitucionales asumen las funciones del legislador, o proceden a mutar[471] la Constitución en forma ilegítima y

---

[468] Véase Francisco Fernández Segado, "Algunas reflexiones generales en torno a los efectos de las sentencias de inconstitucionalidad y a la relatividad de ciertas fórmulas esterotipadas vinculadas a ellas," en *Anuario Iberoamericano de Justicia Constitucional*, Centro de Estudios Políticos y Constitucionales, N° 12, 2008, Madrid 2008, p. 161.

[469] Véase Néstor Pedro Sagües, *La interpretación judicial de la Constitución*, LexisNexis, Buenos Aires 2006, p. 31

[470] Véase Allan R. Brewer-Carías, *La patología de la Justicia Constitucional*, Tercera edición., Editorial Jurídica Venezolana, Caracas 2014.

[471] Una mutación constitucional ocurre cuando se modifica el contenido de una norma constitucional de tal forma que aún cuando la misma conserva su contenido, recibe una significación diferente. Véase Salvador O. Nava Gomar, "Interpretación, mutación y re-

fraudulenta,[472] configurando un completo cuadro de "in" justicia constitucional.[473] En una situación como esa, sin duda, todas las ventajas de la justicia constitucional como garantía de la supremacía de la Constitución se desvanecen, y la justicia constitucional pasa a convertirse en el instrumento político más letal para la violación impune de la Constitución, la destrucción del Estado de derecho y el desmantelamiento de la democracia.[474]

---

forma de la Constitución. Tres extractos," en Eduardo Ferrer Mac-Gregor (coordinador), *Interpretación Constitucional*, Tomo II, Ed. Porrúa, Universidad Nacional Autónoma de México, México 2005, pp. 804 ss. Véase en general sobre el tema, Konrad Hesse, "Límites a la mutación constitucional", en *Escritos de derecho constitucional*, Centro de Estudios Constitucionales, Madrid 1992. Véase por ejemplo sobre el caso de Venezuela, Allan R. Brewer-Carías, "El juez constitucional al servicio del autoritarismo y la ilegítima mutación de la Constitución: el caso de la Sala Constitucional del Tribunal Supremo de Justicia de Venezuela (1999-2009)", en *Revista de Administración Pública*, N° 180, Centro de Estudios Políticos y Constitucionales, Madrid 2009, pp. 383-418.

472 Véase Néstor Pedro Sagüés, *La interpretación judicial de la Constitución*, Buenos Aires 2006, pp. 56-59, 80-81, 165 ss.

473 Véase por ejemplo el caso en Venezuela durante la primera década del siglo XXI, en Allan R. Brewer-Carías, *Crónica de la "In" Justicia Constitucional. La Sala Constitucional y el autoritarismo en Venezuela*, Editorial Jurídica Venezolana, Caracas 2007.

474 Véase por ejemplo, también sobre el caso de Venezuela, Allan R. Brewer-Carías, "La demolición del Estado de derecho y la destrucción de la democracia en Venezuela (1999-2009)," en José Reynoso Núñez y Herminio Sánchez de la Barquera y Arroyo (Coordinadores), *La democracia en su contexto. Estudios en homenaje a Dieter Nohlen en su septuagésimo aniversario,* Instituto de Investigaciones Jurídicas, Universidad nacional Autónoma de México, México 2009, pp. 477-517.

www.ingramcontent.com/pod-product-compliance
Lightning Source LLC
Chambersburg PA
CBHW020626220526
45464CB00001B/39